2018年国家社科基金一般项目
"西北地区特色农产品供给质量提升路径及政策研究"
（18BJY152）

西北地区特色农产品
供给质量提升路径研究

景娥 ○ 著

XIBEIDIQU TESE NONGCHANPIN
GONGJI ZHILIANG TISHENG LUJING YANJIU

中国社会科学出版社

图书在版编目（CIP）数据

西北地区特色农产品供给质量提升路径研究 / 景娥著. —北京：中国社会科学出版社，2022.12
ISBN 978 – 7 – 5227 – 1181 – 2

Ⅰ. ①西… Ⅱ. ①景… Ⅲ. ①农产品—质量管理—研究—西北地区 Ⅳ. ①F327.4

中国版本图书馆 CIP 数据核字（2022）第 242712 号

出 版 人	赵剑英
责任编辑	刘　艳
责任校对	陈　晨
责任印制	戴　宽

出　　版	中国社会科学出版社
社　　址	北京鼓楼西大街甲 158 号
邮　　编	100720
网　　址	http://www.csspw.cn
发 行 部	010 – 84083685
门 市 部	010 – 84029450
经　　销	新华书店及其他书店
印　　刷	北京明恒达印务有限公司
装　　订	廊坊市广阳区广增装订厂
版　　次	2022 年 12 月第 1 版
印　　次	2022 年 12 月第 1 次印刷
开　　本	710×1000　1/16
印　　张	20.25
字　　数	305 千字
定　　价	108.00 元

凡购买中国社会科学出版社图书，如有质量问题请与本社营销中心联系调换
电话：010 – 84083683
版权所有　侵权必究

目 录

第一篇　理论基础篇

第一章　导论 ………………………………………………………（3）
　第一节　选题背景及研究意义 ………………………………（3）
　第二节　研究内容、研究方法及创新之处 …………………（5）
　第三节　本章小结 ……………………………………………（8）

第二章　相关概念界定及研究综述 ………………………………（9）
　第一节　农产品供给及供给质量内涵研究 …………………（9）
　第二节　农产品供给质量安全与监管问题研究 ……………（11）
　第三节　农产品流通体系优化问题研究 ……………………（16）
　第四节　农产品营销问题研究 ………………………………（20）
　第五节　本章小结 ……………………………………………（24）
　本篇主要结论 …………………………………………………（24）

第二篇　供给篇

第三章　西北地区特色农产品供给现状 …………………………（31）
　第一节　西北五省区简况 ……………………………………（31）
　第二节　西北五省区农业发展基本情况 ……………………（35）
　第三节　西北地区特色农产品供给体系基本情况 …………（39）

第四节 本章小结 …………………………………………………（52）

第四章 西北地区农产品供给质量评价设计 ……………………（53）
第一节 评价指标体系设计的指导思想 ………………………（53）
第二节 西北地区农产品供给质量评价指标体系的设计 ………（55）
第三节 西北地区农产品供给质量测评模型构建 ………………（68）
第四节 本章小结 …………………………………………………（72）

第五章 西北地区农产品供给质量综合评价 ……………………（73）
第一节 西北地区农产品供给质量达标水平及结构特征分析 ……（73）
第二节 西北地区农产品供给质量综合水平评价 ………………（76）
第三节 本章小结 …………………………………………………（86）

第六章 西北地区农产品供给质量制约因素研究 ………………（88）
第一节 西北地区农产品供给质量基础指标制约度测评 ………（88）
第二节 西北地区农产品供给质量主体指标制约度测评 ………（93）
第三节 本章小结 …………………………………………………（94）
本篇主要结论 ………………………………………………………（94）

第三篇 需求篇

第七章 西北地区特色农产品消费者的研究设计 ………………（101）
第一节 文献回顾 …………………………………………………（101）
第二节 研究模型与研究假设 ……………………………………（106）
第三节 调查研究设计 ……………………………………………（111）
第四节 本章小结 …………………………………………………（114）

第八章 西北地区特色农产品消费者分析 ………………………（116）
第一节 样本构成 …………………………………………………（116）

第二节　消费者基本特征分析 ……………………………………（120）
　第三节　消费者农产品认知水平分析 ……………………………（126）
　第四节　消费者购买农产品影响因素的因子分析 ………………（135）
　第五节　消费者满意度分析 ………………………………………（145）
　第六节　本章小结 …………………………………………………（150）

第九章　西北地区特色农产品消费者购买行为研究 ……………（152）
　第一节　农产品消费影响因素与购买行为的关系研究 …………（152）
　第二节　农产品供给质量与消费者满意度的关系研究 …………（162）
　第三节　消费者满意度与品牌忠诚的关系研究 …………………（179）
　第四节　本章小结 …………………………………………………（183）
　本篇主要结论 ……………………………………………………（185）

第四篇　案例研究篇

第十章　案例1：宁夏枸杞 ………………………………………（193）
　第一节　宁夏枸杞种植供给 ………………………………………（193）
　第二节　宁夏枸杞加工供给 ………………………………………（196）
　第三节　宁夏枸杞流通供给 ………………………………………（198）
　第四节　宁夏枸杞营销供给 ………………………………………（199）
　第五节　主要结论 …………………………………………………（202）
　第六节　本章小结 …………………………………………………（205）

第十一章　案例2：甘肃武都花椒 ………………………………（206）
　第一节　武都花椒种植供给 ………………………………………（206）
　第二节　武都花椒加工供给 ………………………………………（208）
　第三节　武都花椒流通供给 ………………………………………（209）
　第四节　武都花椒营销供给 ………………………………………（213）
　第五节　主要结论 …………………………………………………（215）
　第六节　本章小结 …………………………………………………（217）

第十二章　案例3：陕西猕猴桃 (219)
- 第一节　猕猴桃种植供给 (219)
- 第二节　猕猴桃加工供给 (223)
- 第三节　猕猴桃流通供给 (224)
- 第四节　猕猴桃营销供给 (226)
- 第五节　主要结论 (230)
- 第六节　本章小结 (232)

第十三章　案例4：新疆吐鲁番葡萄 (233)
- 第一节　吐鲁番葡萄种植供给 (233)
- 第二节　吐鲁番葡萄加工供给 (235)
- 第三节　吐鲁番葡萄流通供给 (237)
- 第四节　吐鲁番葡萄营销供给 (238)
- 第五节　主要结论 (241)
- 第六节　本章小结 (243)

第十四章　案例5：青海冬虫夏草 (245)
- 第一节　青海冬虫夏草的采挖供给 (246)
- 第二节　青海冬虫夏草的加工供给 (248)
- 第三节　青海冬虫夏草的流通供给 (250)
- 第四节　青海冬虫夏草的营销供给 (252)
- 第五节　主要结论 (254)
- 第六节　本章小结 (257)
- 本篇主要结论 (257)

第五篇　路径政策篇

第十五章　西北地区特色农产品供给质量提升路径研究 (267)
- 第一节　改善条件、优种优收，巩固发展产品质量新优势 (267)

第二节　研发迭代、丰富新品，拓展产品市场需求新空间 …… (272)
　第三节　冷链发力、补齐短板，推动流通效率实现新提升 …… (278)
　第四节　品牌引领、整合资源，带动营销水平实现新突破 …… (284)
　第五节　本章小结 ………………………………………………… (290)

第十六章　西北地区特色农产品供给质量提升政策性建议 ……… (291)
　第一节　西北五省区协同推进优势农产品供给一体化 ………… (291)
　第二节　加强引导、帮扶政策的高质量供给 …………………… (292)
　第三节　加快技术、管理创新支撑高质量供给 ………………… (293)
　第四节　加快区域、企业品牌战略推动高质量供给 …………… (293)
　第五节　加快绿色、优质基地建设保障高质量供给 …………… (294)
　第六节　本章小结 ………………………………………………… (295)
　本篇主要结论 ……………………………………………………… (295)

参考文献 ……………………………………………………………… (296)

附件　西北地区特色农产品消费行为的调查问卷 ………………… (307)

后　记 ………………………………………………………………… (313)

第一篇　理论基础篇

本篇旨在为后续开展深入研究提供扎实的理论基础，共分为两章。第一章对研究背景、目的、意义进行介绍，阐释开展研究的思路、采用的研究方法及研究创新之处。第二章界定供给侧改革视域下农产品供给和供给质量的内涵，以农产品种植、加工、流通和营销供给体系为主线，从农产品质量安全与监管、流通渠道与模式优化、供应链管理与冷链建设、区域品牌与营销模式创新等不同角度对国内外文献进行梳理分析，基于文献综述和我国农业发展现实提出了今后农产品供给质量提升的重点方向。

第一章 导论

第一节 选题背景及研究意义

一 选题背景

习近平总书记在党的十九大报告中指出:"我国经济已由高速增长阶段转向高质量发展阶段,正处在转变发展方式、优化经济结构、转换增长动力的攻关期","必须坚持质量第一、效益优先,以供给侧结构性改革为主线,推动经济发展质量变革、效率变革、动力变革,提高全要素生产率"。这是进入新时代党中央对我国经济发展提出的总要求。对于西北地区来讲,大力推进农业供给侧结构性改革,加快解决城乡发展不平衡、农业发展不充分的问题,既是提升经济发展质量的重点和难点,也是该地区实施乡村振兴战略、打赢脱贫攻坚战、全面建成小康社会进而迈向基本现代化的根本要求。从近些年西部大开发的实践来看,培育符合当地自然资源条件的特色农产品,大力发展特色农业,有效提高了西北地区农业发展质量效益、增加了农民增收后劲、提升了农村的自我发展能力,这是解决该地区"三农问题"的突破口和关键点。但是,各地在推动特色农业发展方面,研究和工作的重心更多地放在了如何扩大特色农产品供给规模上,在如何推进特色农业优质化、品牌化、绿色化提升特色农产品质量方面,研究得还不够、办法还不多、政策体系还不完善。因此,进入新时代,西北地区推进农业供给侧结构性改革,必须在坚持农产品"做特"的基础上,找到进一步"做强"的有效途径。本书在借鉴国内外特色农业发展与有效供给相关理论的基础上，研究评价方法并对西北地区特色农产品供给质量进行科学评价，总结特色农业发展成功经验和存在问题，针对性地提出西北地区特色农产品供给质量提升的路径和政策，为政府部门出台相关规划、政策、战略提供理论支撑和研究支持。

二　研究目的

本书的研究目的是依据有效供给理论、农产品质量理论、供应链理论、商品流通理论，分析提炼影响农产品供给质量的关键因素，以农业供给侧结构性改革为主线，供给由增长导向转为提质导向，构建农产品供给质量评价指标体系，通过问卷调查获取一手数据和文献查询获取二手数据，运用多指标综合测定法、主成分分析法、回归分析法等数量分析法，从供给侧对西北地区特色农产品供给质量进行评价，从需求侧对西北地区特色农产品消费者进行分析，并结合典型案例找到西北地区特色农产品供给质量提升的制约因素，提出西北地区提升特色农产品供给质量、做强特色农业的有效路径和政策建议。

三　研究意义

（一）学术价值

本书的学术价值体现在：进一步界定了农产品供给质量内涵及构成要素，并研究形成了符合新时代要求，可量化、可对比、可考核的农产品供给质量评价方法和指标体系，丰富了新时代中国特色社会主义农业农村发展理论体系。

（二）应用价值

本书的应用价值体现在：一是通过研究形成地区之间可以横向比较的农产品供给质量评价方法和指标体系，为各级政府建立健全质量兴农的评价体系、政策体系、考核体系提供理论依据；二是通过对西北地区农产品供给质量进行评价，研究提出西北地区特色农产品供给质量提升的可行路径，为各级政府确定特色产业提质升级的思路和方向、发展目标、发展重点提供科学支撑；三是通过研究市场对西北地区特色农产品的需求特点、主要特征、消费规律，分析西北地区特色农产品供给质量存在的差距，充分发挥市场的决定性作用；四是通过对国内外农产品供给理论和实践的梳理，总结政府得失和成功做法，进一步厘清在推动特色农业发展过程中政府和市场作用的边界，为各级政府建立健全工作体系、选择政府工作的着力点提供参考。

第二节 研究内容、研究方法及创新之处

本书的研究对象是西北地区特色农产品供给质量提升问题。具体原因有以下几个方面：第一，我国农业供给侧结构性改革主攻方向即提高农产品供给质量，供给质量提升路径及政策的研究为解决新时代新问题提供思路；第二，西北地区经济发展水平相对不高，贫困人口较集中，且大多以区域优势农业种植维持生计，提升其特色农产品供给质量，对于提高地区农业经济效益，帮助农民致富减贫具有重要意义；第三，西北地区由于地理位势相似，省（区）情相似，农作物生长特点及周期相近，农产品供给方面有一定的互通性，供给质量提升路径及政策可互相借鉴，共谋发展。

一 研究内容及研究方法

（一）研究内容

本书内容共分为五部分：

第一篇，理论基础篇。本篇旨在为后续开展深入研究提供扎实的理论基础，共分为两章。第一章对研究背景、目的、意义进行介绍，阐释开展研究的思路、采用的研究方法及研究创新之处。第二章界定供给侧改革视域下农产品供给和供给质量的内涵，以农产品种植、加工、流通和营销供给体系为主线，从农产品质量安全与监管、流通渠道与模式优化、供应链管理与冷链建设、区域品牌与营销模式创新等不同角度对国内外文献进行梳理分析，基于文献综述和我国农业发展现实提出了今后

农产品供给质量提升的重点方向。

第二篇，供给篇。本篇主要对西北地区特色农产品供给侧开展深入评价，共分为三章。第三章对西北地区特色农产品供给基本状况进行梳理；第四章基于国内外供给质量评价的相关研究，结合我国农产品供给质量绿色化、优质化、特色化、品牌化的提升方向，构建农产品供给质量评价指标体系和评价模型；第五章对西北地区农产品供给质量进行全面评价，分析供给过程中的薄弱环节以及关键制约因素。

第三篇，需求篇。本篇采用问卷调查法获取一手数据，分析西北地区特色农产品消费者的基本特征，农产品购买认知水平，购买农产品的影响因素，以及已购买者的满意度，共分为三章。第七章基于文献回顾，提出西北地区特色农产品消费者的研究模型、研究假设及具体研究方案；第八章对调研收集到的数据，进行整理分析统计，归纳西北地区特色农产品消费者的基本特征；第九章深入分析西北地区特色农产品消费者的需求特点和消费规律。

第四篇，案例研究篇。本篇首先选择五省区各自具有代表性的特色农产品，覆盖瓜果蔬菜、中药材、坚果调料等多个品类，从供应链协同、新媒体营销、国际化经营、生态环境保护、可持续发展等不同视角，深入分析不同地区、不同品类特色农产品种植、加工、流通和营销环节供给状况，研究其供给质量存在的不足，逐一针对性给出解决办法。继而综合多个案例，寻找西北各省区特色农产品供给体系存在问题的共性，总结归纳解决西北地区特色农产品供给质量问题的对策建议，为得出更翔实更系统的提升路径提供重要支撑。

第五篇，路径政策篇。本篇接续前四篇的研究成果，分两章阐释西北地区特色农产品供给质量提升的路径及政策建议。

（二）研究方法

1. 采用文献研究法

对国内外文献进行搜集整理，重点对特色农业、有效供给、农产品质量、农产品流通等相关研究做深入分析，以西北地区特色农产品供给质量提升为目标进行逻辑梳理和方法归纳。

2. 实证分析和规范分析相结合的方法

本书在对西北地区特色农业发展现状进行分析时，运用规范分析法；对西北地区特色农产品供给质量进行评价，对消费市场进行分析时，运用实证分析法。采用实地调研法对西北五省区特色农产品的种植、加工、流通等方面进行了解，掌握西北地区特色农产品供给状况及其主观评价。

3. 定性分析和定量分析相结合的方法

本书在对西北地区特色农产品供给质量的实证考察中，用定性分析法归纳总结出西北五省区各区域特色农产品供给现状，采用因子分析法寻找影响特色农产品供给质量的关键因素，构建特色农产品供给质量评价指标体系，采用描述统计、层次分析法、多指标综合测定法对西北地区特色农产品供给质量进行定量评价，采用回归分析、结构方程探索西北地区特色农产品的市场特征和消费规律。

二 本书的创新之处

在学术思想、学术观点上，首先，本书以农产品供给质量提升为切入点，一方面由于消费者对供给质量要求的提高，如何更好地满足消费者需求；另一方面我国乡村振兴战略的实施，如何从农民眼前的农产品繁荣增收，政府迫切需要献计献策。供给质量相关问题的研究现状不足以支持新时代发展的需要，本书的亮点就在于进一步厘清供给质量的内涵，探索影响农产品供给质量的关键因素，丰富供给质量研究的理论内容。其次，本书以西北地区特色农产品为研究对象，一是考虑到西北地区发展农业的迫切性；二是特色农产品产值占到西北地区农产品总量的70%以上，属于重点问题的重点方面。所以，本书的创新之处就在于丰富了供给质量研究的实证理论体系，有针对性地为该区域特色农产品供给质量提升提供思路。

在研究方法上，以习近平新时代中国特色社会主义思想为指导，结合我国当前经济发展大势，综合国内外先进的研究方法，科学地建立农产品供给质量评价的数量模型，以期用于探索评价各地区农产品供给质量提升面临的主要困难，有效提出解决措施。

第三节　本章小结

大力推进农业供给侧结构性改革，是西北地区实施乡村振兴战略、全面建成小康社会进而迈向基本现代化的根本要求。本章通过两节内容对研究背景、目的、意义进行介绍，阐释开展研究的思路、采用的研究方法及研究的创新之处，为下一步开展研究提供基本遵循。

第二章 相关概念界定及研究综述

农业供给侧结构性改革当主攻农业供给质量[1]，而供给质量是从供给主体、产品供给、要素供给等多方面形成的一个系统性概念[2]，提升农产品供给质量，是生产、加工、流通、销售等各个供给环节综合质量的全面提高[3]。众多学者结合研究专长从农产品质量安全、供应链管理、流通体系优化、营销以及相关支撑性问题着手，或进行理论探讨，或结合实际案例分析，进行了不同视角不同程度的大量研究，取得了丰富的研究成果，为近年来各级政府实施农业供给侧改革提供了科学的决策依据。

第一节 农产品供给及供给质量内涵研究

明确农产品供给、供给质量等关键词的内涵以及具体内容，有助于针对性地解决供给质量提升的问题。马克思最早在《资本论》中提到："供给就是市场上的产品，或者能提供给市场的产品"[4]；新古典供求理论中定义："供给是指生产者（或企业）在一定时期内的每一种价格水

---

[1] 李国祥：《农业供给侧结构性改革要主攻农业供给质量》，《农经》2017年第1期。

[2] 任保平、刘鸣杰：《我国高质量发展中有效供给形成的战略选择与实现路径》，《学术界》2018年第4期。

[3] 葛继红、周曙东、王文昊：《互联网时代农产品运销再造——来自"褚橙"的例证》，《农业经济问题》2016年第10期。

[4] 马克思：《资本论》（第3卷），人民出版社2004年版，第207页。

平下愿意且能够提供的商品总量"[①]；吴敬琏等学者在研究供给侧问题时提出：供给是生产者于某个时期某价格水平上自愿且能够提供的商品或劳务[②]。可见，供给是自愿与供给能力的统一。综合学者们的观点，本书将农产品供给定义为：供给主体（包括农民、农业合作社和涉农企业）自愿且基于供给能力，提供给市场的农产品，包括供给数量和供给质量两个方面。

马克思提出，销售的产品在质和量方面都必须达到一定标准，对于质的要求表现为产品的使用价值能够使需求得到满足，对于量的要求表现为产品量要具备市场价值[③]。目前我国农产品供给出现了两大结构性矛盾，一是需求结构变化与有效供给不足的矛盾，一是低端供给过多与高端供给不足的矛盾[④]。所以农业供给侧结构性改革要主攻农业供给质量，提高农业供给体系的质量和效率以满足消费者需求结构升级[⑤]，这与马克思所提出的供给质量标准是完全一致的。国内学者对于农产品供给质量的内涵进行了较多探讨。质量是一组固有特征满足要求的程度[⑥]，农产品质量属性则可概括为安全、价格、品质、感官四个方面[⑦]，狭义农产品的供给质量是给市场提供具有安全、营养、优质、新鲜等属性的农产品[⑧]，生鲜农产品的供给质量也常被分为显性质量和隐性质量

[①] 林自新：《马克思的供求理论与新古典供求理论之比较》，《生产力研究》2004年第11期。
[②] 吴敬琏、厉以宁、林毅夫等：《供给侧改革引领"十三五"》，中信出版社2016年版，第65—68页。
[③] 葛继红、周曙东、王文昊：《互联网时代农产品运销再造——来自"褚橙"的例证》，《农业经济问题》2016年第10期。
[④] 任保平、刘鸣杰：《我国高质量发展中有效供给形成的战略选择与实现路径》，《学术界》2018年第4期。
[⑤] 汪佳群：《农产品供给侧结构性改革的支持路径创新研究》，《西部经济管理论坛》2018年第6期。
[⑥] 朱程昊、张群祥、严响：《基于生态位理论的浙江省区域农产品质量竞争力评价研究》，《中国农业资源与区划》2018年第8期。
[⑦] 聂文静、李太平、华树春：《消费者对生鲜农产品质量属性的偏好及影响因素分析：苹果的案例》，《农业技术经济》2016年第9期。
[⑧] 葛继红、周曙东、王文昊：《互联网时代农产品运销再造——来自"褚橙"的例证》，《农业经济问题》2016年第10期。

两个衡量范式，显性质量是指可供消费者肉眼直接观察的生鲜农产品的外在质量特征，容易发觉和判断；而隐性质量是指产品隐含的不易被消费者发现的一些类似重金属含量、农药残留水平等的产品特征[1]。

本书从供给侧结构性改革视域出发，基于党的十九大报告中将"供给侧"进一步延伸为"供给体系"，选择从满足消费者需求视角提出广义的农产品供给质量内涵，表述为消费者关注的农产品安全、营养、优质等属性形成的供给过程即构成了农产品的供给质量，供给过程包括种植、加工、流通和营销四个环节。农产品供给质量提升的路径从各属性形成的供给过程逐一寻找解决对策。

第二节 农产品供给质量安全与监管问题研究

安全是农产品供给质量提升考虑的首要属性。所谓农产品质量安全，即为可以充分满足人类安全以及健康需求的农产品质量[2]，国内外学者关于农产品质量安全问题主要从三个角度进行了深入研究：一是农产品质量安全问题形成的原因和农产品安全供给的影响因素；二是农产品供给质量的监管问题，尤其是农产品质量安全的管理；三是信息技术在供给质量提升中的实践应用，尤其是随着 RFID 技术、条码技术及智能技术与供给质量的结合。

一 农产品生产安全问题的影响因素分析

20 世纪 90 年代前，学者们普遍认为农产品质量安全的外部性及其信息不对称性是不良供给者为了追求个人的经济利益而置公众利益于不顾，导致农产品质量安全事件频频发生的根本原因[3]。"柠檬市

---

[1] 徐静：《我国生鲜农产品有效供给保障研究》，博士学位论文，江苏大学，2016 年。
[2] 文晓巍、张蓓：《粤澳农产品供应链质量安全风险控制研究》，《农业现代化研究》2012 年第 3 期。
[3] 梅星星：《食用农产品质量安全监管理论与实践问题研究》，博士学位论文，华中农业大学，2015 年。

场"现象在农产品市场出现也是可能的,在"柠檬市场"中供给者是无法提供满足社会所需的符合农产品质量安全要求的农产品的①,如果将不完整的信息导入重复博弈构建的数量模型,那么信用就会成为当事人获取长期利益的最佳手段,也会成为当事人减少机会主义、进行合作行为的重要前提②,针对由于市场信息不对称产生的农产品质量安全问题,也可考虑从加强农产品责任制度和信用制度的建设方面着手解决③。

21世纪后,学者们更多地开始研究农产品质量安全的影响因素。研究表明:农产品质量安全问题涉及农产品种植、加工、储藏、销售等诸多环节④,尤其流通、加工和种植等环节是发生质量安全问题和风险的重点环节⑤,主要影响因素有生态环境、微生物诱发、添加剂的不当使用、科技进步带来的技术与控制风险、有害有毒化学物的残留、政府与市场双失灵等⑥,而导致发展中国家食品质量安全问题的主要因素是物理污染与自然产生的毒素,农业化学品、兽药与重金属残留,微生物病原体,人畜共患疾病及转基因等⑦。在对加工企业质量安全控制水平及其影响因素的相关研究方面,农产品进入市场的认证、生产加工规范的配套标准、产品检测的覆盖率和准确率、企业对于质量安全监控的技术投入、质量安全是否可追溯及追溯体系的应用、质量安全信息的公开透明度等

---

① Akerlof, George A., "The Market for 'Lemons': Quality Uncertainty and the Market Mechanism", *The Quarterly Journal of Economics*, Vol. 3, 1970, pp. 488 – 500.

② David M. Kreps, Robert Wilson, "Reputation and Imperfect Information", *Journal of Economic Theory*, Vol. 2, 1982, pp. 253 – 279.

③ Grossman, Sanford J., "The Informational Role of Warranties and Private Disclosure about Product Quality", *The Journal of Law & Economics*, Vol. 3, 1981, pp. 461 – 483.

④ 常杰:《基于供应链视角的质量安全农产品供给研究》,《农业经济》2016年第3期。

⑤ 常向阳、华红娟、高婧:《微型食品企业质量安全水平的实证研究——对河南省原阳县黑花生加工企业的调研》,《生态经济》2011年第6期。

⑥ 王可山、李秉龙:《农产品质量安全研究的理论、方法与进展》,《调研世界》2005年第7期。

⑦ American Economic Association, "Food Safety Issues in the Developing World", *Journal of Economic Literature*, 2001, Vol. 1, p. 296.

均是影响其质量安全水平的主要因素[1]。另外，农产品任何一个物流环节都存在影响质量安全的风险因素[2]，研究数据显示我国果蔬采摘后平均损耗率为25%至30%，而日本及欧美一些发达国家只有1%—3%[3]。

市场的外部性和信息的不对称性是引发农产品质量安全问题的主要成因，这一点学者们已达成共识。农产品质量安全的影响因素比较多元化，研究结果集中在种植的生态环境、新技术新工艺带来的不确定风险，生产加工过程中的有害有毒农药残留、添加剂的不当使用、加工过程的不规范，以及流通体系产生的污染和大量的损耗方面。

二 农产品供给质量的安全监管问题

为了解决农产品质量安全问题，加强对供给全过程进行监控管理十分必要。Starbird等认为解决农产品质量安全问题最关键的是要从源头——生产者抓起，即对农产品质量安全的管理应从事后监督转为源头控制[4]。Weave和Hudson通过实证研究发现供给链中的契约协作关系有助于提高农产品质量安全[5]。Caswell和Hooker提出在国际贸易中危险分析与关键点控制（HACCP）应该作为解决食品质量安全问题的标准[6]。Orriss和Whitehead提出食物链的每个环节和食品工业的每个部门都必须有一种或另一种的食品质量保证制度，以确保食品的质量和

---

[1] 常向阳、华红娟、高婧：《微型食品企业质量安全水平的实证研究——对河南省原阳县黑花生加工企业的调研》，《生态经济》2011年第6期；樊千语：《果蔬农产品质量安全评价研究》，硕士学位论文，哈尔滨商业大学，2015年；钟真、陈淑芬：《生产成本、规模经济与农产品质量安全——基于生鲜乳质量安全的规模经济分析》，《中国农村经济》2014年第1期。

[2] 杨扬、袁媛、李杰梅：《基于HACCP的生鲜农产品国际冷链物流质量控制体系研究——以云南省蔬菜出口泰国为例》，《北京交通大学学报》（社会科学版）2016年第2期。

[3] 陈军、马永开、曹群辉：《基于税收再补贴的农产品供应链均衡定价与政策效应》，《系统工程》2018年第2期。

[4] S. Andrew Starbird, "Supply Chain Contracts and Food Safety", *Agricultural & Applied Economics Association*, Vol. 2, 2005, pp. 123–127.

[5] 王洪丽：《吉林省小农户农产品质量安全控制行为研究——以稻农为例》，博士学位论文，吉林大学，2018年。

[6] Caswell, Julie A.; Hooker, Neal H., "HACCP as an International Trade Standard", *American Journal of Agricultural Economics*, Vol. 3, 1996, pp. 775–779.

安全[①]。Caswell 和 Mojduszka 认为市场机制下农产品安全管理政策作用的大小主要由农产品安全信息制度是否完善来决定[②]。Turan 研究发现政府可选择普及检查、细化标准和强制性的制度,来有效地规范食品安全问题[③]。Antle 强调了信息公开透明的重要性,建议政府应形成合理的信息披露制度,其中包括企业是否具有质量认证体系,是否有违反法律法规的记录,在这个过程中,政府需要提供健全的认证体系和规范的认证制度[④]。Loader 和 Hobbs 指出消费者愿意为高质量安全的食品支付高价格,同时,消费者又认为消费安全食品是他们的基本权利,无论价格低或高的食品,政府都有责任保障消费者的消费安全[⑤]。Henson 和 Caswell 的研究发现影响发达国家和发展中国家的食品安全监管的主要因素是政府监管食品安全的法律依据、公共食品质量安全控制系统与私营食品质量安全控制系统的关系、国家采取的公共食品质量安全管理手段、国家制定的食品安全管理战略以及根据国家食品安全监管制定的贸易制度[⑥]。可见,完善的政府农产品安全管理法律法规是实现质量安全监管的根本保证。

三 农产品供给质量追溯体系研究

应用信息技术等构建的农产品质量检测与溯源系统可以对农产品生

[①] Orriss, Gregory D.; Whitehead Anthony J., "Hazard Analysis and Critical Control Point (HACCP) as a Part of an Overall Quality Assurance System in International Food Trade", *Food Control*, Vol. 5, 2000, pp. 345 – 351.

[②] Caswell, Julie A.; Mojduszka, Eliza M., Using Informational Labeling to Influence the Market for Quality in Food Products", *American Journal of Agricultural Economics*, Vol. 5, 1996, pp. 1248 – 1253.

[③] Turan, Nesve, *Incentives and Institutions: A Comparative Legal and Economic Study of Food Safety*, University of Illinois at Urbana-Champaign, 2005, pp. 12 – 16.

[④] Antle, John M., "Efficient Food Safety Regulation in the Food Manufacturing Sector", *American Journal of Agricultural Economics*, Vol. 5, 1996, pp. 1242 – 1247.

[⑤] Loader, Rupert; Hobbs Jill E., "Strategic Responses to Food Safety Legislation", *Food Policy*, Vol. 6, 1999, pp. 685 – 706.

[⑥] Henson, Spencer; Caswell, Julie, "Food Safety Regulation: An Overview of Contemporary Issues", *Food Policy*, Vol. 6, 1999, pp. 589 – 603.

产过程中各种信息进行更好的掌控①，还可以对农产品供应链上的各方进行思想及观念上的引导，推动供应链改革的有效实施②。20世纪90年代，欧盟率先引入可追溯制度加强对农产品供给质量安全的监管。建立可追溯体系要记录产品的原产地、加工过程、运输过程等信息，保证管理环节产生数据信息的完整性，统一计量标准，并选择匹配的技术③。中国在2004年由国家食品药品监督管理局联合农业部等8家单位率先启动肉类食品溯源系统建设项目④。此后学者们围绕食品安全对农产品质量追溯系统的设计和应用展开了研究。

一是基于先进的数据库、计算机技术和通信技术等开发了农产品质量溯源系统。董玉德等在HACCP管理体系的指导下，利用二维码技术、数据库技术、网络信息技术开发和构建系统，实现了农产品从种植、采收、加工到销售的整个供应链的全程溯源⑤；周乐乐等结合视频监控技术、地理信息技术、图像隐藏技术以及二维码技术，从投入品源头到产销全过程，进行全程追溯监管体系研究⑥；胡云峰等采用云计算、数据网格化、空间分析等技术和方法，以中宁枸杞为例，构建食品可追溯体系⑦；杨磊等采用安卓系统的应用程序接口（Application Programming Interface，API）实现近场通讯（Near Field Communication，NFC）标签的读写，实现了基于位置服务（Location Base Service，LBS）的物流定位和轨迹跟踪⑧。

---

① 王纪华、许奕华、陆安祥等：《农产品质量安全监控信息化的思考与实践》，《上海农业学报》2010年第1期。
② 张涛：《基于可追溯体系的农产品供应链协调机制》，《黑龙江畜牧兽医》2016年第10期。
③ Moe T.，"Perspectives on Traceability in Food Manufacture"，*Trends in Food Science & Technology*，Vol. 5，1998，pp. 211 – 214.
④ 郑火国：《食品安全可追溯系统研究》，博士学位论文，中国农业科学院，2012年。
⑤ 董玉德、丁保勇、张国伟：《基于农产品供应链的质量安全可追溯系统》，《农业工程学报》2016年第1期。
⑥ 周乐乐、赵超越、祁南南等：《基于图像隐藏和二维码技术的农产品追溯体系研究》，《吉首大学学报》（社会科学版）2017年第S1期。
⑦ 胡云峰、董昱、孙九林：《基于网格化管理的农产品质量安全追溯系统的设计与实现》，《中国工程科学》2018年第2期。
⑧ 杨磊、肖克辉、吴理华等：《基于NFC的农产品移动溯源系统开发与应用》，《南方农业学报》2018年第3期。

二是基于供应链管理角度，学者们对追溯体系与供应链的协调机制进行了研究。国外学者认为可追溯管理的主体行为包括政府行为、生产者行为和消费者行为，政府应倡导农产品质量安全可追溯体系的建设和应用，并形成相关的法律法规，加大宣传可追溯技术应用、可追溯标识、可追溯信息查询等相关知识，加强市场严格的监管并采取严厉的措施惩罚，同时给予相应的资金支持和补贴[1]。张弛等对国外主要农业发达国家农产品质量安全追溯体系发展轨迹进行探讨借鉴，深入分析了我国农产品质量追溯体系面临的一些问题[2]；黄红星等以广东省为例，提出生产主体分散、产品包装规格零散、技术和标准不完善、产业应用基础薄弱、相关部门政策不统一等问题，提议跨区域、跨部门建立农产品质量安全追溯信息管理平台[3]。

可见，建设并应用先进的追溯体系是农产品供给质量安全实现的有效途径，从供给过程的关键环节，降低各风险因素的影响，加强责任制度和信用制度建设，才能解决市场信息不对称和外部性问题。监管主体是政府，监管重点是生产者，监管主要的配合力量是消费者。

第三节　农产品流通体系优化问题研究

党的十九大报告中将"供给侧"进一步延伸为"供给体系"，大多数学者认为供给侧结构性改革的具体实现需要从供应链整体着手，发挥流通企业联结生产与消费的重要作用，建立高效的农产品流通体系，保障高质量农产品从田间到消费者餐桌的顺利对接[4]。

---

[1] 陈松：《中国农产品质量安全追溯管理模式研究》，博士学位论文，中国农业科学院，2013年。

[2] 张弛、张晓东、王登位等：《农产品质量安全可追溯研究进展》，《中国农业科技导报》2017年第1期。

[3] 黄红星、郑业鲁、刘晓珂等：《农产品质量安全追溯应用展望与对策》，《科技管理研究》2017年第1期。

[4] 杨利军：《基于供应链优化的流通企业供给侧改革》，《中国流通经济》2016年第4期。

一 农产品物流配送问题研究

近年来对于农产品物流的研究，对象主要集中在生鲜农产品冷链物流，主要的研究视角基于物联网技术和供应链管理思想，研究的热点是冷链物流和绿色物流，研究的方法主要包括多目标优化、时间窗和遗传算法等，研究的主要问题是物流效率的影响因素和物流模式的选择。杜芸将美国、日本、荷兰等农业发达国家与我国农产品流通发展进行比较，发现我国农业物流链条过长、物流设施落后、物流信息化建设不足等突出问题[1]；窦宇等在供给侧改革视域下剖析农产品物流面临的法规制度问题、供给结构问题及供应链系统建设问题，给出优化农产品物流法律体系、革新农产品物流供给结构和基于供应链整合农产品物流资源等优化策略[2]；单再成发现农村公路里程、农产品加工能力、农用车等因素对农产品物流具有明显影响，高速公路里程与铁路、农产品仓储业、农产品市场营业面积等因素对农产品物流影响比较有限[3]；黄福华等从物流规模、物流损耗、物流费用和物流滞销四个方面构建了生鲜农产品物流效率评价指标体系，并以长沙生鲜农产品为研究样本，利用灰色关联模型分析了价格、仓储费、运输费、销量、总批量、订单反应速度、滞销量及损耗量等影响农产品物流效率的因素，从政府规制、经营主体组织化程度、基础设施及信息化建设等方面提出发展建议[4]；汪旭晖等认为农产品运输过程的损耗率过高可通过建设农产品冷链物流体系解决，确保运输过程中的储藏、运输、分销、零售始终处于低温控制环境才能减少损耗，确保产品品质和质量安全，并从政府、加工企业、消费者三个角度提出了物联网架构下

---

[1] 杜芸：《中外农产品流通比较及我国农产品流通发展对策》，《商业经济研究》2016 年第 19 期。
[2] 窦宇、兰秀建、黄天齐：《供给侧改革视域下的农产品物流创新路径》，《农业经济》2017 年第 2 期。
[3] 单再成：《农产品物流与其影响因素灰色关联度分析》，《系统工程》2012 年第 10 期。
[4] 黄福华、蒋雪林：《生鲜农产品物流效率影响因素与提升模式研究》，《北京工商大学学报》（社会科学版）2017 年第 2 期。

生鲜农产品冷链物流体系的建设路径[1]；李昌兵等引入模糊时间窗函数、客户满意度函数、农产品损耗函数等主要约束条件，构建以客户满意度最大、配送费用最小为目标的物联网环境下多目标路径优化模型，提出物联网环境下生鲜农产品的配送模式[2]。

二 农产品流通渠道与模式的研究

美国学者 Weld 撰写的《农产品营销》中提出规范的农产品分销平台和专业化的农产品流通企业可以大幅提高农产品经营的经济效益[3]。国外比较有代表性的农产品流通模式有两种：一种是批发市场主导型的物流模式，其代表国家为日本；另一种则是超市主导型的物流模式，其代表国家是美国[4]。我国目前采用的物流模式主要有六种，分别是以连锁超市、批发市场、配送中心、农产品合作组织、物流园区及龙头企业为中心的物流模式[5]。

马丽荣等以甘肃特色农产品为实证分析对象，发现流通中反映出的以商贩运销为流通主体、以初级产品和粗加工品为主要流体、以大集贸与批发市场为主要载体、以现货交易为基本方式的物流格局，始终是特色农业转型升级的制约因素[6]。潘卫红提出农产品从产地经过多个中间商、批发市场、超市等才到达消费者，环节过多的流通造成大量农产品的损坏，运输成本增加，同时消费者的需求信息也无法很快传递给生产者，导致产品的积压或者断档，给农民收入带来了损失，此外，中国现有农产品批发市场服务功能仅仅停留在交易所层面，还需完善加工包

---

[1] 汪旭晖、张其林：《基于物联网的生鲜农产品冷链物流体系构建：框架、机理与路径》，《南京农业大学学报》（社会科学版）2016 年第 1 期。
[2] 李昌兵、汪尔晶、袁嘉彬：《物联网环境下生鲜农产品物流配送路径优化研究》，《商业研究》2017 年第 4 期。
[3] L. D. H. Weld, *The Marketing of Farm Products*, New York: Macmillan, 1916, pp. 23 - 25.
[4] 范静：《国外农产品物流模式的经验与启示》，《改革与战略》2016 年第 8 期。
[5] 周洁红、徐莹：《农产品物流管理》，浙江大学出版社 2011 年版。
[6] 马丽荣、马丁丑：《甘肃特色农产品物流发展多维度分析》，《价格月刊》2017 年第 5 期。

装、分级整理、代办保险、质量验证、结算服务、信息提供等服务功能①。

目前，北美农产品营销模式主要可归纳为"超市一体化平台—消费者"、"第三方电子商务平台—消费者"和"农场电子商务平台—消费者"三种点对点的营销模式，主要优点是环节少、周期短、成本低、效率高，适于解决农产品区域性、季节性、易损性等特点带来的流通矛盾。因此，国内学者近年来热衷于研究基于电子商务平台或互联网时代背景下流通模式的变革问题。张新洁以云南特色农产品发展电子商务为例，探讨少数民族地区发展电子商务存在电子商务基础设施不健全、物流发展水平受限、电子商务应用型人才匮乏等问题②；曾亿武等通过多案例分析了农产品淘宝村的形成机理，提出了农产品淘宝村形成因素理论框架③；韩喜艳等认为全产业链模式能够促进我国农产品流通业转型升级，可以此思路建立农产品现代流通体系的整体框架④。

学者们的研究方法、范围以及视角越来越多元化，主要从流通主体、流通载体、流通模式等方面形成了一些具有较强借鉴意义的结论。例如合作社已逐渐成为农产品流通组织的主体，美国、芬兰、印度政府都非常重视合作社的发展，对于防御债务、提高资源的配置效率和动态效率以及为保障农民稳定的市场渠道等都起到了积极作用⑤。潘卫红发现我国大多数农产品均是收获后即进行销售，几乎不进行商品化处理，保鲜、深加工比例则更低，其实农产品商品价值的实现主要依赖加工后的附加值，所以建议政府优化农业投资结构，增加农产品加工和销售环

---

① 潘卫红：《中日农产品营销渠道的比较分析》，《世界农业》2016 年第 3 期。
② 张新洁：《少数民族地区特色农产品电子商务发展探究——以云南为例》，《贵州民族研究》2018 年第 7 期。
③ 曾亿武、郭红东：《农产品淘宝村形成机理：一个多案例研究》，《农业经济问题》2016 年第 4 期。
④ 韩喜艳、高志峰、刘伟：《全产业链模式促进农产品流通的作用机理：理论模型与案例实证》，《农业技术经济》2019 年第 4 期。
⑤ 郑纪芳：《国外农产品流通问题研究述评》，《世界农业》2016 年第 7 期。

节的投入和引导①。李爱萍表示应继续支持天猫、京东、淘宝等大型电商平台将农产品板块作为平台的主体战略，更好地利用平台的集聚优势和配送体系完成对农业产业链的整合②。

综上所述，农产品流通体系的优化问题已成为提升农产品供给质量的关键点，学者们的研究也更注重于解决农业流通实践以及流通理论创新等问题，研究方向更加集中到农业合作社建设、电商平台整合农业资源以及智能物流、绿色物流发展等领域，为今后更好地促进农业全产业链融合、全面提升农产品供给质量积累了丰富的理论成果。

第四节　农产品营销问题研究

2019 年 2 月，农业农村部联合国家 6 部委制定的《国家质量兴农战略规划（2018—2022 年）》提出，要准确把握质量兴农的科学内涵，推进农产品种植、加工、流通、销售产业链一体化，进一步强化品牌建设等不足环节。品牌是农产品供给质量优质的标识，是农产品企业立足市场的信誉标签，研究建设农产品品牌是带动农业全产业链发展、提升农产品供给质量迫在眉睫的任务③。同时，为了更好地发挥市场的决定性作用，学者们对农产品消费市场也做了大量的研究。本节主要从农产品区域品牌建设与消费者购买行为两方面对文献进行梳理。

一　农产品区域品牌建设的研究

农产品品牌包括两种类型，即企业农产品品牌和农产品区域公用品牌，后者简称为农产品区域品牌，以"区域名＋品类名"的形

---

① 潘卫红：《中日农产品营销渠道的比较分析》，《世界农业》2016 年第 3 期。
② 李爱萍：《山西省"互联网＋农产品"营销模式研究》，《经济问题》2018 年第 4 期。
③ 邬秀军、杨慧珍、陈荣：《地理标志农产品产业化的减贫增收效应——基于山西省 110 个县的实证分析》，《中国农业资源与区划》2017 年第 6 期；李大垒、仲伟周：《农业供给侧改革、区域品牌建设与农产品质量提升》，《理论月刊》2017 年第 4 期。

式出现①。农产品区域品牌依托地区优势农产品进行培育,通过地区整体力量进行建设,推行统一的标准化生产,更有利于提高农产品质量,满足消费者需求层次的变化。因此,我国要推动农业供给侧改革,农产品质量的提升是目标,农产品区域品牌建设是方法和途径②。

农产品区域品牌是区域优势农产品在该地区的集聚③,农业合作组织是农产品区域品牌的建设、维护与管理的重要角色,是推动农产品区域品牌发展的主体力量④,自然地理、区域文化、生产工艺是农产品区域品牌发展的基础⑤,历史文化与现实资源综合反应是区域品牌的资源力⑥。学者们不断应用新的视角和研究方法探讨农产品区域品牌问题。翁胜斌等对农产品区域品牌系统进行建模分析,发现提高种群的成长性是农产品区域品牌发展的关键环节⑦;郭璐等基于农产品成分的实证分析,证实成分品牌联合中存在来源地效应,但对农产品评价起到关键作用的并不是总体的来源地形象评价,而是与该类农产品密切相关的、消费者关注的一些要素评价⑧;周小梅等基于浙江省丽水区域品牌案例研究,得出区域声誉溢价效应具有激励农户向市场提供优质安全农产品的功能,而政府管制缺位、低效率弱化了区域声誉对农产品生产经营者的激励作用⑨。范力勇以河北为例,提出农产品区域品牌建设存在产业价值链较短、产业支撑不够、企业参与度较低、政府推动力度不强、行业

---

① 农业部市场与经济信息司:《中国农产品品牌发展研究报告》,2014年。
② 李大垒、仲伟周:《农业供给侧改革、区域品牌建设与农产品质量提升》,《理论月刊》2017年第4期。
③ 翁胜斌、李勇:《农产品区域品牌生态系统的成长性研究》,《农业技术经济》2016年第2期。
④ 刘婷:《河南省农产品区域品牌与合作社协同发展策略研究》,《农业经济》2017年第2期。
⑤ 胡晓云:《中国农产品的品牌化——中国体征与中国方略》,中国农业出版社2007年版。
⑥ 李德立、宋丽影:《农产品区域品牌竞争力影响因素分析》,《世界农业》2013年第5期。
⑦ 翁胜斌、李勇:《农产品区域品牌生态系统的成长性研究》,《农业技术经济》2016年第2期。
⑧ 郭璐、张怡文:《成分品牌联合中农产品来源地效应实证检验》,《商业经济研究》2019年第3期。
⑨ 周小梅、范鸿飞:《区域声誉可激励农产品质量安全水平提升吗?》,《农业经济问题》2017年第4期。

管理缺失等问题①；周雅雯提出基于网络社群与情感建设的农产品品牌营销策略②；王丽丽等探讨日本、法国、美国、荷兰等国家农产品品牌培育做法，总结国外的农产品品牌培育主要从提升农业生产的规模化、组织化和专业化程度，以及产品认证、产品分级、强大的流通渠道、多元化主体发挥作用、高科技驱动等方面实现③；部分学者还对山东、河南、陕西、福建等农业大省结合区域品牌建设实际，进行了深入的分析探讨，提出积极落实农业产业集群化发展战略，加大政府对农产品品牌调控与扶持力度，健全农产品区域品牌行业标准体系等对策建议④。

在农产品区域品牌建设过程中，主要依托发展特色农业和地理标志农产品来实现，尤其是基于地理标志农产品构建区域品牌成为近年来研究的热点。孙华美建议我国特色农产品品牌建设应借鉴发达国家的经验，从质量监管、政策扶持、科研投入等方面加强特色农产品品牌建设⑤；谢敏运用多元回归分析，证明地理标志有利于提高农产品的品牌竞争力，得出地理标志农产品对消费者购买意愿的影响排序依次是品牌性能价值 > 品牌传播力 > 品牌显示力⑥；赵萍分析了国际农产品地理标志保护 3 种模式：专门立法保护模式、商标法保护模式、混合保护模式的优劣⑦；刘丽以辽宁西北地区为例，发现品牌建设主体规模有限、

---

① 范力勇：《农产品区域品牌构建的问题与方略》，《开放导报》2018 年第 5 期。
② 周雅雯：《基于网络社群与情感建设的农产品品牌营销策略研究》，《农业经济》2018 年第 12 期。
③ 王丽丽、严春晓、赵帮宏：《国外农产品品牌培育经验借鉴》，《世界农业》2017 年第 9 期。
④ 李大垒：《陕西山东两省农业区域品牌建设情况比较》，《中国国情国力》2016 年第 1 期；刘婷：《河南省农产品区域品牌与合作社协同发展策略研究》，《农业经济》2017 年第 2 期；郑端：《陕西省特色农产品区域品牌竞争力提升对策研究》，《中国农业资源与区划》2016 年第 7 期；郑琼娥：《福建农产品区域品牌发展的对策研究》，《福建论坛》（人文社会科学版）2018 年第 10 期。
⑤ 孙华美：《结合美日经验论中国特色农产品品牌建设策略》，《世界农业》2016 年第 6 期。
⑥ 谢敏：《地理标志农产品对品牌营销竞争力的影响——以四川省为例》，《中国农业资源与区划》2017 年第 4 期。
⑦ 赵萍：《国际农产品地理标志保护模式分析》，《世界农业》2016 年第 8 期。

生产稳定性差，区域品牌定位不准确、推广缓慢等问题突出[①]；费文美提出完善地理标志农产品品牌增值的制度建设，搭建地理标志农产品的全产业链平台，从人文角度挖掘地理标志农产品品牌资产价值等策略[②]。

学者们的研究成果表明，政府助推农产品品牌建设是提升农产品供给质量的有效途径，研究成果也侧重于建设意义、构成要素以及宏观策略等方面，但要解决具体实施问题，还需要深入研究。比如：进一步挖掘历史文化、地理优势赋予区域农产品的独特价值，方式方法有待创新；从政府的角度完善区域品牌构建的政策，规范品牌的保护机制以及传播的路径，如何结合实际规划设计等。

二 从顾客感知角度研究农产品消费

以农产品品牌建设的过程带动整个农产品产业链升级是农业供给侧结构性改革的重要方式，同时，研究消费者对质量特征信息的微观解读和选择偏好，才能真正实现市场与生产者的双向互动，准确把握品牌建设的要素。陈曦根据美国学者马斯洛的需求层次理论，分析高端农产品消费者要不断满足自己在精神上的需求，这些需求具有健康、绿色、有机、高营养价值、高科技含量、高档的精神体验等特征[③]；姜百臣等基于 Hedonic 模型发现，消费者对农产品食品的包括营养、口感、品质、安全性、新鲜程度、卫生状况等的选择权重及赋值最高，其次，依次为"质量安全认证"信息和"广告效应"信息[④]；侯燕从产品品质、品牌形象、品牌营销和品牌传播四个维度重构了农产品电商品牌

[①] 刘丽：《基于地理标志的农产品区域品牌建设与推广研究——以辽宁西北地区为例》，《农业经济》2016 年第 7 期。

[②] 费文美：《基于地理标志技术的农产品营销品牌价值增进策略》，《经济研究参考》2018 年第 17 期。

[③] 陈曦：《基于消费需求背景下的我国高端农产品营销策略》，《农业经济》2017 年第 2 期。

[④] 姜百臣、米运生、朱桥艳：《优质农产品质量特征的消费者选择偏好与价格支付意愿》，《南京农业大学学报》（社会科学版）2017 年第 4 期。

要素指标体系[①];熊爱华等提出增强消费者对农产品的品牌认知要进一步定位消费群体,明确客户需求,增强消费者品牌情感,同时要发挥地方政府职能,增强消费者品牌信任[②];杨佳利以湖南安化黑茶、祁东黄花菜、永兴冰糖橙三个区域品牌为样本,通过数据分析发现农产品区域品牌的认知和认可程度越高,消费者对该地区农产品就越会产生更好的品质联想,消费者感知质量就越好[③]。

学者们多结合某特定的农产品消费群体,对其购前、购中、购后的经历开展研究,归纳总结了一些农产品消费者的需求特征、购买意向,得出了增强消费者认同、使其产生品牌依赖的一些方法,为多地开展农产品营销工作提供了思路,但从复制推广的角度看,研究成果欠缺系统性、整体性,个别结论缺乏一定的数据支撑,没有回答好消费者的微观需求,政府宏观层面如何规划,产业、企业中观层面如何操作的问题。

第五节 本章小结

本章在系统梳理国内外已有研究的基础上,首先明晰供给侧结构性改革视域下农产品供给和供给质量的内涵;其次基于农产品种植、加工、流通和营销整个供给过程,从农产品供给质量安全与监管、流通体系优化、品牌建设、农产品消费等方面对现有研究成果进行分类梳理,为深入开展研究提供了扎实的理论基础。

本篇主要结论

国内外学者从经济学、管理学、法学、生物学、社会学等不同学

[①] 侯燕:《基于消费者评价的农产品电商品牌要素重构》,《商业经济研究》2016年第13期。

[②] 熊爱华、韩召、张涵:《消费者的农产品品牌认知与情感对品牌忠诚度的影响研究》,《山东财经大学学报》2019年第1期。

[③] 杨佳利:《农产品区域品牌对消费者感知质量的影响——以消费者产品知识、介入度和来源地为调节变量》,《湖南农业大学学报》(社会科学版)2017年第1期。

科，就提升农产品供给质量的各个环节，运用定性和定量相结合的方法以不同视角从形成机制、影响因素、运作机理等理论层面做了大量探讨，同时结合具体区域具体问题也有深入的研究，为进一步探讨提升农产品供给质量提供了有力的理论支撑。但从已有的研究成果来看，基于供给过程系统深入探讨供给质量提升的文献较少，宏观层面主观分析的研究较多，采用数量模型系统验证性的研究较少。随着农业供给侧结构性改革的持续推进，很多新问题的出现需要更多的研究成果支撑，本书认为，今后的研究更多可从以下方面着手。

一 农产品质量安全问题仍然是供给质量提升的研究热点

基于以上的文献整理，本书认为农产品质量安全仍然是供给质量提升的关切，重点应从推进农业全程标准化和完善监管体系两方面入手。首先，要对标国际先进标准，继续从种植、加工、流通和营销四大环节着手，系统研究农产品生产环境、生产过程、产品质量、包装标识等全流程标准化，着重研究质量安全评价技术规范、农业投入品质量标准及合理使用准则等问题，建立与农业高质量发展相适应的农业标准及技术规范，达成国际上政府间互认。其次，要从农产品质量安全监管体系完善的角度，重点探索以下问题：如何实现科学有效的立法监管；如何布局和优化农产品质量安全监测网络，确保及时发现问题及时杜绝；如何改进监测方法，扩大检测范围；如何加强农产品质量安全信用体系建设；如何系统推进农产品质量全程追溯体系的实践应用和升级改造。

二 促进农业全产业链融合，强化产地市场体系建设

现有的研究更多专注探讨农业产业链中某一个环节，或加工或流通或市场，落脚点多在培育核心企业、优化流通渠道和营销模式上，但是实践表明单个环节的优化对于解决整个农产品供应链协同、供给质量提升问题缺乏系统的、整体的指导意义。要解决农产品增值链条上各环节的问题，促进农产品加工就近转化增值，实现一二三产业融合，构建农

业产业化联合体将是以后发展的必然趋势。政府方面可支持农业产业化龙头企业完善产业链，构建紧密的利益共同体，加强农产品加工企业与各类新型经营主体间的资本联结关系、契约关系和供销关系。研究具有农业特质利益共同体构建的机制、风险、实施策略等具有很强的实践价值。

同时，农产品市场体系的完善和流通方式的创新也是助力农产品高效实现增值必不可少的研究视角。我国农产品流通的发生主要集中于批发市场，而批发市场体系的单一化、服务功能的薄弱化严重制约了农产品的流通，全国性、区域性和田头三级产地市场体系的布局、运作将成为今后的研究方向。探索如何建立农产品产销对接服务体系，发展订单农业、定制农业，扩大农超、农社、农企、农校等对接范围也将是未来研究的重点问题。

三　规范有序地构建差异化竞争优势的农业品牌体系

农产品品牌建设的规范性和有效性直接影响到消费者对农产品供给质量优劣的感知。通过梳理相关文献得出，现有农产品品牌建设的研究主要集中在农业区域品牌建设的意义、方略、实证探讨等方面，但如何结合我国农业、农村、农民实际情况，做好农业品牌建设整体布局，从政府到企业再到农户系统、有序解决品牌建设的难点等问题缺乏深入探讨。本书认为今后关于农产品品牌建设的研究要从品牌培育、品牌监管和保护、品牌传播等方面展开。品牌培育是整个农产品品牌建设的着力点，建议政府结合不同区域粮食生产、重要农产品生产以及特色农产品发展的差异化优势，加快农业专业合作社发展的同时，以培育特色农产品优势区、培育农产品精深加工示范基地、培育农产品质量安全示范基地等做法为实践路径，逐级培育农业品牌的形成。学者们更多地可借鉴国外农业发展经验和我国的现有实践，探究我国农业合作社的发展机制并持续跟踪，研究我国农产品品牌培育的政策、机理、具体的实施策略，形成规律化的、可推广的方案，指导更广泛的区域实践农产品品牌培育。

其次，为确保品牌的公信力，有效引导消费者能够优价享受到优质农产品，政府的监管应从加强农业品牌认证、保护各环节的规范与管理入手，例如，如何依据品牌目录标准动态监管品牌诚信，如何加大对滥用品牌行为的处罚等。对于品牌建设主体来说则应更多地研究在互联网时代，如何结合区域历史渊源、文化故事，深度挖掘农业品牌的内涵，在满足农产品质量安全、健康营养等技术属性的同时，研究好农产品品牌设计、包装、传播等商品属性。

第二篇　供给篇

研究西北地区特色农产品供给质量提升路径，一端要做好供给侧的评价，一端要做好需求侧的分析，所谓知己知彼百战不殆，政府指导与市场配置要协同发力才能推动特色农产品供给质量提升。本篇供给侧评价，内容共分为四章。第三章对西北地区特色农产品供给基本状况进行梳理；第四章基于国内外供给质量评价的相关研究，结合我国农产品供给质量绿色化、优质化、特色化、品牌化的提升方向，构建农产品供给质量评价指标体系和评价模型；第五章对西北地区农产品供给质量进行全面评价；第六章分析西北地区农产品供给过程中的薄弱环节以及关键制约因素。

第三章　西北地区特色农产品供给现状

第一节　西北五省区简况

西北地区深居内陆，位于昆仑山—阿尔金山—祁连山和长城以北，大兴安岭、乌鞘岭以西，包括陕西、甘肃、青海、宁夏和新疆五个省（区）。东部是波状起伏的高原，西部呈现山地和盆地相间分布的地表格局，四周距海遥远，周围又被高山环绕，来自海洋的潮湿气流难以深入，自东向西，由大陆性半干旱气候向大陆性干旱气候过渡，植被则由草原向荒漠过渡[①]。西北地区具有较长的国境线，与俄罗斯、蒙古、哈萨克斯坦、吉尔吉斯斯坦等国相邻。基本情况如下。

一　西北地域广阔，人均耕地面积高于全国一倍

从地域方面看，西北地区面积广大，约占西部总面积的57.7%，约占全国陆地总面积的24.3%；人均土地面积3.8公顷（57亩），是全国平均水平的4.75倍，其中耕地1853万公顷（2.78亿亩），人均耕地0.21公顷（3.09亩），高于全国人均一倍，草地6544万公顷（9.82亿亩），人均0.73公顷（10.91亩），林地1413万公顷（2.12

---

① 中国政府网：区域地理，http://www.gov.cn/guoqing/2005-09/13/content_2582640.htm，发布日期：2021-04-09，访问日期：2021-06-13。

亿亩）①。

二 西北人口数量持续增长，受教育程度与全国平均水平接近

从人口数量方面看，2015—2019年西北人口数量呈增长趋势，从2015年的10009万人增长至2019年的10349万人，其中陕西达到3876万人，甘肃达到2647万人，新疆总人口2523万人，宁夏总人口695万人，青海总人口608万人。从就业情况看，西北五省区有5689.256万人口能就业，就业比例达到55.0%，接近全国平均水平55.3%，其中甘肃就业1548.495万人，宁夏就业388.505万人，就业人口所占比例高于五省区平均水平，陕西省略低。从人口受教育程度看，西北地区专科以上学历人员达到1293.625万人，占西北总人口12.5%，2015—2019年与全国平均水平接近。截至2019年年底，新疆专科以上学历人员占13.5%，陕西占12.8%，宁夏占12.9%，甘肃占11.0%，青海占12.6%，具体数据见表3.1。

三 西北GDP持续增长，新疆增长率高于全国平均水平

从地区经济发展看，西北五省区GDP在2015—2019年呈现出增长趋势，从2015年的39465.80亿元增长至2019年的54823.01亿元，增长率达到38.9%，其中新疆增长4272.31亿元，增长率达到45.8%，陕西增长7771.31亿元，增长率达到43.1%，与全国43.2%的增长率持平，宁夏增长836.71亿元，增长率达到28.7%，甘肃增长1927.98亿元，增长率达到28.4%，青海增长548.90亿元，增长率达到22.7%。从变化趋势看，新疆地区增加值逐年递增，形势平稳，2019年陕西、宁夏两地增长放缓，甘肃、青海两地增加值忽高忽低，但总体呈现持续增长，具体数据见表3.2。

---

① 百度百科：西北，https：//baike.baidu.com/item/%E8%A5%BF%E5%8C%97%E5%9C%B0%E5%8C%BA/72779? fromtitle =%E8%A5%BF%E5%8C%97&fromid = 8101947&fr = aladdin，访问日期：2018-09-29。

表3.1　2015—2019年西北五省区人口基本情况　（单位：万人）

年份	2015			2016			2017			2018			2019		
指标 分布范围	人口	就业人口比例(%)	专科以上人口比例(%)	人口	就业人口比例(%)	专科以上人口比例(%)	人口	就业人口比例(%)	专科以上人口比例(%)	人口	就业人口比例(%)	专科以上人口比例(%)	人口	就业人口比例(%)	专科以上人口比例(%)
陕西	3793	54.6	16.6	3813	54.4	12.0	3835	54.0	14.2	3864	53.6	16.3	3876	53.4	12.8
新疆	2360	50.6	13.1	2398	52.7	12.4	2445	53.5	16.2	2487	52.4	15.5	2523	53.6	13.5
甘肃	2600	59.0	11.7	2610	59.3	10.0	2626	59.2	12.9	2637	59.0	11.6	2647	58.5	11.0
宁夏	668	54.2	13.6	675	54.7	14.2	682	55.1	14.6	688	55.3	12.1	695	55.9	12.9
青海	588	54.7	9.7	593	54.7	8.9	598	54.7	10.7	603	54.6	13.2	608	54.3	12.6
西北	10009	54.8	13.9	10089	55.3	11.5	10186	55.3	14.3	10279	54.9	14.5	10349	55.0	12.5
全国	137462	56.3	12.4	138271	56.1	12.0	139008	55.9	12.9	139538	55.6	13.0	140005	55.3	13.6

数据来源：《中国统计年鉴（2016—2020）》及五省区地方统计年鉴。

表 3.2　2015—2019 西北五省区地区生产总值基本情况　（单位：亿元）

年份 指标 分布范围	2015 总额	2015 增加值	2016 总额	2016 增加值	2017 总额	2017 增加值	2018 总额	2018 增加值	2019 总额	2019 增加值
陕西	18021.86	331.92	19399.59	1377.73	21898.81	2499.22	24438.32	2539.51	25793.17	1354.85
新疆	9324.80	51.34	9649.70	324.90	10881.96	1232.26	12199.08	1317.12	13597.11	1398.03
甘肃	6790.32	-46.50	7200.37	410.05	7459.90	259.53	8246.07	786.17	8718.30	472.23
宁夏	2911.77	159.67	3168.59	256.82	3443.56	274.97	3705.18	261.62	3748.48	43.30
青海	2417.05	113.73	2572.49	155.44	2624.83	52.34	2865.23	240.40	2965.95	100.72
西北	39465.80	610.16	41990.74	2524.94	46309.06	4318.32	51453.88	5144.82	54823.01	3369.13
全国	688858.2	45295.1	746395.1	57536.9	832035.9	85640.8	919281.1	87245.2	986515.2	67234.1

数据来源：《中国统计年鉴（2016—2020）》及五省区地方统计年鉴。

四 西北重资源轻市场问题严重，批发零售业发展缓慢

从产业结构看，本书选取与农产品供给质量关系密切的农林牧渔业，工业，交通、运输、仓储和邮政业，批发和零售业等四大产业的基本情况进行说明。2019 年西北五省区农林牧渔业生产总值达 10316.20 亿元，其中陕西、新疆两地位于前列，两地总和占比达到西北地区七成。四大产业增加值反映出五省区提升农产品供给质量相关行业基础稳定，发展态势良好，但与全国平均水平比，四大行业增加值均低于全国平均水平，尤其是批发和零售业增加值，西北地区最高为陕西省 1880.440 亿元，但仍低于全国平均水平 3079.40 亿元，且差距较大，可见重资源轻市场的问题依然严重，具体数据见表 3.3。

表 3.3　　2019 年西北五省区主要行业地区生产总值基本情况（单位：亿元）

分布范围	地区生产总值	农林牧渔业增加值	工业增加值	交通、运输、仓储和邮政业增加值	批发和零售业增加值
陕西	25793.17	2098.01	9609.70	1059.86	1880.44
新疆	13597.11	1888.39	3861.66	953.72	766.09
甘肃	8718.30	1087.61	2319.75	438.39	646.28
宁夏	3748.48	297.66	1270.02	178.21	200.85
青海	2965.95	306.03	817.49	123.18	160.83
西北均值	10964.60	1135.54	3575.72	550.67	730.90
全国均值	31784.94	2373.10	10200.50	1379.10	3079.40

数据来源：《中国统计年鉴（2016—2020）》及五省区地方统计年鉴。

第二节　西北五省区农业发展基本情况

一 丰富的后备资源禀赋，良好的农业生产环境

西北五省区人均土地面积为 3.8 公顷，是全国人均土地面积的 4.75 倍，人均耕地面积高达全国人均耕地面积的两倍，为 0.21 公顷。西北五省区在拥有黄土高原、河套平原、宁夏平原与河西走廊的同时，

也拥有大量草原，畜牧业发展历史悠久，青海、宁夏、新疆与甘肃各省区均有畜牧业基地，有发展肉制品与奶制品贸易的优良条件。此外，西北五省区拥有大面积山区和高原，如天山山脉、祁连山脉和昆仑山脉等，动植物产品丰富。但由于气候原因也存在大面积沙漠和半沙漠地区，植被稀少且生态脆弱。

尽管西北地区农业资源禀赋相似性很高，但五省区在气候、地理以及人文条件等方面仍存在一定差异，故各自农业发展侧重有所不同。青海省以畜牧业为主，宁夏的河套平原地区与甘肃省河西走廊及新疆以绿洲农业及灌溉农业为主；陕西是重要的植物产品与食品制成品出口省区，新疆是我国重要的温带水果产区和糖料作物产地。目前，西北五省区农业发展布局已初步形成。

二 农产品特色鲜明，品种繁多

西北地区经纬度范围为东经73度至东经123度，纬度是北纬37度至北纬50度，幅员辽阔，地跨半湿润、半干旱和干旱地带。气候条件各异并且独特，地形复杂，生态环境的类型多样，有干旱荒漠、高寒草地、黄土高原、陇南陕南山地四个大的生态类型区，每个生态类型区中又有生态因子相异的亚类型。其中既有制约农业发展的许多不利因素，如干旱、风沙、低温、盐碱、贫瘠等，也有一些可以利用的条件，如光照良好、昼夜温差大、生物多样性等。事实上，是复杂多样的生态环境造就了丰富的生物多样性，不利的生态因子促成了生物种类的独有特性，这就为特色农业的发展和优质农产品的生产创造了条件。西北五省区特色农产品基本情况见表3.4。

在新疆和甘肃河西的干旱区，硬粒小麦、棉花、瓜果、蔬菜、啤酒花、黑瓜子、甜菜等作物的适应性好，品质优良。利用日光温室和节水措施不断扩大蔬菜生产的规模，河西走廊已成为西菜东调的重要基地。哈密瓜、黄河蜜瓜、库尔勒香梨、巴旦木、临泽小枣、民乐大蒜等，在解决好保鲜加工技术后，也可进一步发展。

黄土高原地区的杂粮、马铃薯、蔬菜、果品、花卉、百合、黄花菜、蓖麻以及肉牛、肉驴、奶山羊等，有良好的开发前景。适应温凉气候的马铃薯，可做菜、做粮、做饲料，能制淀粉、能加工薯条薯片，近几年在陇中、陕北、宁南地区迅速发展，大量外销。该地区还适宜桃、苹果、杏、柿子、枣、梨等林果的生产，渭河沿岸地区形成了大规模的苹果带。

陇南陕南山地，垂直地带分布性强，水热条件好，结合立体生态农业的建设，发展桑蚕、花椒、油橄榄、茶叶、山野菜、干鲜果、生漆等林土特产，具有开发力。随着传统产业向内地的转移，这里的植桑、养蚕、缫丝生产迅速发展，已成为一些县的支柱产业。这里出产的木耳、蕨菜、薇菜等山野菜和核桃、猕猴桃、柑橘、板栗等干鲜果为无污染的绿色食品。

表 3.4　　　　　　　　西北五省区特色农产品基本情况

省（区）	特色农产品品种	代表性特色农产品
陕西	苹果、酥梨、红枣、中药材、樱桃、甜瓜、葡萄、小米、杜仲、香菇、蔬菜、镇安板栗、眉县猕猴桃、富平柿饼、临潼石榴、韩城大红袍花椒、凤县大红袍花椒、紫阳富硒茶、汉中仙毫、大荔冬枣、留坝蜂蜜、商南茶、洋县黑米、洛南核桃、直罗贡米等	洛川苹果、眉县猕猴桃
新疆	棉花、甜菜、坚果、红花、西瓜、白洋芋、西红柿、巴旦木、孜然、伊犁大枣、吐鲁番葡萄、和田玉枣、库尔勒香梨、阿克苏苹果、阿克苏核桃、精河枸杞、尉犁甜瓜、哈纳斯蜜瓜、喀拉布拉苹果、七十三团大米、托克逊红枣等	棉花、吐鲁番葡萄
甘肃	黑木耳、白木耳、桐油、蚕豆、定西马铃薯、陇西中药材、天水花牛苹果、武都花椒、兰州高原夏菜、兰州百合、苦水玫瑰、成县核桃、樱桃、文县茶叶、油橄榄、宕昌中药材、平凉金果等	武都花椒、定西马铃薯
宁夏	中宁枸杞、灵武长枣、西吉马铃薯、香山硒砂瓜、宁夏大米、固原胡麻油、同心圆枣、盐池滩羊、彭阳红梅杏等	中宁枸杞
青海	马铃薯、油菜、蚕豆、酸奶、藏红花、沙果、冬虫夏草、小麦、豌豆、柴达木枸杞、湟中葡萄、门源青稞、大通鸡腿葱、湟源陈醋等	冬虫夏草

三 农作物日照时间长，农产品品质优良

新疆属温带气候，除降水量偏低（农业生产靠灌溉）外，其他各种气候因素如日照时间长、昼夜温差大，利于水果和糖料作物中糖分的积累，所以瓜果普遍较甜，深受广大消费者的青睐。此外，新疆地处干旱地区，降水少，光照条件优越，温差大，病虫害少，加上新疆独特的棉花生产环境和栽培技术，使得棉花品质高、色泽好、纤维长，质量比东中部地区的要好，因而新疆成为我国第三大产棉区，也是我国优质长绒棉产区。新疆额敏县红花籽亚油酸含量高于世界各地，品质独一无二。

青海各地根据当地不同的地理气候类型，因地制宜调整农业结构，形成种植马铃薯、油菜、蔬菜、蚕豆四大特色农作物为主，积极发展"一村一品"的区域特色产业，全面发展农村特色经济，使绿色、无污染的特色农业成为农民增加收入的主要途径。比如：互助土族自治县立足于脑山耕地面积大的实际，面向市场，大力发展优质油菜种植和特色马铃薯种植；循化撒拉族自治县在黄河沿岸建成两万亩的核桃生产基地，使之成为继循化线辣椒产业之后的第二大特色农业产业[1]。

四 果业产业化发展势头良好，带动效应明显[2]

果业产业化发展一直是西北地区的重点。例如在陕西省的生态农业发展中，果业取得了显著成果，为全省农民创造了300多元的人均纯收入。陕西特色林果区1000万果农基本实现了1100元的人均纯收入。陕西现已建成六大特色果品生产基地，在渭河以北无定河以南建成了0.573万公顷的酥梨基地，在汉江流域和秦岭北麓建成了1.6万公顷的猕猴桃基地，在黄河沿岸建成了10.2万公顷的红枣基地。全

---

[1] 王恒庭：《青海特色农业经济发展研究》，《合作经济与科技》2008年第11期。
[2] 张红丽、温宁：《西北地区生态农业产业化发展问题与模式选择》，《甘肃社会科学》2020年第3期。

省共计有 34 个果业龙头企业，并出现了一批国家级、省级重点龙头企业，如海升、华圣、宏达等。除此之外，西北地区还有许多特色农作物，例如甘肃的中药材、马铃薯、玉米制种、酿酒葡萄等位列全国前五，建成了 140.5 万公顷具有区位优势的特色农业基地，对地方经济发展带动效应明显。

五 农业产业化经营组织发展趋于合理

西北地区的农业产业化经营组织虽然尚存不合理情况，但不可忽略产业组织健康化发展所带来的经济效益。根据农业部 2018 年统计，全国共有 39.5 万个农业产业化经营组织，各区域之间的分布差距不断缩小，西部地区的产业化经营组织为 56200 个，占 14.22%；中部地区为 90000 个，占 22.78%；东部地区为 193100 个，占 48.88%。相较于 2013 年，我国西北地区的农业产业化经营组织占比增加了 7.8%。产业化组织中的中介组织具有重要的纽带作用，近年西北地区龙头企业、带动型中介组织数量明显增加，在产业化组织中的比重也明显上升，西北各地区农民专业合作社已成为带领当地脱贫、农民增收的主力军。

第三节 西北地区特色农产品供给体系基本情况

农业供给侧结构性改革，不仅是农产品供给某一环节质量提升的问题，而是整个供给体系整体质量提升的讨论，本书基于第二章对于农产品供给质量内涵的界定，从种植、加工、流通与营销四个环节分析西北五省区农产品供给的状况。

一 西北地区特色农产品种植现状

本小节通过农产品种植面积，农作物产量，种植机械化程度以及农作物种植绿色、安全等方面，结合走访调研和相关统计数据进行分析说明。

(一) 耕种基本条件

截至 2019 年年底，西北地区耕地灌溉面积达 8325.6 千公顷，占到全国耕地灌溉面积的 12.1%，农作物总播种面积达 15840.2 千公顷，占到全国 9.5%，具体数据见表 3.5。西北地区占全国 7.4% 的人口，耕种面积达到 10% 左右，耕种基本条件优良。但由于气候干旱、部分地区自然条件不适于农作物生长，数据表明，西北地区谷物单位面积产量为 5182 公斤/公顷，比全国平均水平的 6272 公斤/公顷低了 1090 公斤/公顷，产出效率还有进一步提升的空间。

表 3.5　　　　2019 年西北五省区农产品种植基本情况

分布范围	耕地灌溉面积（千公顷）	农作物总播种面积（千公顷）	谷物单位面积产量（公斤/公顷）
陕西	1285.2	4132.1	4490
甘肃	1328.9	3831.6	4908
青海	213.3	553.5	3659
宁夏	538.3	1153.0	5842
新疆	4959.9	6170.0	7012
西北	8325.6	15840.2	5182
全国	68678.6	165931	6272

数据来源：《中国统计年鉴（2020）》数据整理而得。

(二) 农业机械化水平

农业机械化总动力直接影响种植供给水平，本书选取我国东部、中部部分地区，以及山东、河南、河北等农业大省与西北五省区进行对比分析（见表 3.6）。数据表明：全国耕地面积从 2013 年的 64539.5 千公顷上升至 2019 年的 68678.6 千公顷，纵向看，西北地区单位耕地面积农业机械化水平总体呈下降趋势。横向看，山东、河北、河南等地区农业机械化水平仍处于领先，西北与全国平均水平持平，五省区中青海、陕西、甘肃三省高于全国平均水平，新疆远低于西北及全国平均水平，农业机械化总动力水平亟须提升。

表3.6　2013—2019年单位耕地面积农业机械化总动力情况对比

（单位：千瓦/公顷）

分布范围	2013年	2014年	2015年	2016年	2017年	2018年	2019年
江苏	11.64	11.95	12.21	12.10	12.08	12.00	12.16
浙江	17.47	16.98	16.48	14.77	14.34	13.95	13.58
江西	10.09	10.58	11.15	10.81	11.32	11.72	12.13
山东	26.94	26.73	26.90	18.98	19.54	19.89	20.26
河南	22.44	22.50	22.47	18.80	19.04	19.29	19.44
河北	24.75	24.85	24.96	16.61	16.94	17.15	17.47
陕西	20.27	20.81	21.57	17.36	17.75	18.13	18.14
新疆	4.54	4.85	5.03	5.12	5.33	5.59	5.62
甘肃	18.83	19.63	20.55	14.45	15.16	15.72	16.36
宁夏	16.09	16.30	16.41	11.27	11.84	11.88	11.74
青海	21.97	24.16	23.04	22.66	22.38	22.06	22.70
西北	16.34	17.15	17.32	14.17	14.49	14.68	14.91
全国	16.37	16.74	16.96	14.48	14.57	14.70	14.96

数据来源：《中国统计年鉴（2014—2020）》数据整理而得。

（三）种植环境

西北地区经济发展相对落后，农业开发利用程度不高，空气、水质、土壤受污染少，适合开展绿色、有机农产品开发种植。本书选择单位耕地面积化肥使用量和单位耕地面积农药使用量两个指标（见表3.7和表3.8），对近年来西北地区种植环境进行分析。数据表明，西北五省区除陕西之外，单位耕地面积化肥使用量均低于山东等农业大省及全国平均值，且近年来仍然在持续下降，从农药使用量上看，单位耕地面积农药使用量均低于全国平均水平，青海、宁夏两地少于全国平均水平近四分之三，土壤优质，种植环境优越，为绿色、有机农业发展提供了优势环境条件。

表 3.7　　2013—2019 年单位耕地面积化肥使用量对比　　（单位：吨/公顷）

分布范围	2013 年	2014 年	2015 年	2016 年	2017 年	2018 年	2019 年
江苏	0.86	0.83	0.81	0.77	0.74	0.70	0.68
浙江	0.66	0.63	0.61	0.58	0.57	0.54	0.52
江西	0.71	0.71	0.71	0.70	0.66	0.61	0.57
山东	1.00	0.95	0.93	0.88	0.85	0.80	0.75
河南	1.40	1.38	1.37	1.36	1.34	1.31	1.25
河北	0.76	0.76	0.75	0.74	0.72	0.70	0.66
陕西	2.00	1.88	1.88	1.86	1.84	1.80	1.58
新疆	0.43	0.49	0.50	0.50	0.51	0.52	0.52
甘肃	0.74	0.75	0.75	0.71	0.63	0.62	0.61
宁夏	0.81	0.80	0.79	0.79	0.80	0.73	0.71
青海	0.52	0.53	0.51	0.43	0.42	0.39	0.29
西北	0.74	0.76	0.77	0.76	0.75	0.75	0.70
全国	0.93	0.93	0.91	0.89	0.86	0.83	0.79

数据来源：《中国统计年鉴（2014—2020）》数据整理而得。

表 3.8　　2013—2019 年单位耕地面积农药使用量对比　　（单位：吨/公顷）

分布范围	2013 年	2014 年	2015 年	2016 年	2017 年	2018 年	2019 年
江苏	0.0215	0.0204	0.0198	0.0188	0.0177	0.0167	0.016
浙江	0.0370	0.0412	0.0394	0.0342	0.0320	0.0303	0.030
江西	0.0501	0.0474	0.0463	0.0453	0.0430	0.0380	0.023
山东	0.0335	0.0319	0.0304	0.0288	0.0271	0.0248	0.019
河南	0.0262	0.0255	0.0247	0.0242	0.0229	0.0215	0.014
河北	0.0199	0.0196	0.0187	0.0183	0.0173	0.0137	0.009
陕西	0.0107	0.0104	0.0106	0.0105	0.0105	0.0099	0.004
新疆	0.0045	0.0055	0.0052	0.0055	0.0056	0.0049	0.003
甘肃	0.0606	0.0600	0.0603	0.0531	0.0391	0.0321	0.008
宁夏	0.0054	0.0052	0.0051	0.0050	0.0049	0.0044	0.002
青海	0.0107	0.0104	0.0102	0.0094	0.0092	0.0084	0.002
西北	0.0147	0.0152	0.0149	0.0139	0.0118	0.0101	0.0038
全国	0.0285	0.0279	0.0271	0.0259	0.0244	0.0220	0.011

数据来源：《中国统计年鉴（2014—2020）》数据整理而得。

二 西北地区特色农产品加工现状

西北地区不缺乏特色农业，棉花、瓜果、牧畜、乳品等优势资源已成西北地区的名牌，与此同时，西北地区还建立了各种农产品生产基地，慢慢形成了以特色农业产业为主导的区域布局，比如宁夏的枸杞加工、新疆的乳制品、陕西的水果加工等，并达到了一定的规模产值。

（一）加工业规模

表3.9数据表明，截至2019年年底，西北地区农产品加工企业数量为1137个，仅占全国农产品加工企业数量的1.4%，山东省农产品加工企业数量则达到了1817家，超过西北地区总和。西北五省区中陕西农产品加工企业数量较多，新疆加工企业数量较少，明显与其丰富的农产品资源不匹配，宁夏、青海更少。大多数加工企业规模小、设备陈旧、技术滞后，以初级产品为主，精深加工少。从国家级农业龙头企业数量上来看，西北地区总和占全国8.6%，新疆龙头企业带动优势明显。

表3.9　农产品加工企业、国家级农业龙头企业数量对比　（单位：个）

分布范围	农产品加工企业数量	国家级农业龙头企业数量
江苏	620	51
浙江	415	39
江西	287	34
山东	1817	52
河南	978	46
河北	356	23
陕西	498	28
新疆	228	45
甘肃	216	22
宁夏	134	19
青海	61	19
西北	1137	133
全国	80778	1547

数据来源：中华人民共和国农业农村部官网，阿土伯企业名录查询网。

（二）加工业收入

表3.10数据表明，西北五省区规模以上农副产品加工业主营业务收入总量与全国均值基本持平。世界发达国家农业产值与加工产值比例为1∶2.5，我国目前该比例为1∶0.7，与发达国家还有很大差距，而西北各省区尚未达到我国平均水平，任重道远。

表3.10　　　规模以上农副产品加工业主营业务收入对比　　（单位：亿元）

分布范围	2013年	2014年	2015年	2016年	2017年	2018年
江苏	3727.17	4190.02	4615.55	5100.74	4475.32	3010.16
浙江	1041.74	1049.01	1004.88	1063.10	956.46	882.33
江西	1427.81	1709.36	1940.75	2151.72	2013.74	1730.01
山东	11608.86	12238.51	12666.43	13086.79	11830.52	7198.20
河南	4973.19	5587.43	6009.86	6830.48	6772.70	3736.77
河北	2087.80	2186.30	2162.30	2268.88	1865.86	1597.10
陕西	772.90	923.66	989.15	1121.34	1226.15	1245.47
新疆	386.20	442.85	507.53	555.40	533.85	410.67
甘肃	292.54	306.76	300.17	334.70	206.34	181.45
宁夏	106.80	127.17	127.54	129.93	115.58	94.35
青海	40.30	57.72	67.88	72.39	46.97	46.97
西北	1598.74	1858.16	1992.27	2213.76	2128.89	1978.91
全国均值	1919.26	2053.71	2108.98	2220.17	1932.08	1540.59

数据来源：《中国统计年鉴（2014—2019）》。

三　西北地区特色农产品流通现状

（一）乡村交通路网建设方面

2013—2019年，西北地区农村投递线路总长度增加4.53万公里，7年增幅13.7%，极大缓解了地形地貌条件对农产品流通的限制，但仍低于全国平均水平。新疆、宁夏、青海三省区的数值均远低于全国平均水平（见表3.11），形势仍不容乐观，对农产品运输规模进一步扩大制约明显。

表3.11　　　　　　　农村投递线路总长度对比　　　　　（单位：万公里）

分布范围	2013年	2014年	2015年	2016年	2017年	2018年	2019年
江苏	26.16	25.97	26.07	25.58	26.30	25.79	28.03
浙江	17.92	18.27	18.17	18.47	18.81	20.01	25.14
江西	9.98	9.96	9.00	8.99	9.04	9.02	9.35
山东	27.24	27.00	26.69	28.12	28.00	28.12	28.23
河南	19.83	20.00	19.45	19.03	19.22	19.15	18.24
河北	18.30	19.21	18.04	19.15	19.98	20.65	21.20
陕西	12.41	12.55	12.49	12.43	11.89	12.45	12.14
新疆	5.70	5.78	5.31	5.56	5.60	6.82	7.02
甘肃	13.47	13.37	14.89	14.47	11.24	13.01	12.89
宁夏	1.04	1.13	0.98	0.90	0.84	1.17	1.34
青海	0.53	0.68	3.50	3.53	3.56	4.30	4.29
西北均值	6.63	6.70	7.43	7.38	6.63	7.55	7.54
全国均值	12.08	12.18	12.12	12.15	12.28	13.00	13.54

数据来源：国家统计局官网。

（二）物流及运输行业发展方面

近年来，我国物流行业发展迅猛，在此带动下农产品流通形势大有好转，农产品因滞销腐烂在田间地头的现象明显减少。截至2019年年底，西北五省区农产品近似流通产值[①]达到589.28亿元，其中陕西211.79亿元，新疆149.38亿元，甘肃160.43亿元，宁夏34.36亿元，青海33.32亿元；西北地区交通运输、仓储和邮政业增加值达2753.36亿元，占全国6.4%，其中陕西1059.86亿元，甘肃438.39亿元，新疆953.72亿元，宁夏178.21亿元，青海123.18亿元；西北地区交通运输、仓储和邮政业法人个数达到32755个，占全国5.2%，其中陕西13360个，新疆9594个，甘肃4510个，宁夏

---

① 农产品近似流通产值＝居民食品消费支出占GDP的比重×交通运输仓储和邮政业、批发和零售业、住宿和餐营业的总产值。

3515个,青海1776个;西北地区交通运输、仓储和邮政业城镇单位就业人员数达66万人,占到西北地区总人口的0.6%,其中陕西27.1万人,新疆16.7万人,甘肃13.2万人,宁夏3.8万人,青海5.2万人。表3.12数据显示,西北地区物流从业人员数量自2013年至2019年整体呈现增长趋势,尤其是2016年以后交通运输、仓储和邮政业私营企业和个体就业人员在地区私营企业和个体就业人员数量中的占比提升明显,对西北地区农产品物流业发展有较好的促进作用。

表3.12　　　　交通运输、仓储及邮政就业人员数占比　　　　（单位：%）

分布范围	2013年	2014年	2015年	2016年	2017年	2018年	2019年
陕西	2.10	1.24	1.41	1.49	2.49	3.17	2.36
新疆	3.16	2.81	2.51	2.36	1.41	2.59	2.50
甘肃	1.63	1.57	1.54	1.56	1.38	1.72	1.73
宁夏	1.88	1.83	1.84	1.70	1.74	2.00	2.33
青海	1.05	1.11	1.13	1.47	4.37	4.30	4.06
西北	2.12	1.67	1.71	1.72	1.88	2.67	3.93
全国	2.74	2.52	2.32	2.28	2.37	2.58	2.59

说明：指标＝交通运输、仓储和邮政业私营企业和个体就业人员数/地区私营企业和个体就业人员数,数据来自国家统计局网站。

四　西北地区特色农产品营销现状

（一）营销技术与营销策略应用

走访调研过程中发现,大部分农户及农产品加工企业意识到互联网在农产品流通、营销环节的重要性,但由于互联网、计算机知识有限,加之很多特色农产品缺乏统一标准认证,线上推送产品底气不足。同时,西北地区特色农产品品种数过百,大部分产品结构单一,包装缺乏设计,定价过程中忽视了消费者的感知价值,缺乏对产品特色的价格构成体现。促销方面,对于线上线下促销策略使用重视程度不够,折扣、试吃等活动开展不足。眉县猕猴桃、临潼石榴、洛川苹果、中宁枸杞、新疆棉花、吐鲁番葡萄、门源青稞、定西马铃薯等特色农产品因其生产已达到一定规模,专门定制其营销策略,已初步显现效益,而对于其他量少稀缺的特色农产品也应重视其营销策略的制定,提升其供给质量,更广泛地被市场知晓接纳。

表 3.13 数据表明,西北五省区连续 7 年农业总产值持续上升,截至 2019 年年底,西北五省区农业总产值达到 6880.57 亿元,占西北五省区整个 GDP 的 12.55%,占全国农业总产值的 14.06%,如果进一步在营销技术应用和营销水平加强上发力,那么产值提升会更加显著。

表 3.13　　　　　西北五省区农业总产值基本情况　　　（单位:亿元）

分布范围	2013 年	2014 年	2015 年	2016 年	2017 年	2018 年	2019 年
陕西	1697.14	1848.79	1885.46	1997.81	2095.29	2244.96	2445.83
新疆	1828.63	1982.99	2037.59	2201.74	2313.24	2541.16	2616.30
甘肃	853.79	897.79	951.15	985.73	1068.61	1166.10	1306.41
宁夏	261.83	265.37	300.04	299.71	308.96	344.63	330.78
青海	140.54	144.21	145.00	155.52	162.38	169.24	181.25
西北	4781.93	5139.15	5319.24	5640.51	5948.48	6466.09	6880.57
全国	66066.58	61452.54	58059.9	55659.88	54205.36	51851.22	48944.04

数据来源:国家统计局官网。

(二)特色农产品品牌建设

近年来,西北地区注重特色农产品品牌建设及保护,截至 2019 年年底,西北五省区共有 863 个产品实施国家农产品地理标志登记保护,其中陕西 251 个,新疆 203 个,甘肃 232 个,宁夏 80 个,青海 97 个。表 3.14 数据还表明,山东省有 964 个地理标志产品,超过西北五省区总和,目前山东连年农业总产值位居全国第一,和其精心运营地理标志产品、农产品品牌化有很大关系。

表 3.14 地理标志数 （单位：个）

分布范围	地理标志数
江苏	366
浙江	306
江西	201
山东	964
河南	278
河北	253
陕西	251
新疆	203
甘肃	232
宁夏	80
青海	97
西北	863

数据来源：https：//www.sohu.com/a/418059541_120801483。

中国农业品牌研究网通过品牌知名度、市场占有率、销售收入、市场增长率、外贸出口收益等指标对2017年我国农业区域品牌的价值进行了评估，西北五省区上榜品牌共40个，品牌价值总计854.14亿元，其中陕西省18个，共计375.43亿元，位列西北之首；甘肃15个，共计269.74亿元，位列西北第二；新疆4个，共计149.52亿元；青海1个，计34.81亿元；宁夏2个，共计24.64亿元（见表3.15）。可以看出，西北地区农产品区域品牌建设取得了一些成绩，但在品牌数量与品牌价值上，与全国其他农业大省还存在差距。例如：山东省前100名占据17个，而陕西省只有8个；山东省排在第一位的农业区域品牌是"烟台苹果"，其品牌价值131.95亿元；而陕西省排在第一位的"洛川苹果"，品牌价值只有69.20亿元。同为著名的苹果区域品牌，"洛川苹果"品牌价值与"烟台苹果"品牌价值差距十分明显。山东省品牌价值30亿元以上的农业区域品牌有13个，从苹果、海参、樱桃到大蒜、大葱、西瓜、小枣、黄瓜，瓜果蔬菜海鲜，品类多、收益结构稳定；陕西省仅5个，主要是苹果、猕猴桃、冬枣等水果，品类相对单一。另外，消费者熟知的一些西北特色农产品如中宁枸杞、新疆棉花等榜上无名，可见其在区域品牌构建上还需要下大功夫。

表 3.15　　　西北五省区农产品区域公用品牌价值统计

省（区）	品牌价值排名	品牌名称	品牌价值（亿元）
陕西	6	洛川苹果	69.20
	25	白水苹果	46.10
	36	周至猕猴桃	38.28
	38	大荔冬枣	37.81
	43	眉县猕猴桃	34.95
	78	蒲城酥梨	23.01
	83	铜川苹果	22.04
	91	汉中仙毫	20.77
	108	城固柑橘	18.97
	124	紫阳富硒茶	17.05
	169	凤翔苹果	12.75
	180	临渭葡萄	11.80
	250	户县葡萄	6.63
	263	彬州梨	5.79
	285	洛南核桃	4.08
	287	合阳红提葡萄	4.04
	337	府谷海红果	1.23
	346	铜川大樱桃	0.93
新疆	12	吐鲁番葡萄	53.53
	32	哈密瓜	40.54
	42	阿克苏苹果	35.43
	102	阿克苏核桃	20.02

续表

省（区）	品牌价值排名	品牌名称	品牌价值（亿元）
甘肃	21	平凉金果	47.82
	26	静宁苹果	45.78
	48	庆阳黄花菜	34.44
	52	花牛苹果	32.33
	80	秦安苹果	22.61
	101	武都花椒	20.11
	106	庆阳苹果	19.82
	163	武都橄榄油	13.15
	182	秦安蜜桃	11.62
	199	岷县当归	9.87
	267	榆中大白菜	5.38
	300	华亭独活	3.36
	312	华亭大黄	2.63
	365	康县黑木耳	0.42
	366	清水核桃	0.40
宁夏	111	盐池滩羊	18.62
	258	灵武长枣	6.02
青海	46	柴达木枸杞	34.81

数据来源：http://www.brand.zju.edu.cn/。

（三）农民增收状况

提升农产品供给质量，一方面是为了满足居民日益提高的生活质量需求，另一方面则要助力广大农村的农户富起来。数据显示，连续7年我国农民人均可支配收入持续增长，从2013年的9430元/年增长至2019年的16021元/年，增长率达69.9%，尤其2018年、2019年增速很快。但也不难发现，东中部地区农民人均可支配收入明显高于西北五省区，以2019年数据为例，新疆作为西北地区农民人均可支配收入最高水平为13122元/年，浙江省为29876元/年，约是新疆的2.3倍，江苏、江西、山东、河南、河北等省也均高出新疆。2019年西北五省区农民人均可支配收入为11887元/年，全国平均水平为16021元/年，低于全国平均水平4134元/年，达25.8%（见表3.16）。可见，农业作为西北五省区重要的发展基础，特色农产品供给质量的提升对于农民增收的价值需要进一步体现。

表3.16　　　　　　农民人均可支配收入对比　　　　（单位：元/年）

分布范围	2013年	2014年	2015年	2016年	2017年	2018年	2019年
江苏	13521	14958	16257	17606	19158	20845	22675
浙江	17494	19373	21125	22866	24956	27302	29876
江西	9089	10117	11139	12138	13242	14460	15796
山东	10687	11882	12930	13954	15118	16297	17775
河南	8969	9966	10853	11697	12719	13831	15164
河北	9188	10186	11051	11919	12881	14031	15373
陕西	7092	7932	8689	9396	10265	11213	12326
新疆	7847	8724	9425	10183	11045	11975	13122
甘肃	5589	6277	6936	7457	8076	8804	9629
宁夏	7599	8410	9119	9852	10738	11708	12858
青海	6462	7283	7933	8664	9462	10393	11499
西北	6918	7725	8420	9110	9917	10819	11887
全国	9430	10489	11422	12363	13432	14617	16021

由图3.1可见西北五省区2013—2019年农民人均可支配收入增长情况，最高点出现在2013—2014年为11.67%，2015—2016年增长率有所回落至8.19%，2018—2019年增长率又有了一个新的提高至9.87%，从各省区情况来看，增长势头最好的是青海省，从2013—2014年的12.71%至2018—2019年的10.64%，始终高于五省区平均水平，甘肃省2013—2015年增收情况良好，2015—2019年增速有所回落，陕西、宁夏、新疆三地增长相对稳定。

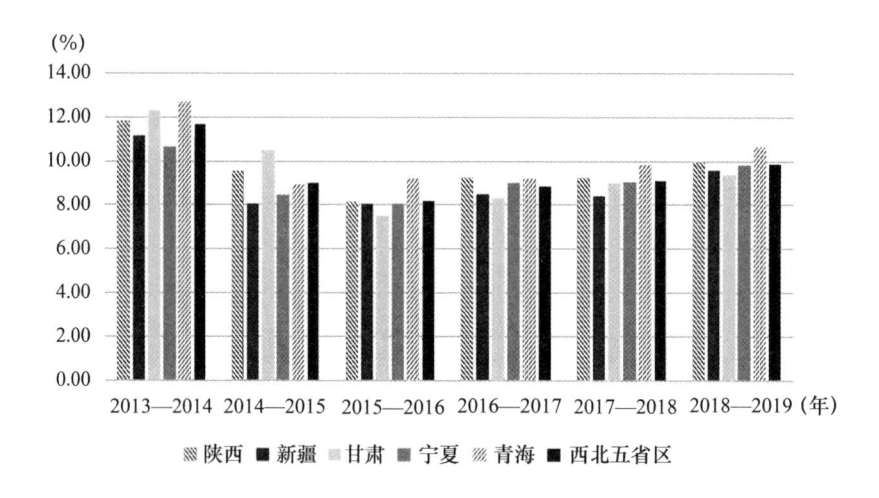

图 3.1　西北五省区 2013—2019 年农民人均可支配收入增长情况

第四节　本章小结

本章基于国家统计局官网、《中国统计年鉴》、中国农业农村部官方网站、西北各省区统计年鉴、西北各省区农业农村厅门户网站以及走访调研获取的数据，对西北地区特色农产品供给现状进行分析说明。西北地区农业产业发展具有充足的土地资源，同时其横跨半湿润、半干旱和干旱地带，气候条件各异并且独特，地形复杂、生态环境类型多样，使西北地区特色农产品品质优良、品种丰富，具备优质农产品的供给基础。但由于地缘、人口、环境以及农业经济长期处于我国弱势地位，西北农业产业结构布局还不够合理，产业化经营体系还不够完善，供给主体的协同性还不强，物流基础设施条件相对落后，信息化程度和营销水平较低，区域品牌建设维护跟不上等问题还比较突出。

接下来本书将基于现有文献资料，遵循西北地区发展实际以及数据可获性等多个原则，构建农产品供给质量评价指标体系，对西北五省区农产品供给质量进行实证综合分析，寻找制约各省区农产品供给质量提升的关键因素。

第四章　西北地区农产品供给质量评价设计

对西北地区农产品供给质量进行科学评价,一方面总结特色农业发展成功经验和存在问题,一方面可以在全国各地区横向进行比较研究。本章在借鉴国内外农业发展与有效供给相关理论研究的基础上,设计西北地区农产品供给质量评价指标体系,采用多指标综合测度法构建模型,对西北五省区农产品供给质量各环节进行综合评价,主要贡献表现为:①以农业供给侧结构性改革为主线,供给由增长导向转为提质导向,系统全面地设计农产品供给质量评价指标体系,有助于相关政府部门对农业供给质量进行量化考察和评价;②运用多指标综合测度法,构建农产品供给质量综合评价模型组,制定供给质量评价标准,便于横向和纵向分析,找出供给过程中的薄弱环节以及具体指标;③对西北五省区农产品供给4个环节供给质量进行测评,有利于针对性地提出西北地区农产品供给质量提升的路径和政策。

第一节　评价指标体系设计的指导思想

农产品供给质量评价指标体系的设计,要以农产品供给质量提升为方向,以供给侧结构性改革指导思想为根本。本节基于第二章提出的农产品供给质量内涵,分析国内外关于农产品评价相关问题的研究成果,为构建西北地区特色农产品供给质量评价指标体系和实施测评提供指导。

一 农产品供给质量的内涵

本书从供给侧结构性改革视域,基于党的十九大报告中将"供给侧"延伸为"供给体系",提出广义的农产品供给质量内涵:顾客关注的农产品安全、营养、优质等功能属性形成的过程构成了农产品的供给质量,该过程包含种植、加工、流通、营销4个环节。提升农产品供给质量的路径即从各属性形成的各环节寻找,最终实现产品的使用价值满足顾客需求。

二 农业及农产品评价相关问题研究

近些年关于农业基础设施、农村公共产品以及公共服务的供给效率、有效供给探讨的成果非常丰富,关于教育、旅游产品等供给质量评价探讨的成果也较多,但直接研究农产品供给质量评价问题的文献未见到,对于农产品质量评价相关问题的研究主要集中在农产品供应链绩效评价、农产品质量竞争力评价、农产品有效供给以及农产品供给效率评价等4个方面。朱程昊等运用生态位态势理论,构建了以区域为评价主体的农产品质量竞争力评价体系,包括市场环境生态位、安全水平生态位、过程管理生态位、标准化生产生态位4个方面,并从两个层面对浙江省各地级市农产品质量竞争力进行研究[1];徐静基于供求理论、蛛网理论、供应链理论和商品流通理论,应用博弈论建模、神经网络预测和非线性规划等方法对我国的生鲜农产品有效供给问题进行了系统深入的研究[2];李光考等从农产品生产能力、流通能力和供给保障能力3个方面构建了农产品供给能力评价指标体系,对福建省9个地市的农产品供给能力进行评价分析[3]。

---

[1] 朱程昊、张群祥、严响:《基于生态位理论的浙江省区域农产品质量竞争力评价研究》,《中国农业资源与区划》2018年第8期。
[2] 徐静:《我国生鲜农产品有效供给保障研究》,博士学位论文,江苏大学,2016年。
[3] 李光考、林克显:《新时期福建省农产品供给能力评价与分析》,《台湾农业探索》2014年第4期。

综上所述，国内外专家和学者对农产品供给质量评价相关问题从不同角度、不同层面上取得了一定研究成果，但仍存在两个方面有待改进：①指标体系的系统性还不强，客观性较弱，评价方法以及指标体系的应用范围较狭隘，部分指标属于定性指标，很难量化，有些指标已不符合新时代发展的要求，需要更新；②国内对西北地区农产品供给质量评价的指标体系及实证分析未见到。

第二节　西北地区农产品供给质量评价指标体系的设计

一　设计原则

通常指标体系的构建应遵循科学性、系统性、可量化、可对比的基本原则。本书为了更加客观、全面地对西北地区农产品供给质量进行评价测度，在指标的选取及指标体系的构建过程上还需要综合考虑以下原则。

（1）基于供给质量形成的过程从供给体系范畴进行研究。

（2）以消费者的需求和农产品安全生产为导向[1]，基于供给质量的内涵和构成要素建立评价指标体系。

（3）指标的选取既要符合当代农业发展大势，又要结合西北地区农业发展实际。

（4）指标的选取既要考虑评价的全面性，又要考虑数据的真实性和可获性。

（5）考虑到各地区实际基数的差别，指标多选用相对数，增强指标体系的科学性、可比性。

二　指标选取

基于以上指导思想和设计原则，本书将农产品供给过程四个环节作

---

[1]　汪佳群：《农产品供给侧结构性改革的支持路径创新研究》，《西部经济管理论坛》2018年第6期。

为供给质量提升的主体指标,即种植、加工、流通和营销环节,这既增强了评价的系统性、全面性,又为进一步探索提升农产品供给质量的对策提供了思考框架(见图4.1)。

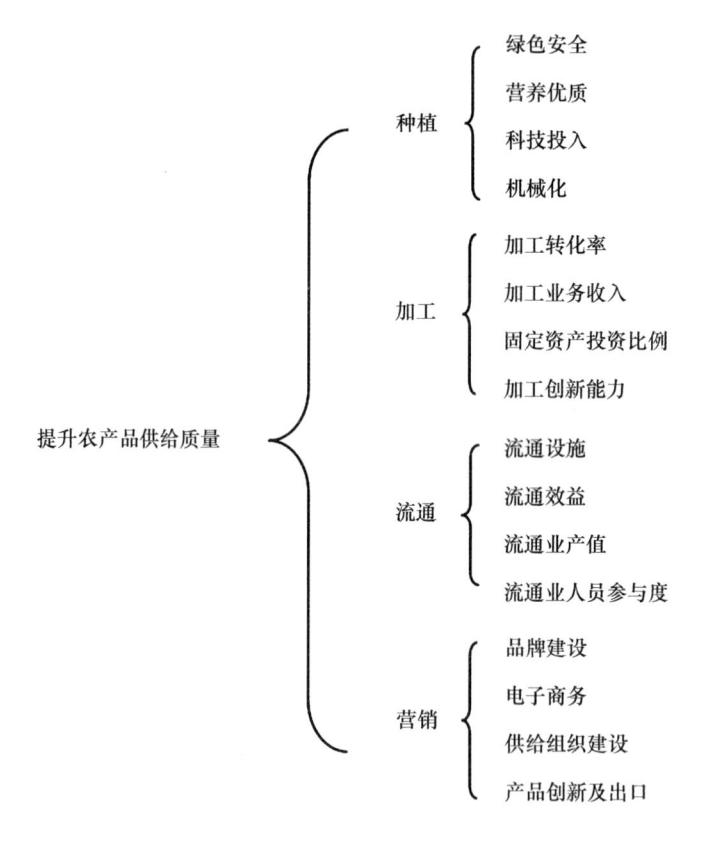

提升农产品供给质量
- 种植
  - 绿色安全
  - 营养优质
  - 科技投入
  - 机械化
- 加工
  - 加工转化率
  - 加工业务收入
  - 固定资产投资比例
  - 加工创新能力
- 流通
  - 流通设施
  - 流通效益
  - 流通业产值
  - 流通业人员参与度
- 营销
  - 品牌建设
  - 电子商务
  - 供给组织建设
  - 产品创新及出口

图4.1 农产品供给质量评价指标体系构建框架

(一) 种植环节

农产品供给基础质量是否达标,关键取决于种植环节。种植农户的受教育经历,农业机械化水平,种植技术培训及应用,优质品种的选取,农药、化肥的科学使用等都会影响到农产品供给的数量和质量。消费者关注的供给质量安全问题,主要集中在对于该环节的监管、追溯问题,所以种植环节质量的评价尤为重要。

（二）加工环节

农产品加工对增加农产品附加值、解决农产品季节性过剩、增加农民收入等都具有重要的现实意义。一个地区的农产品加工效率直接影响其能否有效供给，是农业供给侧结构性改革的重要方面。农业加工业的销售收入、加工转化率、固定资产投资比例等可较为准确地反映当地农产品的加工供给水平。

（三）流通环节

在西北地区农产品供给体系探讨中，农产品流通问题较为集中，一方面它是衔接农产品生产与销售的重要过程，是农产品供给的关键环节；另一方面西北地区农产品流通发展较为落后，对区域农产品供给质量提升的制约度较高。流通环节直接决定农产品是否能新鲜、营养、安全地到达消费者手中，直接影响农产品输出是否能转化为农民实实在在的收入，所以，农产品流通质量评价是整个供给质量评价体系中非常重要的组成部分。

（四）营销环节

农产品供给进入营销环节，是决定供给过程能否顺利完成、供给质量能否最终被认可的关键，这个环节中的品牌建设、渠道选择、产品包装、定价、促销等直接决定供给过程的惊险一跳能否成功。对农产品营销供给质量的评价主要可从营销主体、营销客体两方面展开。

探索全过程评价农产品供给质量，对于系统地认知西北地区农业发展存在的问题，梳理关键制约因素，逐一精准地寻找提升对策，均具有重要的现实意义。

三 具体指标的确定

在认真总结国内外学者相关研究成果和充分考虑西北地区农业实际的基础上，考虑测度的科学性、数据来源的可靠性和数据的可得性，根据主体指标评价的要求，本书查阅了大量统计指标，通过层层筛选，得到23个基础指标，指标体系见表4.1。

（一）反映种植供给质量的指标组（Q_1）

反映农产品种植供给质量的指标共有 6 个，分别为单位耕地面积农药使用量（P_1）、单位耕地面积化肥使用量（P_2）、单位耕地面积农业机械总动力（P_3）、农产品质量安全监测合格率（P_4）、农业科技贡献率（P_5）、新型职业农民比例（P_6）。其中：①农产品绿色安全质量直接反映农产品种植质量，选取 P_1 "单位耕地面积农药使用量"和 P_2 "单位耕地面积化肥使用量"两个指标进行评价，单位面积农药使用量越低，单位面积化肥使用量越低，表明农产品的种植供给质量越高；②农业机械化程度反映种植过程的现代化和生产效率，选取 P_3 "单位耕地面积农业机械总动力"指标进行评价，数值越大，表明农产品种植供给质量越高；③农产品质量安全的监测主要在种植环节，选取 P_4 "农产品质量安全监测合格率"指标，用来衡量农作物种植安全情况，合格率越高，表明农产品的种植供给质量越高；④提升农产品质量高科技的参与度，直接影响到供给产品的产量、口感、外观、营养、保鲜、安全等属性，选取 P_5 "农业科技贡献率"和 P_6 "新型职业农民比例"两个指标集中反映种植环节的科技水平，贡献率越高，职业农民数量越多，表明农产品种植供给质量越高。

（二）反映加工供给质量的指标组（Q_2）

反映农产品加工供给质量的指标共有 5 个，分别为规模以上农副食品加工业企业新产品销售收入（P_7）、规模以上农副产品加工主营业务收入（P_8）、农林牧渔业固定资产投资比例（P_9）、主要农产品加工转化率（P_{10}）、规模以上农副品加工企业新产品经费（P_{11}）。其中：①为了更好地反映各地区农产品加工业的供给水平，选取 P_8 "规模以上农副产品加工主营业务收入"指标，主营业务收入越高，则表明该地区农产品加工供给质量越高；②农产品加工供给质量与农业及其加工业的投入水平密切相关，同时产出水平也直接影响加工业的生产效率，选取 P_9 "农林牧渔业固定资产投资比例"和 P_{10} "主要农产品加工转化率"两个指标集中反映区域投入及投入产出水平,通常农业固定资产投入越大,加工转化效率越高,则农产品加工供给质量越高;③加工供给质量的一个重要衡量标准是农产品转化的创新能力,创新转化能力越强,则农产品加工供给质量越高。选取 P_7 "规模以上农副食品加工业企业新产品销售收入"和 P_{11} "规模以上农副品加工企业新产品经费"两个指标来评价农产品加工的创新能力,收入指标主要反映现有创新能力水平,经费指标反映提升创新能力的投入水平,即未来的创新能力水平。两项指标数值越大,农产品加工供给质量越高。

(三)反映流通供给质量的指标组(Q_3)

反映农产品流通供给质量的指标共有 5 个,分别为农产品近似流通产值(P_{12})、运输线路长度(P_{13})、农村投递线路总长度(P_{14})、交通运输仓储及邮政就业人员数占比(P_{15})、批发零售业产值比例(P_{16})。其中:①农产品流通效益可直接反映一个地区农业流通供给水平,选取 P_{12} "农产品近似流通产值"[①] 指标来衡量,该值等于居民食品消费支出占地区 GDP 的比重,乘以交通运输仓储和邮政业、批发和零售业、住宿和餐饮业的总产值,农产品近似流通产值越大,农产品流通供给质量越高;②从事流通行业人员数占比,以及该地区批发零售业产值比例也可间接反映农产品流通效率,选取 P_{15} "交通运输仓储及邮政就业人员数占比"和 P_{16} "批发零售业产值比例"两个指标集中体现该地区流通行业人员参与度和流通行业产值;③农产品流通除了评价一个地区整体流通行业发展环境,还要考虑到农产品本身的特殊性、农村地区发展的局限性,选取 P_{13} "运输线路长度"指标反映流通过程中的基础设施发展程度,运输线路越长,基础设施建设越好,则农产品流通供给质量越高,选取 P_{14} "农村投递线路总长度"反映地区物流运输服务能力,农村投递线路总长度越长,表明物流运输服务能力越高,农产品流通供给

---

① 刘英、金龙新、彭清辉等:《基于供给过程视角的湖南省农业供给体系供给质量评价》,《天津农业科学》2017 年第 9 期。

质量越高。

（四）反映营销供给质量的指标组（Q_4）

反映营销供给质量的统计指标较多，经过反复比对筛选出 7 个指标，分别为农村宽带入户率（P_{17}）、规模以上农副品加工企业新品出口额（P_{18}）、地理标志商标数（P_{19}）、国家重点农业龙头企业数（P_{20}）、农民专业合作社数（P_{21}）、家庭农场数（P_{22}）、农民人均可支配收入（P_{23}）。其中：①收入类指标直接反映营销绩效，选取一个地区"农民人均可支配收入"，一方面反映农产品供给质量的实际效益，另一方面便于各地区进行横向对比分析，指标值越高，代表农产品供给质量越好。②互联网的普及为农产品创新供给渠道提供了机遇，选取 P_{17} "农村宽带入户率"指标评价地区农产品电子商务的发展基础，指标值越高，表明农村的通信基础设施建设越好，电子商务发展基础越好，营销供给质量越高。③选取 P_{18} "规模以上农副品加工企业新品出口额"指标，一方面评价该地区农产品的创新能力，这项能力是确保营销质量持续提升的源泉，另一方面评价该地区农产品的出口能力，反映海外市场的开发能力。④营销供给质量最直接的衡量指标是农业品牌建设状况，选取 P_{19} "地理标志商标数"反映地区农业品牌建设状况，地理标志数量越多，地区农业品牌发展潜力越大，农产品的营销供给质量越高；选取 P_{20} "国家重点农业龙头企业数"反映地区农业经济发展实力，龙头企业数越多，对当地农业经济的带头作用越强，营销供给质量就越高。⑤农产品供给组织的完善程度直接影响营销主体建设，选取 P_{21} "农民专业合作社数"和 P_{22} "家庭农场数"反映一个地区农产品供给组织的规范性，专业合作社数量越多，农产品营销供给质量越高；家庭农场数量越多，就越能满足消费者高质量个性化需求，农产品营销供给质量就越高。

第四章 西北地区农产品供给质量评价设计 | 61

表 4.1 西北地区农产品供给质量评价指标体系

主体指标	基础指标	计算公式	指标说明	作用方向
Q_1 种植	P_1 单位耕地面积农药使用量	总农药使用量①/总耕地面积②	反映农产品绿色安全质量，农药使用量越高，表明农产品种植供给质量越高	-
	P_2 单位耕地面积化肥使用量	总化肥使用量②/总耕地面积②	反映农产品绿色安全质量，化肥使用量越低，表明农产品种植供给质量越高	-
	P_3 单位耕地面积农业机械总动力	农业机械总动力②/总耕地面积②	反映农业机械化程度，单位耕地面积农业机械总动力越高，表明种植供给质量越高	+
	P_4 农产品质量安全监测合格率	③	反映农产品质量安全状况，农产品质量安全监测合格率越高，表明供给质量越高	+
	P_5 农业科技贡献率	③	反映农产品质量提升科技的参与贡献率越高，表明农产品种植供给质量越高	+
	P_6 新型职业农民比例	新型职业农民数量③/地区乡村人口数量② ×100%	反映农产品生产者专业化水平，职业农民数量越多，表明农产品种植供给质量越高	+

续表

主体指标	基础指标	计算公式	指标说明	作用方向
	P₇ 规模以上农副食品加工业企业新产品销售收入	①	反映各地区初级农产品转化的创新能力，创新转化能力越强，规模以上企业新产品销售收入越高，农产品加工供给质量越高	+
	P₈ 规模以上农副产品加工主营业务收入	④	反映各地区农产品加工业的发展水平，主营业务收入越高，农产品加工供给质量越高	+
Q₂ 加工	P₉ 农林牧渔业固定资产投资比例	农林牧渔业固定资产投资额²/各地区全社会固定资产投资额² ×100%	反映各地区农业及其加工业的投入水平，指标值越高，表明发展农业加工投资质量越高，农产品加工供给质量越高	+
	P₁₀ 主要农产品加工转化率	③	反映各地区初级农产品加工的转化效率，指标值越高，地区农产品加工供给质量越高	+
	P₁₁ 规模以上农副产品加工企业新产品经费	①	反映各地区农产品加工的创新能力，指标值越大，农产品加工的创新能力越强，农产品加工供给质量越高	+

续表

主体指标	基础指标	计算公式	指标说明	作用方向
	P₁₂ 农产品近似流通产值	居民食品消费支出占地区 GDP 的比重，乘以交通运输业、仓储和邮政业、批发和零售业、住宿和餐饮业的总产值②	反映农产品流通的效益，农产品近似流通产值越高，农产品流通供给质量越高	+
	P₁₃ 运输线路长度	②	反映农产品流通过程中基础设施发展程度，运输线路越长，基础设施建设越好，农产品流通供给质量越高	+
Q₃ 流通	P₁₄ 农村投递线路总长度	②	反映地区物流运输服务能力，农村投递线路总长度越长，农村的物流运输能力越强，农产品流通质量越高	+
	P₁₅ 交通运输仓储及邮政业就业人员数占比	地区交通运输、仓储和邮政业私营企业和个体就业人员数/地区私营企业和个体就业人员数① ×100%	反映地区流通行业人员参与和流通业发展水平，数量越大，提高农产品流通供给质量越高	+
	P₁₆ 批发零售业产值比例	批发零售业商品销售总额/地区生产总值① ×100%	反映批发零售业的效益，指标值越高，表明批发零售业发展越好，流通供给质量越高	+

主体指标	基础指标	计算公式	指标说明	作用方向
	P_{17} 农村宽带入户率	农村宽带接入用户（万户）/乡村人口数（万人）②×100%	反映农产品电子商务的发展基础，指标值越高，表明农村的通信基础设施建设越好，电商发展基础越好，农业营销供给质量越高	+
	P_{18} 规模以上农副产品加工企业新品出口额	①	反映农业加工品新品的出口能力，指标值越高，表明营销创新能力越强，出口情况越好，农产品营销供给质量越高	+
	P_{19} 地理标志商标数	⑤	反映地区农业品牌建设基础、地理标志商标数越多，地区农业品牌发展潜力越大，农产品的营销供给质量越高	+
Q_4营销	P_{20} 国家重点农业龙头企业数	③	反映地区农业经济的发展实力，龙头企业数越多，对当地农业经济的带头作用越强，农业营销供给质量越高	+
	P_{21} 农民专业合作社数	③	反映农产品营销主体建设的完善程度，数量越多，农产品营销供给质量越高	+
	P_{22} 家庭农场数	③	反映农产品营销主体数量，数量越多，越能满足消费者高质量供给需求，即农产品营销供给质量越高	+
	P_{23} 农民人均可支配收入	②	反映农产品供给质量的实际效益，指标值越高，营销效绩越高，营销产品供给质量越好	+

注释：各指标的数据出处：①国家统计局官方网站；②《中国统计年鉴（2016—2020）》；③西北各省区现代农业"十三五"规划；④西北各省区统计年鉴（2016—2020）；⑤西北各省区农业农村厅官方网站。

四 指标权重的确定

有效的评价指标体系首先要科学合理地确定各指标对供给质量评价的重要性。借鉴农业现代化指标权重确定的主观赋权法和客观赋权法，本书将 AHP 法与 Delphi 法相结合确定各项指标的权重。AHP 法的基本原理是将所研究的对象作为一个系统，对系统内的各项因素进行逐项分析，清楚各项因素在系统内的地位与彼此之间的关系，建立起各项因素间互相关联的有序层次；再由专家对不同层次的各项因素进行两两比较，在此基础上定量地给出每项因素的相对重要性，并由此计算出每一层次所有因素重要性即权重的大小；最后以此权重为依据，得到相应的分析结果。

本书在征询多方意见的基础上，寻找到 7 位专家学者（包含 1 位常年从事农业发展规划研究的专家，3 位农业农村厅、农业农村局常年从事农产品供给理论研究的专家，3 位农技站等相关部门常年从事实践操作的专家）的意见，通过计算确定各指标权重。

（一）构造判断矩阵

对指标间两两重要性进行比较和分析判断，在构造两两比较判断矩阵 A 时，矩阵内元素 a_{ij} 赋值将采用"1-9"标尺（见表 4.2）。

表 4.2　　　　　　　　　　　　标尺含义

标度	含义
1	第 i 个因素与第 j 个因素相比，同等重要
3	第 i 个因素与第 j 个因素相比，稍微重要
5	第 i 个因素与第 j 个因素相比，明显重要
7	第 i 个因素与第 j 个因素相比，非常重要
9	第 i 个因素与第 j 个因素相比，极端重要
2, 4, 6, 8	上述相邻判断的中间值，需要折中时使用

（二）计算指标权重

根据判断矩阵，计算出各级指标的权重。计算判断矩阵 A（n 阶方阵）每一行元素的乘积，将第 i 行元素的乘积记作 M_i（$i=1, 2, \cdots, n$）。

计算 M_i 的 n 次方根：

$$V_i = \sqrt[n]{M_i}$$

由上式得到 V_i 构成向量 $V = [V_1, V_2, \cdots, V_n]^T$，将其归一化：

$$W_i = V_i/S$$

式中：S 为向量 V 的所有 n 个元素之和，得到的向量 $W = [W_1, W_2, \cdots, W_n]^T$ 即为判断矩阵 A 的特征向量，特征向量中的元素 W_i 为各指标的具体权重值（见表4.4）。

（三）一致性判断

（1）计算最大特征根：

$$\lambda_{\max} = \sum_{i=1}^{n} \frac{[AW]_i}{nW_i}$$

式中：AW 表示判断矩阵 A 与特征向量 W 相乘后得到的向量，$[AW]_i$ 表示这个向量的第 i 个元素。

（2）计算一致性指标：

$$CR = \frac{\lambda_{\max} - n}{(n-1)RI}$$

式中：RI 为表4.3中的修正系数。当某指标的判断矩阵的一致性指标 $CR < 0.1$ 时，认为能够接受此判断矩阵的一致性，即此判断矩阵有意义，计算结果见表4.4。

表4.3　　　　　　　　　　　　　修正系数

矩阵阶数	RI	矩阵阶数	RI
3	0.58	7	1.32
4	0.90	8	1.41
5	1.12	9	1.45
6	1.24		

五　指标值的确定

基础指标标准值的确定直接影响评价的质量。本书结合《中国统计年鉴（2016—2020）》，参考《国家质量兴农战略规划（2018—2022年)》《全国农业现代化规划（2016—2020年)》《全国农垦经济和社会发展第十三个五年规划》《特色农产品区域布局规划（2013—2020年)》，以及山东、河南、江苏、上海等农业发达省市的现代农业"十三五"规划等文献数据及专家学者研究成果，确定基础指标标准值，见表4.4。

表4.4　西北地区农产品供给质量评价指标体系权重及标准值

主体指标权重	一致性检验	基础指标权重	标准值	单位
Q_1（0.27）	λ max = 6.352 RI = 1.26 CR = 0.07 满足检验	P_1（10）	0.026	吨/公顷
		P_2（16）	0.9	吨/公顷
		P_3（21）	14.6	千瓦/公顷
		P_4（28）	97	%
		P_5（13）	56	%
		P_6（12）	2.10	%
Q_2（0.16）	λ max = 5.313 RI = 1.12 CR = 0.078 满足检验	P_7（9）	6179.6	亿元
		P_8（32）	1932.08	亿元
		P_9（20）	4.20	%
		P_{10}（21）	65	%
		P_{11}（18）	9.72478	亿元
Q_3（0.15）	λ max = 5.229 RI = 1.12 CR = 0.057 满足检验	P_{12}（29）	2257.72	亿元
		P_{13}（14）	162176	千米
		P_{14}（14）	122752	千米
		P_{15}（21）	2.40	%
		P_{16}（22）	55.35	%
Q_4（0.42）	λ max = 7.59 RI = 1.36 CR = 0.098 满足检验	P_{17}（14）	16.3	%
		P_{18}（13）	1127.25	亿元
		P_{19}（15）	117	件
		P_{20}（16）	35	家
		P_{21}（7）	56400	个
		P_{22}（7）	28051	个
		P_{23}（28）	13432.4	元

注：主体指标一致性检验：λ max = 4.046，RI = 0.09，CR = 0.015 < 0.1，满足检验。

第三节　西北地区农产品供给质量测评模型构建

一　指标标准化处理

由于评价指标体系中的数据量纲不同，首先需要对原始数据进行标准化处理①。其中，正向指标表示基础指标值与农产品供给质量正相关，农产品供给质量随基础指标值增大而增大；反向指标表示基础指标值与农产品供给质量负相关，农产品供给质量随基础指标值减小而增大。

正向指标计算方法为：

$$P_k = T_k \big/ T_{k0}$$

反向指标计算方法为：

$$P_k = T_{k0} \big/ T_k$$

式中：P_k 为第 k 个基础指标数据的标准化值，T_k 为第 k 个基础指标的实际值，T_{k0} 为第 k 个基础指标的标准值。当 $P_k \leqslant 1$ 时，其值取实际计算值；当 $P_k > 1$ 时，其值取 1。

二　农产品供给质量测评模型的建立

（一）农产品供给质量评价的模型组

农产品供给质量评价从种植、加工、流通、营销四个环节着手，评价模型组包括农产品供给质量评价总模型和各环节的子模型，对某区域农产品整体供给质量和各环节的供给质量分别进行评价②。本书采用多

---

① 张萌、闫玉科、张苇锟：《珠海市农业现代化发展水平测算及政策建议》，《资源开发与市场》2017 年第 3 期；李宾、王曼曼、孔祥智：《我国城镇化与农业现代化协调发展的总体趋势与政策解释》，《华中农业大学学报》（社会科学版）2017 年第 5 期。

② 张熠、王先甲：《湖北省农业现代化评价指标体系构建及评价研究》，《数学的实践与认识》2016 年第 3 期。

指标综合测度法构建模型①。多指标综合测度方法主要采用主成分分析法、聚类分析法、灰色关联分析法、综合指标体系法，把描述对象的多项指标、信息加以汇集，经数学处理后，从整体上确认研究对象的进程动态②，测度规范，实用方便，结果直观。

农产品供给质量评价总模型的数学表达公式为：

$$SR_t = \sum_{i=1}^{4} B_i \times Q_i R_t$$

其中，SR_t 代表某区域某时期农产品供给质量评价得分，R_t 代表评价区域，t 代表评价时期，B_i 代表各主体指标的权重，$Q_1 R_t$ 表示某区域某时期种植环节的评价得分，$Q_2 R_t$ 表示某区域某时期加工环节的评价得分，$Q_3 R_t$ 表示某区域某时期流通环节的评价得分，$Q_4 R_t$ 表示某区域某时期营销环节的评价得分。计量模型表达为：

$$Q_1 R_t = \sum_{k=1}^{6} W_k P_k$$

$$Q_2 R_t = \sum_{k=7}^{11} W_k P_k$$

$$Q_3 R_t = \sum_{k=12}^{16} W_k P_k$$

$$Q_4 R_t = \sum_{k=17}^{23} W_k P_k$$

其中，W_k 表示第 k 个基础指标的权重，P_k 表示第 k 个基础指标的标准化值。

（二）农产品供给质量制约因素分析

为了进一步深入分析制约农产品供给质量的因素，本书确定以下指标进行判断。

（1）计算某区域某时期每个指标达到标准值的程度，即指标达标率③，

---

① 陈春霞：《我国农业现代化评价指标体系研究评述》，《改革与战略》2009 年第 6 期。
② 谢永良、任志祥：《农业现代化及其评价方法》，《农业现代化研究》1999 年第 3 期。
③ 傅晨：《广东省农业现代化发展水平评价：1999—2007》，《农业经济问题》2010 年第 5 期。

计算公式为：

$$\text{正向指标达标率} = \frac{\text{实际值}}{\text{标准值}} \times 100\%$$

$$\text{反向指标达标率} = \frac{\text{标准值}}{\text{实际值}} \times 100\%$$

（2）计算贡献度、某区域某时期指标偏离度和制约度，对西北各区域农产品供给质量提升的制约因子进行深入诊断[①]，计算方法为：

$$C_k = B_i \times W_k$$

式中 C_k 表示基础指标贡献度，W_k 表示第 i 个主体指标中第 k 个基础指标的权重，B_i 为该基础指标所从属的主体指标的权重。

$$D_k = 1 - P_k$$

式中 D_k 表示基础指标偏离度，表示第 k 个基础指标与供给质量标准值之间的差距，P_k 表示第 k 个基础指标的标准化值。

$$E_k = \frac{C_k D_k}{\sum_{n=1}^{23} C_n D_n}$$

式中 E_k 表示基础指标的制约度，表示第 k 个基础指标 P_k 对农产品供给质量提升的制约水平。

$$F_i = \sum E_k$$

式中 F_i 表示主体指标的制约度，表示第 i 个主体指标 Q_i 对农产品供给质量提升的制约水平，E_k 为从属于 Q_i 的各基础指标的制约度。

三 农产品供给质量评价标准

本书基于国内外相关研究成果[②]，根据农产品供给质量体系的构

[①] 曾梦玲、周芳：《湖北农垦农业现代化水平及其制约因素研究》，《农业现代化研究》2019 年第 1 期。

[②] 刘平友：《产品质量等级的划分和术语应相对统一》，《上海标准化》1996 年第 4 期；曾福生、匡远配、周亮：《农村公共产品供给质量的指标体系构建及实证研究》，《农业经济问题》2007 年第 9 期；宋仁平：《枣产品质量等级划分的理论依据研究》，硕士学位论文，河北农业大学，2004 年。

成、产品质量等级划分的理论依据和西北地区农产品供给实际发展情况，把农产品供给质量依次划分为初级阶段、1级阶段、2级阶段、3级阶段、4级阶段，分别代表区域农产品供给质量由低到高的发展过程。在初级阶段，农产品种植供给质量达到绿色、有机、优质、安全、营养等基本标准，初加工水平较低，流通与营销质量亟待提高；在1级阶段，农业种植机械化程度较高，农产品加工业固定资产投入较大，区域流通设施基本完备，农产品品牌建设初步显现效应；在2级阶段，农产品加工业收入比重提高，区域流通业发展达到一定水平，农产品供给主体逐步完善，具有一定数量的农产品品牌；在3级阶段，农产品加工业达到较高水平，农产品附加值明显提升，区域农产品流通效益显现，农产品品牌建设、供给主体多元化对地方农业经济及农民收入水平提高有良好带动作用；在4级阶段，农产品种植、加工、流通、营销质量各项指标值均居全国前列，基本达到农业现代化水平。各阶段综合评价分值的范围及特征见表4.5，种植、加工、流通和营销各环节供给质量发展阶段划分可参考此标准。

表4.5　　　　　　　　　农产品供给质量发展阶段划分

阶段	综合评价分值（SR_t）	综合供给质量特征	等级
初级阶段	低于60分	农产品种植供给质量达到绿色、有机、优质、安全、营养等基本标准，初加工水平较低，流通与营销质量亟待提高	待合格
1级阶段	60—70分（不含70）	农业种植机械化程度较高，农产品加工业固定资产投入较大，区域流通设施基本完备，农产品品牌建设初步显现效应	合格
2级阶段	70—80分（不含80）	农产品加工业收入比重提高，区域流通业发展达到一定水平，农产品供给主体逐步完善，具有一定数量的农产品品牌	良好
3级阶段	80—90分（不含90）	农产品加工业达到较高水平，农产品附加值明显提升，区域农产品流通效益显现，农产品品牌建设、供给主体多元化对地方农业经济及农民收入水平提高有良好带动作用	优良

续表

阶段	综合评价分值（SR_t）	综合供给质量特征	等级
4级阶段	90分及以上	农产品种植、加工、流通、营销质量各项指标值均居全国前列，达到农业现代化水平	优秀

第四节　本章小结

本书以农业供给侧结构性改革为导向，基于对农产品供给质量内涵及构成要素的清晰界定，构建农产品供给质量评价指标体系，从种植、加工、流通、营销四个环节，筛选单位耕地面积农药使用量、单位耕地面积化肥使用量、单位耕地面积农业机械总动力、农产品质量安全监测合格率、农业科技贡献率、新型职业农民比例、规模以上农副食品加工业企业新产品销售收入、规模以上农副产品加工主营业务收入、农林牧渔业固定资产投资比例、主要农产品加工转化率、规模以上农副品加工企业新产品经费等23个定量指标进行分析。该指标体系有助于相关政府部门对农业供给质量进行量化考察和综合评价，便于横向和纵向比较，找出供给过程中的薄弱环节以及具体方面，针对性解决区域农产品供给质量问题。

第五章　西北地区农产品供给质量综合评价

基于上文构建的西北地区农产品供给质量评价指标体系和评价模型，本章收集《中国统计年鉴（2016—2020）》、西北各省区统计年鉴（2016—2020）、西北各省区现代农业"十三五"规划、农业普查主要数据公报等文献数据，通过对原始数据进行标准化处理[①]，从各指标达标水平和综合水平两方面对西北地区农产品供给质量实施评价。

第一节　西北地区农产品供给质量达标水平及结构特征分析

一　西北五省区农产品供给质量评价指标达标率分析

为掌握各地区各评价指标达到标准值的程度，本节依据第四章第三节中指标达标率计算公式，对各地区各指标达标率进行统计分析，结果见表5.1。

---

① 张熠、王先甲：《湖北省农业现代化评价指标体系构建及评价研究》，《数学的实践与认识》2016年第3期；陈春霞：《我国农业现代化评价指标体系研究评述》，《改革与战略》2009年第6期。

表5.1　　　　　西北五省区农产品供给质量评价指标达标率

主体指标	基础指标	陕西	新疆	甘肃	宁夏	青海
Q$_1$ 种植	P$_1$ 单位耕地面积农药使用量	100.00%	100.00%	43.33%	100.00%	100.00%
	P$_2$ 单位耕地面积化肥使用量	50.00%	100.00%	100.00%	100.00%	100.00%
	P$_3$ 单位耕地面积农业机械总动力	100.00%	36.51%	100.00%	80.82%	100.00%
	P$_4$ 农产品质量安全监测合格率	98.97%	98.97%	100.00%	100.00%	100.00%
	P$_5$ 农业科技贡献率	96.43%	98.21%	98.57%	100.00%	98.21%
	P$_6$ 新型职业农民比例	3.33%	4.76%	3.81%	23.81%	19.05%
Q$_2$ 加工	P$_7$ 规模以上农副食品加工业企业新产品销售收入	27.75%	6.37%	5.60%	5.42%	1.66%
	P$_8$ 规模以上农副产品加工主营业务收入	63.46%	5.15%	1.82%	5.98%	2.43%
	P$_9$ 农林牧渔业固定资产投资比例	100.00%	100.00%	100.00%	100.00%	78.57%
	P$_{10}$ 主要农产品加工转化率	92.31%	95.38%	77.69%	92.31%	76.92%
	P$_{11}$ 规模以上农副品加工企业新产品经费	100.00%	100.00%	100.00%	100.00%	90.05%
Q$_3$ 流通	P$_{12}$ 农产品近似流通产值	100.00%	100.00%	100.00%	27.61%	29.65%
	P$_{13}$ 运输线路长度	100.00%	100.00%	91.15%	22.22%	51.75%
	P$_{14}$ 农村投递线路总长度	96.86%	45.63%	91.55%	6.85%	29.02%
	P$_{15}$ 交通运输仓储及邮政就业人员数占比	100.00%	58.33%	58.33%	100.00%	100.00%
	P$_{16}$ 批发零售业产值比例	100.00%	100.00%	100.00%	68.51%	79.84%

续表

主体指标	基础指标	陕西	新疆	甘肃	宁夏	青海
Q_4 营销	P_{17} 农村宽带入户率	88.96%	79.75%	85.28%	39.88%	30.67%
	P_{18} 规模以上农副品加工企业新品出口额	4.18%	1.47%	5.18%	3.76%	0.03%
	P_{19} 地理标志商标数	76.07%	100.00%	89.74%	57.26%	77.78%
	P_{20} 国家重点农业龙头企业数	97.14%	100.00%	74.29%	54.29%	48.57%
	P_{21} 农民专业合作社数	63.83%	37.16%	41.67%	8.38%	9.67%
	P_{22} 家庭农场数	81.99%	2.06%	12.83%	6.38%	6.70%
	P_{23} 农民人均可支配收入	76.42%	82.23%	60.12%	79.94%	70.44%

表5.1数据表明，种植、流通类指标达标情况较好，加工、营销类指标不达标指标数量多。西北大部分省区达标率都高的指标有：P_1单位耕地面积农药使用量，P_2单位耕地面积化肥使用量，P_4农产品质量安全监测合格率，P_5农业科技贡献率，P_9农林牧渔业固定资产投资比例，P_{11}规模以上农副品加工企业新产品经费，共计6项；各省区达标率不均衡的指标主要有：P_3单位耕地面积农业机械总动力，P_{10}主要农产品加工转化率，P_{12}农产品近似流通产值，P_{13}运输线路长度，P_{14}农村投递线路总长度，P_{15}交通运输仓储及邮政就业人员数占比，P_{16}批发零售业产值比例，P_{17}农村宽带入户率，P_{19}地理标志商标数，P_{20}国家重点农业龙头企业数，共计10项；西北大部分省区达标率都低的指标有：P_6新型职业农民比例，P_7规模以上农副食品加工业企业新产品销售收入，P_8规模以上农副产品加工主营业务收入，P_{18}规模以上农副品加工企业新品出口额，P_{21}农民专业合作社数，P_{22}家庭农场数，P_{23}农民人均可支配收入，共计7项。

二 西北五省区农产品供给质量指标达标结构分析

进一步分析西北五省区各指标达标结构，结果见表5.2。

表 5.2　　　　　西北五省区农产品供给质量各指标达标结构分析　　　（单位：个）

达标结构	陕西	新疆	甘肃	宁夏	青海
100%	8	9	7	7	5
80%—100%	7	4	5	2	2
60%—80%	4	1	3	2	5
30%—60%	1	4	3	3	3
30%以下	3	5	5	9	8
合计	23	23	23	23	23

从分析结果看，西北五省区的达标结构总体趋于一致，呈现出种植优势明显、营销环节薄弱的特点。种植环节五省区均有2项以上指标达标率100%，甘肃、宁夏、青海均有3项以上关键指标达标率100%，原始数据反映出的个别指标值远高于全国平均水平，可代表该项指标全国最优水平，但是新型职业农民比例这一指标五省区均不达标；从加工环节看，反映农产品加工业投入的2项指标五省区达标率基本都为100%，但收入类指标达标率普遍较低，除陕西外，普遍低于10%；流通环节的5项指标每省区均有至少1项达标率100%，其中陕西4项指标达到100%，反映出较强的流通能力，宁夏和青海在农村投递线路总长度等流通设施指标上达标率较低，分别有3项和2项指标达标率低于30%；营销环节除新疆在地理标志商标数和国家重点农业龙头企业数2项指标的达标率为100%以外，其他地区指标普遍达标率不高，尤其是反映创新能力和供给组织完善程度类指标，个别指标的达标率仅为个位数。

第二节　西北地区农产品供给质量综合水平评价

根据第四章第三节农产品供给质量评价模型，本节对数据进行处理，得到西北五省区农产品供给质量综合评价结果（见表5.3）。以下依次以种植、加工、流通、营销环节为单位，以陕西、新疆、甘肃、宁夏、青海为单位分别进行说明。

表5.3　　　　　　　西北地区农产品供给质量综合评价结果

主体指标	基础指标	陕西	新疆	甘肃	宁夏	青海
Q₁种植	P₁单位耕地面积农药使用量	10.00	10.00	4.33	10.00	10.00
	P₂单位耕地面积化肥使用量	8.00	16.00	16.00	16.00	16.00
	P₃单位耕地面积农业机械总动力	21.00	7.67	21.00	16.97	21.00
	P₄农产品质量安全监测合格率	27.71	27.71	28.00	28.00	28.00
	P₅农业科技贡献率	12.54	12.77	12.81	13.00	12.77
	P₆新型职业农民比例	0.40	0.57	0.46	2.86	2.29
	Q₁R	79.65	74.72	82.60	86.83	90.05
Q₂加工	P₇规模以上农副食品加工业企业新产品销售收入	2.50	0.57	0.50	0.49	0.15
	P₈规模以上农副产品加工主营业务收入	20.31	1.65	0.58	1.91	0.78
	P₉农林牧渔业固定资产投资比例	20.00	20.00	20.00	20.00	15.71
	P₁₀主要农产品加工转化率	19.38	20.03	16.32	19.38	16.15
	P₁₁规模以上农副品加工企业新产品经费	18.00	18.00	18.00	18.00	16.21
	Q₂R	80.19	60.25	55.40	59.79	49.00
Q₃流通	P₁₂农产品近似流通产值	29.00	29.00	29.00	8.01	8.60
	P₁₃运输线路长度	14.00	14.00	12.76	3.11	7.24
	P₁₄农村投递线路总长度	13.56	6.39	12.82	0.96	4.06
	P₁₅交通运输仓储及邮政就业人员数占比	21.00	12.25	12.25	21.00	21.00
	P₁₆批发零售业产值比例	22.00	22.00	22.00	15.07	17.56
	Q₃R	99.56	83.64	88.83	48.15	58.47

续表

主体指标	基础指标	陕西	新疆	甘肃	宁夏	青海
Q₄营销	P₁₇农村宽带入户率	12.45	11.17	11.94	5.58	4.29
	P₁₈规模以上农副品加工企业新品出口额	0.54	0.19	0.67	0.49	0.00
	P₁₉地理标志商标数	11.41	15.00	13.46	8.59	11.67
	P₂₀国家重点农业龙头企业数	15.54	16.00	11.89	8.69	7.77
	P₂₁农民专业合作社数	4.47	2.60	2.92	0.59	0.68
	P₂₂家庭农场数	5.74	0.14	0.90	0.45	0.47
	P₂₃农民人均可支配收入	21.40	23.02	16.83	22.38	19.72
	Q₄R	71.55	68.13	58.61	46.76	44.61
	SR	79.32	70.97	69.11	59.87	59.66

一 以供给各环节为单位对指标评价结果进行分析

(一) 种植环节

该环节测评共6项指标，P_1单位耕地面积农药使用量，甘肃省仅为4.33分，其他四省区均为满分10分；P_2单位耕地面积化肥使用量，陕西省得8分，其他四省区均为满分16分；P_3单位耕地面积农业机械总动力，新疆7.67分，宁夏16.97分，其他三省区均为满分21分；P_4农产品质量安全监测合格率，陕西与新疆略低，其他三省区均为满分28分；P_5农业科技贡献率，宁夏满分13分，其他四省区略低；P_6新型职业农民比例，满分12分，陕西、新疆、甘肃得分不足1分，宁夏、青海不足3分，此项指标为各省区在种植环节得分比例最低的一项。种植环节综合评价排名依次为：青海（90.05）、宁夏（86.83）、甘肃（82.60）、陕西（79.65）、新疆（74.72）。对照农产品供给质量发展阶段划分标准，西北五省区农产品种植供给质量发展阶段划分结果如表5.4所示。

表 5.4　　　　　西北地区农产品种植供给质量发展阶段

分布范围	评价得分	所属阶段	等级
陕西	79.65	2 级阶段	良好
新疆	74.72	2 级阶段	良好
甘肃	82.60	3 级阶段	优良
宁夏	86.83	3 级阶段	优良
青海	90.05	4 级阶段	优秀
西北	82.77	3 级阶段	优良

（二）加工环节

该环节测评共 5 项指标，P_7 规模以上农副食品加工业企业新产品销售收入，满分为 9 分，陕西得分为 2.5 分，不足三分之一，其他四省区得分均低于 1 分，此项指标为各省区在加工环节得分比例最低的一项；P_8 规模以上农副产品加工主营业务收入，满分 32 分，陕西 20.31 分远远高于其他四省区，其他四省区平均不超过 2 分；P_9 农林牧渔业固定资产投资比例，除青海 15.71 分，其他四省区均为满分 20 分；P_{10} 主要农产品加工转化率，新疆 20.03 分接近满分 21 分，其他四省区相随其后，差距不大；P_{11} 规模以上农副品加工企业新产品经费，除青海 16.21 分，其他四省区均为满分 18 分。加工环节综合评价排名依次为：陕西（80.19）、新疆（60.25）、宁夏（59.79）、甘肃（55.40）、青海（49.00）。对照农产品供给质量发展阶段划分标准，西北五省区农产品加工供给质量发展阶段划分结果如表 5.5 所示。

表 5.5　　　　　西北地区农产品加工供给质量发展阶段

分布范围	评价得分	所属阶段	等级
陕西	80.19	3 级阶段	优良
新疆	60.25	1 级阶段	合格
甘肃	55.40	初级阶段	待合格
宁夏	59.79	初级阶段	待合格
青海	49.00	初级阶段	待合格
西北	60.93	1 级阶段	合格

(三) 流通环节

该环节测评共 5 项指标，P_{12} 农产品近似流通产值，陕西、新疆和甘肃均为满分 29 分，宁夏、青海仅为 8 分左右，明显处于落后态势；P_{13} 运输线路长度，陕西、新疆均为满分 14 分，甘肃稍落后为 12.76 分，青海、宁夏明显薄弱，得分仅为 7.24 和 3.11；P_{14} 农村投递线路总长度，陕西线路总长度为 118892 公里，得分 13.56，接近满分 14 分，甘肃紧随其后 12.82 分，新疆和青海农村投递线路较短，得分不足 10 分，宁夏更是只有 8410 公里，得分不足 1 分；P_{15} 交通运输仓储及邮政就业人员数占比，陕西、宁夏、青海为满分 21 分，新疆、甘肃从事流通行业的人员占比较低，均为 12.25 分；P_{16} 批发零售业产值比例，宁夏、青海再次表现出在流通环节的短板，得分在 15—18 之间，其他均为满分 22 分。流通环节综合评价排名依次为：陕西 (99.56)、甘肃 (88.83)、新疆 (83.64)、青海 (58.47)、宁夏 (48.15)。对照农产品供给质量发展阶段划分标准，西北五省区农产品流通供给质量发展阶段划分结果如表 5.6 所示。

表 5.6　　　　西北地区农产品流通供给质量发展阶段

分布范围	评价得分	所属阶段	等级
陕西	99.56	4 级阶段	优秀
新疆	83.64	3 级阶段	优良
甘肃	88.83	3 级阶段	优良
宁夏	48.15	初级阶段	待合格
青海	58.47	初级阶段	待合格
西北	75.73	2 级阶段	良好

(四) 营销环节

该环节测评共 7 项指标，P_{17} 农村宽带入户率，陕西农村宽带接入用户 241 万户，占乡村人口数 14.5%，接近全国平均水平 16.3%，得分 12.45，接近满分 14 分，紧随其后的是甘肃、新疆，得分较低的是宁夏、青海，低于全国平均水平的一半，得分为 6 分以下；P_{18} 规模以上农副品加工企业新品出口额，此项指标满分 13 分，各省区普遍得分低于 1 分，为营销环节得分最低，反映出西北地区农产品深加工能力的弱势；P_{19} 地理标志商标数，新疆 167 个地理标志商标数，远高于全国平均水平，得满分 15 分，甘肃 105 个紧随其后得分 13.46 分，青海、陕西分别为 91 个、89 个，得分 11.67 和 11.41，宁夏较弱得 8.59 分；P_{20} 国家重点农业龙头企业数，新疆 44 家位居西北五省区第一，得满分 16 分，陕西、甘肃紧随其后，宁夏、青海国家级龙头企业较少，需要政策引导，资金投入，加大培育力度；P_{21} 农民专业合作社数，该项指标满分 7 分，陕西、新疆、甘肃评分在 3 分左右，宁夏、青海数量更低，远不足以支撑农产品供给质量提升的组织需要；P_{22} 家庭农场数，该项指标满分 7 分，除陕西 23000 个家庭农场得 5.74 分外，其他四省区得分均不足 1 分，家庭农场数量不足，影响了提高农业集约化经营水平，农产品的高质量供给被严重制约；P_{23} 农民人均可支配收入，该项指标是农产品供给质量绩效的重要体现，新疆、宁夏、陕西得分接近满分，青海、甘肃偏低。营销环节综合评价排名依次为：陕西（71.55）、新疆（68.13）、甘肃（58.61）、宁夏（46.76）、青海（44.61）。对照农产品供给质量发展阶段划分标准，西北五省区农产品营销供给质量发展阶段划分结果如表 5.7 所示。

表 5.7　　　　西北地区农产品营销供给质量发展阶段

分布范围	评价得分	所属阶段	等级
陕西	71.55	2 级阶段	良好
新疆	68.13	1 级阶段	合格
甘肃	58.61	初级阶段	待合格
宁夏	46.76	初级阶段	待合格
青海	44.61	初级阶段	待合格
西北	57.93	初级阶段	待合格

二 以西北各省区为单位对指标评价结果进行分析

(一) 陕西农产品供给质量评价结果分析

陕西 4 项主体指标得分依次排序为 Q_3 流通 (99.56 分) > Q_2 加工 (80.19 分) > Q_1 种植 (79.65 分) > Q_4 营销 (71.55 分), 可见陕西省凭借西北五省区中相对占优的地理位置, 交通运输的优势为农产品流通提供了便利, 较高的开放程度使得其农产品加工业也具有一定的优势, 种植与营销环节相对薄弱。按照指标权重排序得分高的基础指标主要有: P_{12} 农产品近似流通产值 (29 分), P_{16} 批发零售业产值比例 (22 分), P_3 单位耕地面积农业机械总动力 (21 分), P_{15} 交通运输仓储及邮政就业人员数占比 (21 分), 表现出陕西省农产品流通业较发达, 农业机械化程度高。按照指标权重排序得分低的基础指标主要有: P_{18} 规模以上农副品加工企业新品出口额 (0.54 分), P_6 新型职业农民比例 (0.40 分), P_7 规模以上农副食品加工业企业新产品销售收入 (2.50 分), P_2 单位耕地面积化肥使用量 (8 分), 表现出陕西省农产品深加工的创新能力及对外出口能力不足, 新型职业农民数量与单位耕地面积化肥使用量等因素对其农产品供给质量影响较大。分析结果如表 5.8 所示。

表 5.8　　陕西农产品供给质量评价结果分析

省 (区)	优势	劣势
陕西	1. 农产品流通便利 2. 农业机械化程度高 3. 农产品加工业发展优良	1. 深加工创新及对外出口能力不足 2. 新型职业农民数量少 3. 单位耕地面积化肥使用量高

(二) 新疆农产品供给质量评价结果分析

新疆 4 项主体指标得分依次排序为 Q_3 流通 (83.64 分) > Q_1 种植 (74.72 分) > Q_4 营销 (68.13 分) > Q_2 加工 (60.25 分), 可见新疆的农产品流通与种植优势明显, 营销作为主体指标权重最高的环节, 评价优于其农产品加工环节，加工业产值明显不足。按照指标权重排序得分高的基础指标主要有：P_{12}农产品近似流通产值（29分），P_{16}批发零售业产值比例（22分），P_9农林牧渔业固定资产投资比例（20分），P_{11}规模以上农副品加工企业新产品经费（18分），可见新疆地区农产品流通业较发达，农产品生产、加工业新品开发等投资力度大。按照指标权重排序得分低的基础指标主要有：P_8规模以上农副产品加工主营业务收入（1.65分），P_3单位耕地面积农业机械总动力（7.67分），P_{14}农村投递线路总长度（6.39分），P_{18}规模以上农副品加工企业新品出口额（0.19分），可见新疆地区农产品加工业发展缓慢，农业机械化程度较低，农村物流运输欠发达。分析结果如表5.9所示。

表5.9　　　　　　新疆农产品供给质量评价结果分析

省（区）	优势	劣势
新疆	1. 农产品流通效益较高； 2. 农业固定资产投资力度大； 3. 农产品加工企业新产品开发投资力度大	1. 农产品加工业及出口收入水平低； 2. 农业机械化程度较低； 3. 农村物流投递线路不足

（三）甘肃农产品供给质量评价结果分析

甘肃4项主体指标得分依次排序为Q_3流通（88.83分）＞Q_1种植（82.60分）＞Q_4营销（58.61分）＞Q_2加工（55.40分），甘肃地区评价结果与新疆地区相似，且流通与种植环节评价更高，营销与加工两个环节评价较差，低于全国平均水平。按照指标权重排序得分高的基础指标主要有：P_{12}农产品近似流通产值（29分），P_4农产品质量安全监测合格率（28分），P_{16}批发零售业产值比例（22分），P_3单位耕地面积农业机械总动力（21分），P_9农林牧渔业固定资产投资比例（20分），可见甘肃地区农产品流通效益较高，农业机械化程度高。按照指标权重排序得分低的基础指标主要有：P_8规模以上农副产品加工主营业务收入（0.58分），P_{18}规模以上农副品加工企业新品出口额（0.67

分），P_6 新型职业农民比例（0.46 分），P_7 规模以上农副食品加工业企业新产品销售收入（0.50 分），P_{22} 家庭农场数（0.90 分）。可见甘肃地区农产品加工业产值低，新产品开发及出口能力弱，个性化、高质量农产品的提供能力有限。分析结果如表 5.10 所示。

表 5.10　　　　　　　　甘肃农产品供给质量评价结果分析

省（区）	优势	劣势
甘肃	1. 农产品流通效益较高 2. 农产品质量安全监测合格率高 3. 农业机械化程度高 4. 农业固定资产投资力度大	1. 农产品加工业产值低 2. 新产品开发及出口能力弱 3. 新型职业农民数量、家庭农场数量不足

（四）宁夏农产品供给质量评价结果分析

宁夏 4 项主体指标得分依次排序为 Q_1 种植（86.83 分）> Q_2 加工（59.79 分）> Q_3 流通（48.15 分）> Q_4 营销（46.76 分），可见宁夏农产品供给过程中，种植优势还是非常明显的，但加工、流通、营销等后续环节明显低于全国平均水平，且差距较大。按照指标权重排序得分高的基础指标主要有：P_4 农产品质量安全监测合格率（28 分），P_{15} 交通运输仓储及邮政就业人员数占比（21 分），P_9 农林牧渔业固定资产投资比例（20 分），P_{11} 规模以上农副品加工企业新产品经费（18 分），P_2 单位耕地面积化肥使用量（16 分），可见宁夏农产品供给绿色安全，政府在农产品生产、加工以及新产品研发等方面投入较大，流通行业人员参与度高。按照指标权重排序得分低的基础指标主要有：P_8 规模以上农副产品加工主营业务收入（1.91 分），P_{12} 农产品近似流通产值（8.01 分），P_{20} 国家重点农业龙头企业数（8.69 分），P_{19} 地理标志商标数（8.59 分），P_{13} 运输线路长度（3.11 分），P_{14} 农村投递线路总长度（0.96 分），可见影响宁夏农产品供给质量的重点依然集中在流通和营销环节，尽管农村基础设施已有所改善，但从数据来看与全国平均水平仍存在较大差距,农村物流运输条件无法满足农产品扩大有效供给的要求。分析结果如表 5.11 所示。

表 5.11　　　　　　宁夏农产品供给质量评价结果分析

省（区）	优势	劣势
宁夏	1. 农产品种植优势明显 2. 政府在农产品生产、加工以及新产品研发等方面投资力度大 3. 流通行业人员参与度高	1. 农产品加工业产值低 2. 农产品流通效益低 3. 国家级龙头企业数量少,地理标志商标数量少 4. 运输线路、农村投递线路总长度不足

（五）青海农产品供给质量评价结果分析

青海 4 项主体指标得分依次排序为 Q_1 种植（90.05）> Q_3 流通（58.47）> Q_2 加工（49.00）> Q_4 营销（44.61），数据仍然表明青海有明显的农产品种植优势，但是后续的流通、加工、营销等环节劣势明显，远低于全国平均水平。按照指标权重排序得分高的基础指标主要有：P_4 农产品质量安全监测合格率（28 分），P_3 单位耕地面积农业机械总动力（21 分），P_{15} 交通运输仓储及邮政就业人员数占比（21 分），P_2 单位耕地面积化肥使用量（16 分），P_1 单位耕地面积农药使用量（10 分），数据显示绿色、有机是青海地区农产品供给的重要特征，可以此为重点构建区域特色品牌，设计农业发展战略，农业机械化程度高，流通行业发展势头佳，也为后续供给质量提升奠定了良好的基础。按照指标权重排序得分低的基础指标主要有：P_8 规模以上农副产品加工主营业务收入（0.78 分），P_{12} 农产品近似流通产值（8.60 分），P_{20} 国家重点农业龙头企业数（7.77 分），P_{13} 运输线路长度（7.24 分），P_{14} 农村投递线路总长度（4.06 分），P_{17} 农村宽带入户率（4.29 分）。可见农产品加工业发展滞后、具有示范引领作用的大型农业企业数量不足、农村基础设施薄弱等问题，仍然严重影响着青海地区农产品供给质量的提升。分析结果如表 5.12 所示。

表 5.12　　　　　　　青海农产品供给质量评价结果分析

省（区）	优势	劣势
青海	1. 农产品种植优势明显 2. 农业机械化程度高 3. 流通行业人员参与度高	1. 农产品加工业产值低 2. 农产品流通效益低 3. 国家级龙头企业数量少 4. 运输线路、农村投递线路总长度不足，农村宽带入户率低

综上所述，对照农产品供给质量发展阶段划分标准，西北五省区农产品供给质量发展阶段划分结果如表 5.13 所示。

表 5.13　　　　　　　西北地区农产品供给质量发展阶段

省份	评价得分	所属阶段	等级
陕西	79.32	2 级阶段	良好
新疆	70.97	2 级阶段	良好
甘肃	69.11	1 级阶段	合格
宁夏	59.87	初级阶段	待合格
青海	59.66	初级阶段	待合格
西北	67.79	1 级阶段	合格

第三节　本章小结

本章基于第四章构建的西北地区农产品供给质量评价指标体系及测评模型，对西北地区农产品供给质量达标水平及结构特征进行分析，对西北地区农产品供给质量综合水平进行评价，划分了西北五省区农产品种植供给质量、加工供给质量、流通供给质量、营销供给质量及综合供给质量的发展阶段，为精准提升西北地区农产品供给质量提供了非常重要的数量依据。研究发现，西北地区整体评价属于合格等级，其中种植供给质量优良，加工供给质量合格，流通供给质量良好，营销供给质量待合格。从各省区情况来看,陕西农产品供给质量评价属于良好等级,其中种植供给质量良好,加工供给质量优良,流通供给质量优秀,营销供给质量良好,位列西北五省区领先水平;新疆农产品供给质量评价属于良好等级,其中种植供给质量良好,加工供给质量合格,流通供给质量优良,营销供给质量合格,位列西北五省区第二;甘肃农产品供给质量评价属于合格等级,其中种植供给质量优良,加工供给质量待合格,流通供给质量优良,营销供给质量待合格,位列西北五省区第三;宁夏农产品供给质量评价属于待合格等级,其中种植供给质量优良,加工供给质量待合格,流通供给质量待合格,营销供给质量待合格;青海农产品供给质量评价属于待合格等级,其中种植供给质量优秀,加工供给质量待合格,流通供给质量待合格,营销供给质量待合格。

第六章 西北地区农产品供给质量制约因素研究

为进一步对西北五省区农产品供给质量提升的制约因素进行深入诊断，本书依据某区域某时期指标贡献度、偏离度和制约度的计算方法（详见第四章第三节），分两节从基础指标和主体指标两个层次测评西北地区农产品供给质量的制约因素。

第一节 西北地区农产品供给质量基础指标制约度测评

本节采用基础指标制约度 E_k 的计算方法，综合各指标数据标准化值，第四章表4.4中得出的基础指标权重、主体指标权重及标准值，分别对西北各省区及西北整个地区农产品供给质量的基础指标制约度进行计算，并按照各指标制约度由高到低进行排序，西北五省区制约度前十位的基础指标见表6.1和表6.2。

表6.1 陕西、宁夏、新疆农产品供给质量基础指标制约度排序

陕西		宁夏		新疆	
基础指标	制约度	基础指标	制约度	基础指标	制约度
规模以上农副品加工企业新品出口额	0.25	规模以上农副品加工企业新品出口额	0.13	规模以上农副品加工企业新品出口额	0.19

续表

陕西		宁夏		新疆	
基础指标	制约度	基础指标	制约度	基础指标	制约度
新型职业农民比例	0.15	规模以上农副产品加工主营业务收入	0.12	规模以上农副产品加工主营业务收入	0.17
农民人均可支配收入	0.13	农村宽带入户率	0.09	单位耕地面积农业机械总动力	0.12
单位耕地面积化肥使用量	0.10	农产品近似流通产值	0.08	新型职业农民比例	0.11
规模以上农副产品加工主营业务收入	0.09	国家重点农业龙头企业数	0.08	家庭农场数	0.10
地理标志商标数	0.07	家庭农场数	0.07	农民人均可支配收入	0.07
农民专业合作社数	0.05	农民专业合作社数	0.07	农民专业合作社数	0.06
规模以上农副食品加工业企业新产品销售收入	0.05	地理标志商标数	0.07	规模以上农副食品加工业企业新产品销售收入	0.05
农村宽带入户率	0.03	新型职业农民比例	0.06	交通运输仓储及邮政就业人员数占比	0.05
家庭农场数	0.03	农民人均可支配收入	0.06	农村宽带入户率	0.04

表6.2 青海、甘肃、西北农产品供给质量基础指标制约度排序

青海		甘肃		西北地区	
基础指标	制约度	基础指标	制约度	基础指标	制约度
规模以上农副品加工企业新品出口额	0.14	规模以上农副产品加工企业新品出口额	0.17	规模以上农副品加工企业新品出口额	0.87
规模以上农副产品加工主营业务收入	0.12	规模以上农副产品加工主营业务收入	0.16	规模以上农副产品加工主营业务收入	0.66

续表

青海		甘肃		西北地区	
基础指标	制约度	基础指标	制约度	基础指标	制约度
农村宽带入户率	0.10	农民人均可支配收入	0.15	农民人均可支配收入	0.50
农民人均可支配收入	0.09	新型职业农民比例	0.10	新型职业农民比例	0.49
国家重点农业龙头企业数	0.09	家庭农场数	0.08	家庭农场数	0.34
农产品近似流通产值	0.08	国家重点农业龙头企业数	0.06	农民专业合作社数	0.30
家庭农场数	0.07	农民专业合作社数	0.06	农村宽带入户率	0.29
农民专业合作社数	0.07	单位耕地面积农药使用量	0.05	国家重点农业龙头企业数	0.23
新型职业农民比例	0.07	规模以上农副食品加工业企业新产品销售收入	0.04	规模以上农副食品加工业企业新产品销售收入	0.21
农村投递线路总长度	0.04	交通运输仓储及邮政就业人员数占比	0.04	地理标志商标数	0.20

基于以上计算结果，本书分别选择各省区及西北整体制约度排名前五的关键指标，对西北五省区基础指标制约状况展开分析，汇总如下。

一　陕西农产品供给质量基础指标制约度分析

陕西农产品供给质量基础指标制约度从高到低前五项分别为：规模以上农副品加工企业新品出口额（0.25）、新型职业农民比例（0.15）、农民人均可支配收入（0.13）、单位耕地面积化肥使用量（0.10）、规模以上农副产品加工主营业务收入（0.09）。结果表明，陕西省农产品供给质量制约因素较集中，前三项基础指标制约度总和达到0.53，收入低严重影响农产品供给质量的综合水平，尤其是农副产品加工业收入和创新产品的收入,这与第五章综合评价的结果一致。可见,陕西省农产品的精深加工水平及创新能力有待提高。新型职业农民数量及单位耕地面积化肥使用量也有较强制约,尽快培育一批爱农业、懂技术、善经营的新型职业农民刻不容缓。

二 宁夏农产品供给质量基础指标制约度分析

宁夏农产品供给质量基础指标制约度从高到低前五项分别为:规模以上农副品加工企业新品出口额(0.13)、规模以上农副产品加工主营业务收入(0.12)、农村宽带入户率(0.09)、农产品近似流通产值(0.08)、国家重点农业龙头企业数(0.08)。结果表明,宁夏农产品供给质量各因素制约度较为分散,前五项基础指标制约度总和达到0.5,从影响的重要性来看主要分布在加工和营销环节,这与第五章综合评价的结果一致。加工环节收入水平低仍然是突出问题,同时宽带入户、农产品流通等与基础设施建设相关的指标制约度较高,值得注意的是国家重点农业龙头企业数、家庭农场数等反映农产品品牌培育、满足消费者高质量需求能力的基础指标制约度也较高。可见,加大国家级农业龙头企业培育、加强农产品流通基础设施建设、增加农业企业收入水平是宁夏今后发展的重点。

三 新疆农产品供给质量基础指标制约度分析

新疆农产品供给质量基础指标制约度从高到低前五项分别为:规模以上农副品加工企业新品出口额(0.19)、规模以上农副产品加工主营业务收入(0.17)、单位耕地面积农业机械总动力(0.12)、新型职业农民比例(0.11)、家庭农场数(0.10)。结果表明,新疆除了收入类指标受限,机械动力的配备、新型职业农民数量不足、家庭农场建设乏力等问题同样严重制约了其农产品供给质量的提升,与第五章综合评价的结果一致。

四 青海农产品供给质量基础指标制约度分析

青海农产品供给质量基础指标制约度从高到低前五项分别为：规模以上农副品加工企业新品出口额（0.14）、规模以上农副产品加工主营业务收入（0.12）、农村宽带入户率（0.10）、农民人均可支配收入（0.09）、国家重点农业龙头企业数（0.09）。结果表明，青海省深加工创新产品出口收入、农产品加工业收入、农民人均可支配收入三项指标的制约度就已达到 0.35，这与第五章综合评价的结果一致。可见，种植优势明显，但无法实现收入提高严重制约了青海的农产品供给绩效，需要从各供给环节尤其是供给后端深入探究原因，同时，缺少国家级龙头农业企业的整合带动，也是其供给质量不高的重要制约因素。

五 甘肃农产品供给质量基础指标制约度分析

甘肃农产品供给质量基础指标制约度从高到低前五项分别为：规模以上农副品加工企业新品出口额（0.17）、规模以上农副产品加工主营业务收入（0.16）、农民人均可支配收入（0.15）、新型职业农民比例（0.10）、家庭农场数（0.08）。结果表明，前三项指标制约度总和高达 0.48，这与第五章综合评价的结果一致。可见，收入类指标仍是制约甘肃地区农产品供给质量的瓶颈，农产品生产者专业化水平不足、家庭农场数量少等问题的解决也至关重要。

六 西北地区农产品供给质量基础指标制约度分析

从西北整体看基础指标制约度排名，制约度在 0.5—1 之间的制约因子是规模以上农副品加工企业新品出口额、规模以上农副产品加工主营业务收入、农民人均可支配收入三类收入指标，可见，收入是西北地区农产品供给质量的Ⅰ类制约因素；制约度在 0.3—0.5 之间的制约因子包括新型职业农民比例、家庭农场数、农民专业合作社数，可见，供给主体是Ⅱ类制约因素；制约度在 0.3 以下的制约因子有农村宽带入户率、国家重点农业龙头企业数、规模以上农副食品加工业企业新产品销售收入、地理标志商标数，可见创新能力（营销渠道创新、产品创新、品牌创新等）是Ⅲ类制约因素。分析结果汇总见表6.3。

表6.3　　　　西北地区农产品供给质量基础制约因素分类

制约度	类别	名称	基础制约因素
0.5—1	Ⅰ类	收入	规模以上农副品加工企业新品出口额、规模以上农副产品加工主营业务收入、农民人均可支配收入
0.3—0.5	Ⅱ类	供给主体	新型职业农民比例、家庭农场数、农民专业合作社数
0.3以下	Ⅲ类	创新能力	农村宽带入户率、国家重点农业龙头企业数、规模以上农副食品加工业企业新产品销售收入、地理标志商标数

第二节　西北地区农产品供给质量主体指标制约度测评

如果说基础制约因素的分析相当于找到了提升西北农产品供给质量的具体方面，那么主体制约因素的分析就是要找到提升西北农产品供给质量的关键环节。本节基于第一节西北地区农产品供给质量基础指标制约度的计算结果，采用主体指标制约度 F_i 的计算方法（详见第四章第三节），对西北地区农产品供给质量主体指标制约度进行计算，结果见表6.4。

表6.4　　　西北地区农产品供给质量主体指标制约度排名

制约度排名	主体指标	制约度
1	Q_4（营销）	2.74
2	Q_2（加工）	0.97
3	Q_1（种植）	0.81
4	Q_3（流通）	0.49

表 6.4 数据表明，主体指标 Q_4（营销）对西北地区农产品供给质量的制约度为 2.74，排名第一，Q_2（加工）制约度为 0.97，排名第二，Q_1（种植）制约度为 0.81，排名第三，Q_3（流通）制约度为 0.49，排名第四。研究各环节制约度之间的关系发现，营销环节制约度值 2.74 超过了后三项主体指标制约度值的总和 2.27，营销水平对于西北地区发展农业的重要性可想而知。后期如何围绕营销环节落实农业发展效益，做好农产品创新、销售渠道创新、营销方式创新、品牌内涵更新、农业龙头企业的培育等将是西北地区农产品供给质量提升的重点任务。

第三节 本章小结

在第五章西北地区农产品供给质量综合评价的基础上，本章继续从基础指标和主体指标两个层次测评西北地区农产品供给质量的制约因素，找到了提升西北农产品供给质量的关键问题及具体方面。首先，通过对西北及其各省区农产品供给质量基础制约因素的分析，进一步厘清了农产品供给过程中种植、加工、流通、营销各环节存在的具体问题，有利于分环节、分情况、分制约程度精准提出改进对策，同时，综合分析西北农产品供给质量基础制约因素，按照制约度由高到低，将制约因素依此划分为收入、供给主体、创新能力三类，该研究结论更有利于各省区统筹地方经济发展全局，跨部门合作探索实现农产品高质量供给，更有利于西北五省区就共性问题协同采取有效措施，共谋发展方略。其次，通过对西北地区农产品供给主体制约因素的测评，得出营销环节制约度远高于种植、加工、流通三个环节制约度之和的结论，这就找准了西北提升农产品供给质量的着力点，为后期围绕西北农产品营销水平提升开展工作提供了重要的科学依据。

本篇主要结论

第二篇供给侧评价篇，从供给过程视角，构建农产品供给质量指标体系和评价模型，运用国家统计局官网、《中国统计年鉴》、中国农业农村部官方网站、西北各省区统计年鉴、西北各省区农业农村厅门户网站、课题组走访调研获取的数据，梳理西北五省区农产品市场需求、种植面积、加工企业、流通环节基本情况以及销售状况，全面评价西北地区农产品供给质量和竞争力，主要得到以下结论。

一　西北五省区农产品特色鲜明，品种繁多

土地是发展农业的基础，西北地区人均耕地是全国水平的1.4倍，林地是1.9倍，牧草是3.6倍，农业开垦一直以来是西北地区的主要生产方式，为农业产业发展提供了充足的土地资源。同时其地跨半湿润、半干旱和干旱地带，气候条件各异并且独特，地形复杂，生态环境类型多样，使得西北地区特色农产品品质优良，品种丰富，具备优质农产品的供给基础，但由于地缘、人口、环境以及农业经济长期处于我国弱势地位，西北农业产业结构布局还不够合理，产业化经营体系还不够完善，供给主体的协同性还不强，物流基础设施条件相对落后，信息化程度和营销水平较低，区域品牌建设维护跟不上等问题比较突出。

二　西北五省区农产品供给体系发展不均衡

本篇依据西北地区农产品供给质量评价指标体系，从种植、加工、流通、营销四个环节着手，构建农产品供给质量评价总模型和各个环节的子模型，数据分析结果显示，西北地区整体评价属于合格等级，其中种植供给质量优良，加工供给质量合格，流通供给质量良好，营销供给质量待合格。从各省区情况来看，陕西省农产品供给质量评价属于良好等级，其中种植供给质量良好，加工供给质量优良，流通供给质量优秀，营销供给质量良好，位列西北五省区领先水平；新疆农产品供给质量评价属于良好等级，其中种植供给质量良好，加工供给质量合格，流通供给质量优良，营销供给质量合格，位列西北五省区第二；甘肃省农产品供给质量评价属于合格等级，其中种植供给质量优良，加工供给质

量待合格，流通供给质量优良，营销供给质量待合格，位列西北五省区第三；宁夏农产品供给质量评价属于待合格等级，其中种植供给质量优良，加工供给质量待合格，流通供给质量待合格，营销供给质量待合格；青海农产品供给质量评价属于待合格等级，其中种植供给质量优秀，加工供给质量待合格，流通供给质量待合格，营销供给质量待合格。总体表现出，五省区之间及五省区内农产品供给体系发展不均衡、多省区营销和加工供给水平弱、宁夏和青海两地提升任务重的特点。

三 西北五省区农产品供给体系投资多，收入少

西北地区农产品供给质量评价指标体系中农林牧渔业固定资产投资比例和规模以上农副品加工企业新产品经费2项投资类指标，各省区评价结果均为满分或接近满分，可见西北在农业发展方面投资力度不小，但规模以上农副品加工企业新品出口额、规模以上农副产品加工主营业务收入、农民人均可支配收入3项收入指标却评价得分最低。同时，西北农产品供给质量基础指标制约因素分类研究结果表明，制约度高达0.5—1的Ⅰ类制约因素为收入，其普遍制约各省区农产品供给水平。落实农业投资，优化农业投资结构，评估农业投资效率问题值得探讨，后期更多的精力应放在如何增加农产品供给收入上来。

四 营销水平的突破是西北提升农产品供给质量的关键

西北五省区农产品供给质量23项指标达标率计算结果表明，营销环节7项指标达标情况最低，各省区达标率30%以下的指标均在营销环节。西北地区农产品供给质量综合水平评价结果显示，甘肃、宁夏、青海三地及西北整体营销供给水平属于待合格水平，评价分值远低于其他环节。西北地区农产品供给质量主体指标制约度评价结果表明，制约西北地区农产品供给质量的关键是营销环节，制约度2.74，超过了后三项主体指标制约度的总和2.27。综上所述，营销水平的突破是今后西北提升农产品供给质量的关键发力点。

五 深加工水平滞后严重制约西北提升农产品供给质量

西北地区农产品供给质量主体指标制约度分析显示,加工水平是继营销水平之后又一制约供给质量提升的重要环节。西北地区农产品供给质量综合评价结果表明,青海、甘肃、宁夏三地加工供给质量均属于待合格阶段,以各省区为单位的指标评价结果显示,除陕西农产品加工业发展优良之外,其他四省区均存在农产品深加工水平滞后及出口收入水平低的问题。加工企业数量少、生产规模小、设备陈旧、技术滞后、收入低是西北农产品加工供给的现状,这与其丰富的农产品资源严重不匹配,无法缓解由于季节更替、产出积压所带来的大量损失,无法通过提高农副产品的加工值实现农产品增值,影响了农民增收。

六 新型农业经营主体发展不完善影响供给质量提升效率

研究结果表明,指标体系中新型职业农民比例、国家重点农业龙头企业数、农民专业合作社数、家庭农场数4项指标西北五省区得分均低,甚至低至小数。西北地区农产品供给质量基础指标制约度测评结果显示,供给主体不完善是仅次于收入类指标的Ⅱ类制约因子,制约度在0.3—0.5之间。以各省区为单位分析指标评价结果显示,新型职业农民数量少、国家重点农业龙头企业数量少、农民专业合作社数量少、家庭农场数量少均为各省区农业发展劣势。西北实现农产品高质量供给,缺乏新型农业经营主体的牵头、带动、组织、实施,是无法实现的,进一步研究西北地区农产品供给主体建设至关重要。

七 创新能力不足是西北农产品供给质量提升的瓶颈

西北地区农产品供给质量评价指标体系中反映农产品供给创新水平的指标设计了3个,包括规模以上农副食品加工业企业新产品销售收入、规模以上农副品加工企业新产品经费、规模以上农副品加工企业新品出口额,3项指标中除经费投入指标评价得分接近满分外,其他2项收入指标评价得分均不到1分。西北地区农产品供给质量基础指标制约度评价结果显示，创新能力不足是仅次于供给主体类指标的Ⅲ类制约供给质量提升的因子。创新能力对于农产品供给质量的影响在方方面面，低毒农药研发、特色农产品机械设备开发、加工工艺创新、营销渠道创新、品牌创新，任何一个环节的供给质量提升都离不开创新，创新能力的提高是农产品供给质量提升的重要途径。

八　西北五省区农业基础设施配套不均衡

西北地区农产品供给质量评价指标体系中单位耕地面积农业机械总动力、运输线路长度、农村投递线路总长度3项指标评价结果引起课题组关注。单位耕地面积农业机械总动力3省区得分均接近满分，而新疆该指标值不及全国平均水平的二分之一，亟须加强农业机械总动力配置；运输线路长度3省区得分均接近满分，而宁夏运输线路长度仅达到全国平均水平的21.9%，青海仅达到50%，继续加大公路、铁路、航空线路投资建设，仍然是这两地改善农产品运输设施的关键；农村投递线路总长度指标值2省区接近满分，新疆、宁夏、青海3地得分仅为个位数甚至小数，宁夏该指标值仅达到全国平均水平的12.9%，青海该指标值达到全国平均水平的32.6%，新疆该指标值达到全国平均水平的52%。在我国大部分地区研究、发展绿色、冷链物流的大势下，西北个别省区农村投递线路仍严重不足，后期需要针对性地提出解决对策，确保西北紧跟国家总体发展形势不掉队。

第三篇 需求篇

第二篇基于西北地区特色农产品供给侧，从种植、加工、流通和营销4个环节构建了农产品供给质量评价指标体系，采用多指标综合测度法构建模型，对西北五省区近年来农产品供给质量进行综合评价，诊断各区域农产品供给质量提升的制约因子，为后续结合供给侧总结西北地区特色农产品高质量供给路径提供了重要的研究基础。本篇作为第二篇的姊妹篇，基于需求侧，采用问卷调查法获取一手数据，继续分析西北地区特色农产品消费者的基本特征，农产品购买认知水平，购买农产品的影响因素，以及已购买者的满意度。为后续结合需求侧特点找准西北地区特色农产品供给质量提升方向提供研究基础。本篇共分为三章：第七章基于文献回顾，提出西北地区特色农产品消费者的研究模型、研究假设及具体研究方案；第八章对调研收集到的数据进行整理分析统计，归纳西北地区特色农产品消费者的基本特征；第九章深入分析西北地区特色农产品消费者的需求特点和消费规律。

第七章 西北地区特色农产品消费者的研究设计

第一节 文献回顾

1974年Mechrabian和Russell在环境心理学基础上提出著名的刺激—反应模型（简称SOR），被广泛应用于消费行为研究领域。学者们围绕购买决策过程各阶段的影响因素及购后评价展开研究，主要可概括为四个方面：一是消费者人口统计变量与农产品购买行为的相关性；二是消费者对农产品的基本认知和态度；三是消费者农产品购买行为的影响因素；四是消费者购买农产品的满意度评价。

一 关于消费者人口统计变量对农产品购买行为的影响研究

此问题国内外研究成果较多且结论趋于一致。Verhoef（2000）给人口统计变量的定义为包括性别、年龄、教育背景、家庭结构、收入在内等多方面信息且能够反映消费者个体属性的描述性变量集合（Carley，2011；Knez，2014）[1]；Goktolga等提出影响消费者食品购买选择偏好的主要因素有性别、年龄、收入、教育，女性、年长者更倾

---

[1] 韩柳：《私人电动汽车消费者价值感知及购置行为意向研究》，博士学位论文，中国科学技术大学，2019年。

向于选择安全食品，收入高、学历高的消费者更重视食品安全因素[1]；戴迎春等研究发现受教育程度、年龄等因素显著影响消费者有机蔬菜的支付意愿和购买行为[2]；马骥、秦富发现消费者的年龄、性别、受教育程度、收入水平及家庭结构等基本特征均影响有机农产品的消费行为[3]；郭斌、甄静、谭敏研究发现城市居民绿色农产品消费显著地受到了收入水平和家庭规模的正向影响，消费者受教育水平越高，实际绿色农产品消费的频数反而越低[4]；杨欧阳等对北京市安全农产品消费者购买行为研究发现，消费者个人的年龄、家庭月收入、有无60岁以上同住老人等3个变量对安全农产品的消费有着显著的影响[5]。可见，人口统计变量与消费者选购农产品取向具有较强关联性。

二 关于消费者对农产品的基本认知和动机的研究

前人研究显示，安全、健康、品质、环保与时尚等消费动机和消费意愿、消费行为存在显著相关性[6]。罗丞等以厦门市消费者为调查对象，分析了影响消费者对安全食品购买倾向的因素，发现消费者的态度、信念、知觉行为控制、规范和信息等因素在不同程度上影响着消费者的选择[7]。健康关注、自然、熟悉、道德与感官等影响芬兰顾客的酸

---

[1] Goktolga, Ziya Gokalp; Bal, Sibel Gulse; Karkacier, Osman, "Factors Effecting Primary Choice of Consumers in Food Purchasing: The Turkey case", *Food Control*, Vol. 17, 2006, pp. 884–889.

[2] 戴迎春、朱彬、应瑞瑶：《消费者对食品安全的选择意愿——以南京市有机蔬菜消费行为为例》，《南京农业大学学报》（社会科学版）2006年第1期。

[3] 马骥、秦富：《消费者对安全农产品的认知能力及其影响因素——基于北京市城镇消费者有机农产品消费行为的实证分析》，《中国农村经济》2009年第5期。

[4] 郭斌、甄静、谭敏：《城市居民绿色农产品消费行为及其影响因素分析》，《华中农业大学学报》（社会科学版）2014年第3期。

[5] 杨欧阳、唐熠坤、陈晨：《北京市安全农产品消费者购买行为研究》，《经济研究导刊》2009年第20期。

[6] 唐学玉等：《安全农产品消费动机、消费意愿与消费行为研究——基于南京市消费者的调查数据》，《软科学》2010年第11期。

[7] 罗丞、邱秀军、郑庆昌：《消费者对安全食品购买倾向的实证研究——来自厦门市的调查发现》，《西安交通大学学报》（社会科学版）2009年第6期。

奶与黑麦面包消费行为①。周艺彤、陈洁通过南京市 289 份问卷调查数据研究发现，消费者了解农产品相关信息的途径，会影响他们之后的购买行为②。罗锋、姚慧敏研究发现越来越多的居民愿意花钱选购安全农产品，只要无公害农产品价格在合理范围内，居民愿意为健康食品支付额外的费用③。于仁竹、苏昕研究发现消费者对安全农产品的认知程度还相对较低，对有关的标识、认证还不熟悉④。

三 关于消费者购买农产品影响因素的研究

袁玉坤等通过对居民在超市购买生鲜农产品的调研发现，消费者选购时主要考虑的因素有农产品卫生程度、农产品安全保障性、农产品品质及服务、购物环境等，而消费者选择在农贸市场购物时考虑的因素有农贸市场的便利性、农产品的新鲜度、农产品的价格及品种类别⑤。青平等发现人与自然环境关系的态度、食品安全意识与其绿色农产品购买行为存在相关性⑥。近年来众多学者基于农产品质量形成视角，从农产品供给体系全过程，包括种植、加工、流通与营销四个环节出发，研究消费者购买农产品的影响因素⑦。种植方面，Dhar 等通过对 419 位消费者的调查研究发现，农产品的化学成分、健康程度、污染状况、政策因

---

① Terhi Pohjanheimo, Rami Paasovaara, Harri Luomala, Mari Sandell, "Food Choice Motives and Bread Liking of Consumers Embracing Hedonistic and Traditional Values", *Appetite*, Vol. 1, 2010, pp. 170 - 180; Terhi Pohjanheimo, Mari Sandell, "Explaining the Liking for Drinking Yoghurt: The Role of Sensory Quality, Food Choice Motives, Health Concern and Product Information", *International Dairy Journal*, Vol. 8, 2009, pp. 459 - 466.

② 周艺彤、陈洁：《超市农产品消费行为研究——基于认知和态度的分析》，《市场周刊》（理论研究）2014 年第 6 期。

③ 罗锋、姚慧敏：《城镇居民无公害农产品消费行为分析——基于广东佛山的调查》，《佛山科学技术学院学报》（社会科学版）2014 年第 6 期。

④ 于仁竹、苏昕：《城镇消费者安全农产品消费动机、认知与购买行为分析》，《山东行政学院学报》2013 年第 1 期。

⑤ 袁玉坤、孙严育、李崇光：《农产品渠道终端选择的影响因素及选择群体的特征分析》，《商业经济与管理》2006 年第 1 期。

⑥ 青平、严奉宪、王慕丹：《消费者绿色蔬菜消费行为的实证研究》，《农业经济问题》2006 年第 6 期。

⑦ 徐静：《我国生鲜农产品有效供给保障研究》，博士学位论文，江苏大学，2016 年。

素等会在不同程度上影响消费者对农产品的认知①。加工方面，杨子刚等和崔彬等分别对玉米和家禽加工企业安全行为进行研究，发现企业性质、规模、责任压力、员工受教育程度、产品销售方式、生产方式、预期收益、外界激励与监管等是其质量安全控制意愿的主要影响因素②。流通方面，胡冰川认为如流通市场的数量、距离的远近等因素都在很大程度上影响人们的消费行为③，大部分学者认同流通效率直接影响消费者农产品购买行为，而影响农产品流通效率的因素通常集中在农产品市场体系及相关基础设施水平、流通组织、市场主体、销售组织化程度、流通渠道、流通制度、流通技术及信息服务等方面④。营销方面，Eertmans 等研究发现健康动机和感官会影响比利时消费者食品摄入量⑤；Sepúlveda 等发现产品质量评价与购买渠道等影响消费者对食物的购买频率⑥；还有众多学者研究表明，农产品的品牌、功能、口感、新鲜度、包装、价格、广告、促销活动等均会影响到消费者选购农产品⑦。

---

① Dhar T., Foltz J. D., "Milk by Any Other Name-Consumer Benefits from Labeld Milk", *American Journal of Agricultural Economics*, Vol. 2, 2005, pp. 214 - 228.

② 杨子刚、郭庆海：《供应链中玉米加工企业选择合作模式的影响因素分析——基于吉林省 45 家玉米加工龙头企业的调查》，《中国农村观察》2011 年第 4 期；崔彬、潘亚东、钱斌：《家禽加工企业质量安全控制行为影响因素的实证分析——基于江苏省 112 家企业的数据》，《上海经济研究》2011 年第 8 期。

③ 胡冰川：《我国农产品消费变迁的主要成因》，《经济研究参考》2015 年第 48 期。

④ 王娜、张磊：《农产品流通效率的评价与提升对策研究——基于流通产业链视角的一个分析框架》，《农村经济》2016 年第 4 期；樊利：《基于消费者消费行为的绿色农产品流通模式创新研究》，《质量探索》2016 年第 5 期。

⑤ Audrey Eertmans, et al., "Food-related Personality Traits, Food Choice Motives and Food Intake: Mediator and Moderator Relationships", *Food Quality and Preference*, Vol. 8, 2005, pp. 714 - 726.

⑥ Wilmer Sepúlveda, et al., "Factors that Affect and Motivate the Purchase of Quality-labelled Beef in Spain", *Meat Science*, Vol. 4, 2008, pp. 1282 - 1289.

⑦ 马骥、秦富：《消费者对安全农产品的认知能力及其影响因素——基于北京市城镇消费者有机农产品消费行为的实证分析》，《中国农村经济》2009 年第 5 期；郭斌、甄静、谭敏：《城市居民绿色农产品消费行为及其影响因素分析》，《华中农业大学学报》（社会科学版）2014 年第 3 期；徐韩敏：《绿色农产品消费意图影响机制的实证研究——感知价值的中介作用》，硕士学位论文，华中农业大学，2019 年。

四 关于消费者购买农产品满意度评价的研究

学术界对满意度进行评价以四种模型为主，分别是瑞典顾客满意指数评价模型（SCSB Model）、美国顾客满意指数评测模型（ACSI Model）、欧洲消费者满意指数测评模型（ECSI Model）、中国顾客满意指数测评模型（CCSI Model），SCSB 模型以顾客预期、感知绩效、顾客满意、顾客抱怨和顾客忠诚五个评价指标来对顾客满意度进行评价，该模型倾向以顾客感知价值评价顾客满意度。ACSI 模型增加了感知质量，倾向于从感知质量、可靠性和总体评价三个方面评价顾客满意度。ECSI 模型拆分感知质量为硬件和软件，增加了企业形象，倾向于以顾客忠诚和顾客抱怨为结果导向变量。而 CCSI 则完全从顾客忠诚方面来评价顾客满意度[1]。杨丽表示当代消费者社会责任意识不断增强，道德属性对消费者满意度的影响强度以后会不断增强[2]；尹丽娟、袁丽娜、刘紫玉认为配送质量、服务态度、经济性感知和便利性感知对消费者网购平台的选择具有正向影响[3]；吴卫群参考 ACSI 模型并进行改进，从网商声誉、网商平台、感知价值、感知质量四个维度进行研究，发现对生鲜农产品消费者网购满意度具有显著的正向影响关系，生鲜农产品消费者的网购满意度对网购忠诚具有显著的正向影响关系，而对网购抱怨具有显著负向影响关系[4]；石洪景发现农产品总体满意程度与销售价格、品种多样化、新鲜度、便捷性、购物环境、安全保证这 6 个因素相关[5]。

---

[1] 徐瑾：《"农产品社区直销店"模式中消费者满意度综合评价研究——以长沙市为例》，硕士学位论文，湖南农业大学，2019 年。

[2] 杨丽：《消费者农产品网购满意度的影响因素研究——道德属性表达的作用》，硕士学位论文，大连海事大学，2020 年。

[3] 尹丽娟、袁丽娜、刘紫玉：《消费者个体特征及物流服务感知对网购平台选择的影响研究》，《工业工程》2018 年第 3 期。

[4] 吴卫群：《生鲜农产品网购满意度影响因素的实证研究——基于改进的 ACSI 模型》，《江苏农业科学》2017 年第 23 期。

[5] 石洪景：《安全意识下的农产品消费行为研究——来自福州市的调查数据》，《重庆工商大学学报》（社会科学版）2012 年第 6 期。

第二节 研究模型与研究假设

一 研究模型

回顾以上国内外学者对农产品购买行为及其影响因素的研究成果，归纳总结消费者感知理论、消费者行为理论的重要观点，本书欲从以下四个方面探索农产品购买行为特征、影响因素以及西北地区特色农产品消费者满意度。

首先，分析西北特色农产品购买行为与人口统计变量之间的关系。尽管众多学者研究证实年龄、性别、教育、收入和家庭规模与绿色购买行为之间的显著相关关系（Martinsonsetal，1997）[1]，但考虑到西北地区特色农产品购买行为与一般农产品购买行为还存在一定的区别，且统计变量与消费行为的关系在一些研究成果中仍存在正向显著影响和负向显著影响的意见分歧，本书欲继续调研分析，深入探索不同特征的农产品消费者与西北特色农产品购买行为之间的联系。

其次，对于消费者农产品购买行为、基本认知、购买动机等问题已有一些研究成果，但以西北地区特色农产品消费为研究对象的成果较少，结合消费者购买动机、购买渠道、信息获取途径以及对农产品知识基本认知等问题系统分析西北地区特色农产品消费行为的成果更为鲜见。

再次，国内外学者就农产品消费行为尤其是绿色农产品、有机农产品消费行为影响因素的研究成果颇丰，大多从营养、口感、品质、安全性、新鲜程度、卫生状况等因素出发进行探讨，或者是从种植、流通、加工、营销某一环节影响购买的因素进行分析。常向阳等发现种植、加工包装、流通和销售等环节是产生质量安全风险和问题的关键环节，农

---

[1] 韩柳：《私人电动汽车消费者价值感知及购置行为意向研究》，博士学位论文，中国科学技术大学，2019年。

产品供给质量的优次是供给体系共同作用的结果①。随着购买者农产品知识的不断丰富，购买农产品的影响因素应从农产品整个供给体系设计更为合理，而此类研究分析较为鲜见。

最后，消费者对质量特征信息的微观解读和选择偏好，才是真正实现市场与生产者双向互动的驱动力。Kotler 等认为消费者感知价值的高低由消费者满意度的高低决定②。本书系统分析消费者对西北地区特色农产品的满意度，通过市场端反馈的供给质量问题，更加切实地寻找满足消费者获得感，提升西北地区特色农产品供给质量的有效路径。

基于以上分析，本书形成以下理论研究模型，见图 7.1。

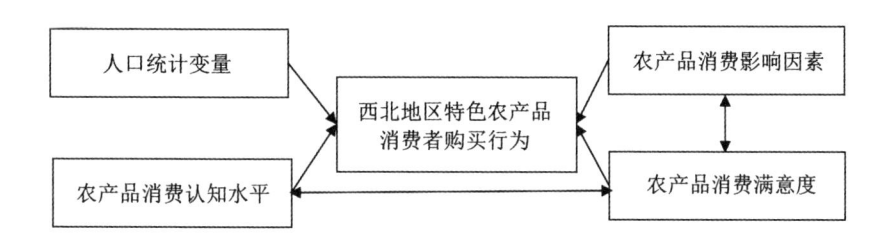

图 7.1 西北地区特色农产品消费者购买行为理论研究模型

二 研究假设

基于前文文献整理和构建的研究模型，本书从西北地区特色农产品供给质量提升视角，从人口统计变量、农产品消费认知水平、农产品消费行为影响因素、西北地区特色农产品消费者满意度四个方面提出如下假设。

（一）人口统计变量与西北地区特色农产品购买行为

方平等研究发现超市有机农产品购买意愿与消费者月收入、家庭中

---

① 常向阳、华红娟、高婧：《微型食品企业质量安全水平的实证研究——对河南省原阳县黑花生加工企业的调研》，《生态经济》2011 年第 6 期。
② Kotler P., Levy S. J., "Broadening the Concept of Marketing", *Journal of Marketing*, Vol. 1, 1969, p. 10.

是否有老人或小孩、年龄、受教育程度有一定的相关性[1]；王志刚[2]、王华书等[3]、张晓勇等[4]、戴迎春等[5]、青平等[6]均对消费者年龄、性别、家庭成员结构、收入、受教育程度、工作年限、职业、婚姻状况、是否为家庭经常采购者与绿色农产品购买行为之间是否有显著关系进行了充分的研究，结论不尽一致。本书认为人口统计变量与农产品购买行为具有显著相关性：①性别方面，女性比男性更愿意购买健康安全有特色的农产品，更易购买以此为特点的西北地区特色农产品；②家庭收入水平方面，月收入越高越倾向于尝试购买西北地区特色农产品，月收入越低越少购买；③受教育程度方面，学历越高的群体，越追求健康、环保，越倾向于购买西北地区特色农产品；④家庭成员结构方面，家中有老人和小孩的成员结构，因为食物结构需求丰富，类型追求多样化和无污染，更倾向于购买西北地区特色农产品；⑤职业方面，医生、教师及科研人员可能最愿意尝试新鲜和特色农产品，发生购买概率较高；⑥年龄方面，年纪越大尝试特色产品的欲望有所减退，更关注功能和营养，购买西北地区特色农产品的概率越小；⑦工作年限方面，工作时间越长，同事、家人、朋友社交越稳定，越易接受身边人的推荐，越容易购买；⑧婚姻状况方面，已婚人士对农产品、食物的关注程度有所提高，购买西北地区特色农产品的概率提高；⑨是否为家庭经常采购者方面，经常采购者购买的概率较高。

基于以上分析，本书选择其中 6 个主要变量，提出如下假设：

---

[1] 方平、周保吉、刘茜、陆受义、苏翔：《超市业态下有机农产品消费需求实证分析》，《南方农业学报》2011 年第 10 期。

[2] 王志刚：《食品安全的认知和消费决定：关于天津市个体消费者的实证分析》，《中国农村经济》2003 年第 4 期。

[3] 王华书、徐翔：《南京市绿色农产品开发方略及对策》，《南京社会科学》2004 年第 5 期。

[4] 张晓勇、李刚、张莉：《中国消费者对食品安全的关切——对天津消费者的调查与分析》，《中国农村观察》2004 年第 1 期。

[5] 戴迎春、朱彬、应瑞瑶：《消费者对食品安全的选择意愿——以南京市有机蔬菜消费行为为例》，《南京农业大学学报》（社会科学版）2006 年第 1 期。

[6] 青平、严奉宪、王慕丹：《消费者绿色蔬菜消费行为的实证研究》，《农业经济问题》2006 年第 6 期。

H1：性别对西北地区特色农产品的购买行为具有显著影响；

H2：家庭成员结构对西北地区特色农产品的购买行为具有显著影响；

H3：职业对西北地区特色农产品的购买行为具有显著影响；

H4：收入水平对西北地区特色农产品的购买行为具有显著正向影响；

H5：受教育程度对西北地区特色农产品的购买行为具有显著正向影响；

H6：年龄对西北地区特色农产品的购买行为具有显著负向影响。

（二）农产品消费认知水平与西北地区特色农产品购买行为

众多研究成果表明，消费者对农产品的认知水平会影响到其购买行为。钱静斐发现消费者对有机农产品的认知程度正向影响其是否购买有机农产品，且影响非常显著（$P<0.01$）；消费者对有机农产品的信任度正向影响其是否购买有机农产品，且影响比较显著（$P<0.05$）[1]。陈鑫发现消费地点的选择显著影响绿色农产品的消费决策[2]。据此，本书提出如下假设：

H7：购买动机对西北地区特色农产品的购买行为具有显著影响；

H8：购买渠道对西北地区特色农产品的购买行为具有显著影响；

H9：获取供给信息的途径对西北地区特色农产品的购买行为具有显著影响。

（三）农产品购买行为影响因素方面

从消费者的角度看，农产品的供给质量是给市场提供具有安全、营养、优质、新鲜等属性的农产品[3]，且营养、安全与价格在消费者购买

---

[1] 钱静斐：《中国有机农产品生产、消费的经济学分析——以有机蔬菜为例》，博士学位论文，中国农业科学院，2014年。

[2] 陈鑫：《绿色农产品消费行为及其影响因素研究——基于上海市消费者的调查》，硕士学位论文，上海海洋大学，2018年。

[3] 葛继红、周曙东、王文昊：《互联网时代农产品运销再造——来自"褚橙"的例证》，《农业经济问题》2016年第10期。

评价中居于重要地位①。本书从农产品供给质量形成视角，基于供给全过程对影响消费者购买行为的因素展开系统的分析，探索种植、加工、流通、营销四个环节与消费者农产品购买行为之间的关系，提出如下假设：

H10：种植供给水平对消费者农产品购买行为具有显著影响；

H11：加工供给水平对消费者农产品购买行为具有显著影响；

H12：流通供给水平对消费者农产品购买行为具有显著影响；

H13：营销供给水平对消费者农产品购买行为具有显著影响。

（四）西北地区特色农产品消费者满意度方面

吴先福、余刚指出由于农产品产业链包括生产、加工、流通和使用等多个环节，产品质量和功效容易受到环境影响发生改变，对消费者满意度都有重要影响②。本书从供给质量形成的四个环节入手，评价各环节供给水平与消费者购买西北地区特色农产品满意度之间的关系，并提出如下假设：

H14：消费者购买西北地区特色农产品的满意度对二次购买有显著影响；

H15：种植供给水平对消费者购买西北地区特色农产品满意度具有显著影响；

H16：加工供给水平对消费者购买西北地区特色农产品满意度具有显著影响；

H17：流通供给水平对消费者购买西北地区特色农产品满意度具有显著影响；

H18：营销供给水平对消费者购买西北地区特色农产品满意度具有显著影响。

---

① 韩占兵：《我国城镇消费者有机农产品消费行为分析》，《商业研究》2013年第8期。

② 吴先福、余刚：《探析农产品品牌事件营销的基本策略——以美食纪录片"舌尖上的中国"为案例》，《农业网络信息》2013年第2期。

第三节 调查研究设计

为了进一步验证以上假设,深入分析西北地区特色农产品需求特点和消费规律,本书设计了实地问卷调查,希望通过调查数据的分析,客观掌握农产品消费者的特征、认知水平,购买农产品的影响因素,以及对西北地区特色农产品的满意度。

一 调查问卷的设计

调研主要采用问卷形式收集数据,调查问卷以封闭式问题为主,全部以选择题形式出现,问卷的内容分为四个部分,第一部分为人口统计变量调查,第二部分为农产品消费认知水平调查,第三部分为消费者购买农产品影响因素的调查,第四部分为消费者购买西北地区特色农产品满意度的调查。

(一)人口统计变量调查

Kolter 认为,人口统计变量可以分为年龄、性别、职业、教育、家庭成员、所得、种族、宗教、国籍以及家庭生命周期等十类。本书根据农产品消费特点和本书研究的目的从 Kolter 提出的人口统计变量的十类中选取六类,即性别、年龄、职业、收入、受教育程度和家庭成员。

(二)农产品消费认知水平调查

大多文献资料表明,调查消费者购买认知水平可从购买品牌、购买忠诚度、购买频率、购买场所等方面考虑,本书根据农产品消费特征和西北地区特色农产品消费的特点从以下七个方面设计问题。

1. 消费经历:主要了解受访者是否购买过西北地区特色农产品,购买过什么品类,购买过哪个省区的农产品,据此分析西北地区特色农产品的消费群体特征、消费品类、产地偏好。

2. 消费动机:询问购买者选择西北地区特色农产品的主要原因,选项从政府鼓励、专家建议、他人推荐、饮食习惯、农产品质量属性等方面设计,限选最主要的三项。

3. 购买渠道：主要从线上线下两个方面设计两道题目，一题主要询问线下常去的购买地点，包括超市、农贸市场、路边摊和专卖店，一题主要询问线上消费者经常选择的电商平台，分析如何合理地选择西北地区农产品流通渠道。

4. 品牌忠诚度：询问是否会固定购买某个品牌，分析农产品购买是否具有品牌忠诚特性、品牌建设对于农产品购买行为的影响。

5. 农产品知识：消费者对农产品知识的了解对其选购农产品具有显著影响。问卷设计两个问题，一是询问消费者掌握农产品知识的程度，一是询问消费者获取相关农产品信息的途径，分析农产品供给信息发布渠道的有效性。

6. 溢价支付意愿：价格是消费者选购农产品考虑的重要因素，该方面共设计三个问题，一是询问消费者对西北地区农产品价格的感受，二是试探性询问消费者是否能接受西北地区特色农产品价格高于其他同种产品，三是给出一个溢价区间询问消费者能接受到什么程度，可综合分析生产投入、消费预期与消费感知之间的关系。

7. 拒绝购买原因：从消费者对西北地区的区域印象、种植户的印象、物流保鲜、价格、包装以及质量是否可追溯等方面，询问受访者拒买原因，发现进一步提升的方向。

（三）消费者购买农产品影响因素的调查

关于农产品购买行为影响因素成果丰富，例如周艺彤、陈洁发现消费者最关注的农产品质量问题是农药残留、保质期、防腐剂及其他添加剂，肉类和奶类是目前消费者最为担忧的农产品[1]。此部分问卷笔者从农产品供给全过程，在种植、加工、流通、营销4个环节深层次挖掘与消费者购买相关的关键因素，将可能涉及的影响因素罗列出来。种植环节主要从种植环境、种植过程、种植户、政府等4个方面设计了11个问题；加工环节主要从农产品加工企业卫生环境、工艺流程、创新能

---

[1] 周艺彤、陈洁：《超市农产品消费行为研究——基于认知和态度的分析》，《市场周刊》（理论研究）2014年第6期。

力、资质认证 4 个方面设计了 10 个问题；流通环节主要从物流设施、网络建设、物流配送效率、质量安全可追溯 4 个方面设计了 11 个问题；营销环节主要从产品、价格、渠道、促销 4 个方面设计了 13 个问题。

问卷设计选择 Likert 五点尺度量表，将各因素分为五个等级，即非常重要、重要、一般、不重要以及非常不重要，受访者结合自己实际情况在最合适的方框中打钩，后期可根据问卷得到的数据，采用因子分析法进一步提炼影响消费者购买农产品的关键因素，作为研究提升西北地区特色农产品供给质量路径和政策的重要基础。

（四）消费者购买西北地区特色农产品满意度的调查

学者们对于消费者满意度的分析通常基于购买行为影响因素，本书继续沿用传统的研究思路，在问卷第三部分基础上，就西北地区特色农产品供给的 4 个环节，选择 20 个消费者能感知到的问题，询问消费者的满意度，依然选择 Likert 五点尺度量表，将各因素的满意程度分为五个等级，即非常满意、满意、一般、不满意以及非常不满意，对取得的数据采用二元 Logistic 回归方法、结构方程综合进行分析。

二 调查问卷的实施

（一）调查实施的基本情况

问卷初稿形成后，课题组邀请 2 名博士及 10 名硕士研究生对问卷的初稿进行讨论，将语意不清或易造成误解的地方予以修正，并于 2021 年 3 月 10 日开展了问卷第一次小样本预调研，发放了 40 份问卷，其中 39 份有效，通过对问卷的信度效度进行分析，对个别问卷题项及题目先后顺序进行优化；2021 年 3 月 20 日进行了第二次小样本的预调研，发放了 40 份问卷，全部有效，再次对问卷数据信度效度进行分析，结果良好，形成最终问卷（见附件）。

调研员主要选拔各地具备优良综合素质并具有一定调研经验的大学生，调研开展前项目负责人基于疫情防控要求，结合各地区消费者分布及消费习惯等特点，对调研员进行线上、线下分组培训，着重对问卷结构、答题方式、礼品发放、常见错误等问题进行说明，并建立微信群对调研过程中调研员遇到的问题及时给予解答,确保整个调研顺利、规范开展。

问卷调研自 2021 年 4 月 3 日至 2021 年 6 月 25 日,共历时 85 天,在全国范围内选择西北、东北、华东、华北、华南等 5 个代表性区域开展,主要实施地点在江苏、吉林、上海、广东、天津、陕西、宁夏 7 个省市、自治区、直辖市的 35 个区近百个街道,共发放问卷 2200 份,有效回收 2027 份,有效回收率 92.14%。

(二)调查方法选择

本次问卷调查采用实地调查的方法,街头访问和入户访问相结合。街头访问由于访问地点比较集中,可以节省对每个样本的访问费和交通费等,同时可以克服入户访问的困难,也便于对访问员的管理,被调查者有充足的时间来考虑问题,调查的答案准确率较高。入户访问是由被访问者在家中或单位中单独接受访问的一种调查方式,这样有利于访问员更好地选定对象,增加样本的可靠性,可提供更为准确的数据。

(三)调查方式、人群、地点选择

本次调查采用分层随机抽样调查方式,尽可能覆盖到调研地点各区域,例如上海地区覆盖闵行、浦东、奉贤、虹口 4 个区域;天津覆盖滨海、北辰、南开、红桥、和平 5 个区域;西安覆盖灞桥、莲湖、未央、新城、碑林、长安、雁塔 7 个区域。调查地点选择人流相对密集、农副产品消费频次高的群体集中的场所进行,例如商场、超市、菜市场、公园、社区、广场等地,调研访问到的人群年龄分布宽泛,性别分布较均衡,职业主要涉及公务员、企事业单位员工、教师、在校学生等。

第四节 本章小结

消费者是农产品的使用者,是农产品供给质量的直接体验者,供给质量提升的根本在于提升消费者满意度,增加其购买量,从而激发生产者高质量供给的积极性。本章回顾国内外学者对农产品购买行为及其影响因素的研究成果,归纳总结消费者感知理论、消费者行为理论的重要观点，从人口统计变量、农产品消费认知水平、农产品消费影响因素、西北地区特色农产品消费满意度四个方面，提出西北地区特色农产品消费者的研究模型、研究假设，设计实地问卷调查，希望通过对调查数据的分析，探讨顾客对西北地区特色农产品的认知，分析其购买特征，研究影响消费者购买农产品的关键因素，从顾客满意视角发现西北地区特色农产品供给质量存在的差距。

第八章　西北地区特色农产品消费者分析

本章对调研收集的数据，运用频数分析、交叉表分析、因子分析等统计方法，从样本构成、消费者基本特征、农产品认知水平、消费者购买农产品影响因素、消费者购买西北地区特色农产品满意度五个部分，探究西北地区特色农产品消费者的特点。

第一节　样本构成

本次调研覆盖江苏、吉林、上海、广东、天津、陕西、宁夏7个省市、自治区、直辖市的35个区百余个街道，共发放问卷2200份，有效回收2027份，有效回收率92.14%。本节主要从样本地区、性别、年龄、受教育程度、职业、家庭月收入、共同生活家庭人口数量、共同生活家庭小孩数量、共同生活家庭老人数量的分布情况，分析样本的基本适用性。

一　地区分布

如表8.1所示，本次调研覆盖全国西北、东北、华东、华北、华南5个代表性区域，包括7个省市，35个区，148个街道、社区、商圈，有效样本数量达到2027份，对于分析西北地区特色农产品在全国的消费情况具有良好的代表性。

表 8.1　　　　　　　　调研访问地区分布情况

受访市	受访区	受访街道商圈	份数	比例（%）
潮州	饶平 11，湘桥 86，潮安 78，枫溪 17	钱东，城西，彩塘，德洋，长德办事处，凤新，太平等	192	9.5
吉林	昌邑 59，船营 59，丰满 61，高新 15，龙潭 44	金地苏园，北山，五中社区，站前社区，宝山社区，烽火社区等	241	11.9
上海	奉贤 66，虹口 44，闵行 52，浦东新区 110，宝山 28	南桥，青村，北外滩街道，邯郸，嘉兴路街道，曲阳路，古棕路，泾洋街道等	300	14.8
苏州	姑苏 98，吴江 132，吴中 50	山塘，观前，学士街，汾湖镇，黎里镇，平望镇，盛泽镇，同里镇等	280	13.8
西安	灞桥 31，碑林 49，长安 37，莲湖 54，未央 45，新城 45，雁塔 50	东长安街，纺织公园，韦曲老街，子午大道，莲湖公园，阿房宫遗址公园等	311	15.3
银川	兴庆 120，金凤 146，西夏 135	长城花园，凤凰花园，览山公园，人民广场，森林公园，同心路等	401	19.8
天津	北辰 92，滨海新区 29，和平 57，河北 5，红桥 59，南开 51，宁河 2，西青 7	光荣道，小白楼，五大道，红旗北路，洪湖里，刘房子，西沽公园等	302	14.9
总计	35 个区	148 个街道、社区、商圈	2027	100

数据来源：根据问卷调查归纳整理。

二　样本人口统计变量特征

表 8.2 数据显示，受访者男女比例相当，各为 50%，说明受访者性别均衡，能代表不同性别消费者的观点；受访者年龄主要群体为 30—50 岁，所占比例达到 38.2%，18—30 岁人群占比 32.7%，这两个年龄段人群占比总和超过 70%，是日常采购的主体，符合农产品对主要消费群体的定位；受访者大学本科以上学历占比为 53.9%，高中学历占比 29.6%，初中及以下占比 16.5%，一方面反映出近年来我国人口受教育水平逐步提升，调研样本具有代表性，另一方面反映出受访者覆盖不同学历人员，样本均衡。受访者职业分布较均衡，企业单位人员占比最

高，达到26.5%，自由职业者占比22.8%，公务员/事业单位人员占比13.4%，离退休人员占比13.2%，在校学生占比12.8%，占比排序与部分学者调研样本职业分布相似①，说明企业职工在职业中所占比重最大，也是对农产品供给质量关注度最高的群体；受访者家庭月收入2000—5000元的占比最大，达到34.5%，月收入5000—8000元的比重次之，达到29.7%，这两大收入群体作为农产品消费的主力军，总占比达到64.2%。

表8.2　　　　　　　　样本人口统计变量特征

统计类别	变量	人数（人）	占比（%）	累计占比（%）
性别	女	1013	50.0	50.0
	男	1014	50.0	100.0
年龄	30—50岁	774	38.2	38.2
	18—30岁	662	32.7	70.9
	50—60岁	369	18.2	89.1
	60岁以上	171	8.4	97.5
	18岁以下	51	2.5	100.0
受教育程度	大学	965	47.6	47.6
	高中	601	29.6	77.3
	初中及以下	334	16.5	93.7
	硕士及以上	127	6.3	100.0
职业	企业单位人员	537	26.5	26.5
	自由职业者	463	22.8	49.3
	公务员/事业单位人员	272	13.4	62.8
	离退休人员	267	13.2	75.9
	在校学生	259	12.8	88.7
	其他	229	11.3	100.0

① 王军伟：《乌鲁木齐市消费者可追溯农产品消费行为调查研究》，硕士学位论文，新疆农业大学，2016年。

续表

统计类别	变量	人数（人）	占比（%）	累计占比（%）
家庭月收入	2000—5000 元	700	34.5	34.5
	5000—8000 元	602	29.7	64.2
	2000 元以下	335	16.5	80.8
	8000—15000 元	268	13.2	94.0
	15000 元以上	122	6.0	100.0

数据来源：根据问卷调查归纳整理。

三 样本家庭结构特征

表 8.3 数据显示，受访者中共同生活家庭人口数以三口为主，占比达到 30.2%，四口占比达 26.9%，家庭人口数在五口及以上、两口和一口的情况在本次调研中也有一定的占比，样本覆盖性好；受访者中共同生活家庭小孩数量为零个的占比最大为 43.6%，小孩数量为一个的占比为 39.5%，这两个群体的总占比达到 83.1%，小孩数量为两个的占比为 15.5%，三个、四个及以上也有一定的占比，样本均衡；受访者中共同生活家庭老人数量为零个的占比最高为 54.8%，有 1 位老人的占比为 21.4%，有 2 位老人的占比为 20.2%，其余选项占比之和为 3.6%，样本覆盖面广，适用性好。

表 8.3　　　　　　　　样本家庭结构特征

统计类别	变量	人数（人）	占比（%）	累计占比（%）
共同生活家庭人口数量	三口	611	30.2	30.2
	四口	546	26.9	57.1
	五口及以上	382	18.8	75.9
	两口	366	18.1	94.0
	一口	122	6.0	100.0

续表

统计类别	变量	人数（人）	占比（%）	累计占比（%）
共同生活家庭小孩数量（≤12岁）	零个	884	43.6	43.6
	一个	801	39.5	83.1
	两个	314	15.5	98.6
	三个	21	1.1	99.7
	四个及以上	7	0.3	100.0
共同生活家庭老人数量（≥60岁）	零个	1110	54.8	54.8
	一个	435	21.4	76.2
	两个	409	20.2	96.4
	三个	39	1.9	98.3
	四个及以上	34	1.7	100.0

数据来源：根据问卷调查归纳整理。

第二节　消费者基本特征分析

数据显示，2027位受访者中有1716人购买过西北地区特色农产品，占比84.7%，未购买者为311人，占比15.3%，可见西北地区特色农产品在全国消费者中有一定认可度。本节将对购买过西北地区特色农产品消费者的基本特征进行进一步分析。

一　消费者地区分布特征

表8.4数据显示，在调研的7个城市中，西北地区特色农产品的购买者所占比重最大的是地处西北的宁夏和陕西，加总百分比占到39.7%。宁夏的受访者为401人，其中386人有购买经历，占比为96.3%，陕西的受访者为311人，其中294人有购买经历，占比为94.5%，体现出本土认同的特征，排名第三的是天津，占比达到15.2%，上海和江苏分别位列第四和第五，占比分别为13.6%和13.4%，排名第六的是广东，占比为11.0%，购买者所占比重最低的是东北地区的吉林，占比仅达到7.1%。可见，西北、华北地区消费者的农产品消费习惯趋同，购买偏好相似。东北地区其农产品消费尽管与西北地区多有类似，但其本土出产

的农产品与西北地区也有一定重合,按照农产品常见的就近购买原则,多会选择东北本地特色农产品,占比居中的华南、华东地区,购买比例则和南北方食用习惯、消费偏好的差异有一定关系。

表8.4　　　　　西北地区特色农产品消费者地区分布

地区	受访地点所在省区	受访者人数（人）	消费者人数（人）	各地区消费者占受访者比例（%）	全国消费者地区分布比重（%）	全国消费者地区分布累计百分比（%）
西北	宁夏	401	386	96.3	22.5	22.5
	陕西	311	294	94.5	17.2	39.7
华北	天津	302	261	86.4	15.2	54.9
华东	上海	300	234	78.0	13.6	68.5
	江苏	280	230	82.1	13.4	81.9
华南	广东	192	189	98.4	11.0	92.9
东北	吉林	241	122	50.6	7.1	100.0
合计	—	2027	1716	—	100.0	

数据来源：根据问卷调查归纳整理。

二　消费者人口统计变量特征

（一）性别

表8.5数据显示,西北地区特色农产品消费者男女比例相当,分别为48.8%和51.2%,女性略多,说明目前在农产品消费中,不仅女性是主要参与者,男性所占比例也不低,他们也较多参与到了家庭日常用品采购、食物制作及家庭事务管理等活动中。

表8.5　　　　西北地区特色农产品消费者性别特征描述

性别	人数（人）	比例（%）	累计比例（%）
女	878	51.2	51.8
男	838	48.8	100.0
合计	1716	100.0	—

数据来源：根据问卷调查归纳整理。

(二) 年龄

表8.6数据显示,西北地区特色农产品消费群体的年龄分布上30—50岁人群最多,占比达37.8%,18—30岁人群紧随其后,占比达34%,这两个年龄段人群占比总和超过70%。可见在西北地区特色农产品种植、加工、流通、营销等供给环节要重点考虑18—50岁这个群体的需求特征。

表8.6　　　　　西北地区特色农产品消费者年龄特征描述

年龄	人数（人）	比例（%）	累计比例（%）
30—50岁	650	37.8	37.8
18—30岁	583	34.0	71.8
50—60岁	309	18.0	89.8
60岁以上	133	7.8	97.6
18岁以下	41	2.4	100.0
合计	1716	100.0	—

数据来源：根据问卷调查归纳整理。

(三) 受教育程度

表8.7数据显示,西北地区特色农产品消费者的受教育程度大学（包括大专、本科）最多,占比达49.0%,高中（包括中专、职高、技校）次之,占比达30.0%,即高中以上受教育水平的群体占比达79.0%。这个群体受教育水平较高,对特色农产品的品质会有较高的追求,对于优质商品的认定标准也会更加苛刻。

表8.7　　　　　西北地区特色农产品消费者受教育程度特征描述

受教育程度	人数（人）	比例（%）	累计比例（%）
大学	840	49.0	49.0
高中	515	30.0	79.0
初中及以下	247	14.4	93.4

续表

受教育程度	人数（人）	比例（%）	累计比例（%）
硕士及以上	114	6.6	100.0
合计	1716	100.0	—

数据来源：根据问卷调查归纳整理。

（四）职业

表8.8数据显示，西北地区特色农产品消费者从职业分布上看，企业单位人员占比最高，达28.6%，其次是自由职业者，占比为22.8%，这两大职业人群加总占比51.4%，公务员/事业单位人员占比14.5%，在校学生占比12.6%，离退休人员占比12.5%。可见，西北地区特色农产品市场分析还要多研究企业单位人员这个群体的消费特点。

表8.8　　　西北地区特色农产品消费者职业特征描述

职业	人数（人）	比例（%）	累计比例（%）
企业单位人员	491	28.6	28.6
自由职业者	392	22.8	51.4
公务员/事业单位人员	249	14.5	65.9
在校学生	216	12.6	78.5
离退休人员	214	12.5	91.0
其他	154	9.0	100.0
合计	1716	100.0	—

数据来源：根据问卷调查归纳整理。

（五）家庭月收入

表8.9数据显示，从家庭月收入看，2000—5000元这个收入群体占比最高达34.6%，5000—8000元次之，占比31.3%，累计达到65.9%。可见，西北地区特色农产品供给质量的提升，重点要关注这个收入段位消费者的需求，同时反映出，西北地区特色农产品大部分购买者收入水平居中，对价格较高的绿色、有机农产品的购买能力可能不足。

表8.9　　西北地区特色农产品消费者家庭月收入特征描述

家庭月收入	人数（人）	比例（%）	累计比例（%）
2000—5000元	594	34.6	34.6
5000—8000元	537	31.3	65.9
2000元以下	250	14.6	80.5
8000—15000元	228	13.3	93.8
15000元以上	107	6.2	100.0
合计	1716	100.0	—

数据来源：根据问卷调查归纳整理。

三　消费者家庭结构特征

(一) 共同生活家庭人口数量

表8.10数据显示，消费者中共同生活家庭人口数以三口为主，占比达到29.5%，四口占比达27.8%，这两类家庭结构占比57.3%。可见，西北地区特色农产品消费群体以多口家庭为主，有老人、保姆、孩子共同居住的特征，这将为西北地区特色农产品种植品种选择、加工过程设计、产品包装容量确定、营销方式的甄别提供重要的参考。

表8.10　　西北地区特色农产品消费者共同生活家庭人口数特征描述

共同生活家庭人口数	人数（人）	比例（%）	累计比例（%）
三口	506	29.5	29.5
四口	477	27.8	57.3
五口及以上	333	19.4	76.7
两口	306	17.8	94.5
一口	94	5.5	100.0
合计	1716	100.0	—

数据来源：根据问卷调查归纳整理。

(二) 共同生活家庭小孩数量（≤12岁）

表8.11数据显示，消费者中共同生活家庭小孩数量为零个占比最

大为42.8%，小孩数量为一个占比为39.1%，这两个群体的总占比达到81.9%，可见，家中小孩数量不是消费者购买西北地区特色农产品的主要原因。进一步对受访者年龄与其家庭共同生活小孩数量两个变量进行交叉分析发现，孩童对农产品的直接需求较少，购买者多为30—50岁年龄段的父母或者隔代长辈，更多会关注农产品的健康养生功能（见表8.12）。

表8.11　西北地区特色农产品消费者共同生活家庭小孩数特征描述

共同生活家庭小孩数	人数（人）	比例（%）	累计比例（%）
零个	734	42.8	42.8
一个	670	39.1	81.9
两个	288	16.8	98.7
三个	18	1.0	99.7
四个及以上	6	0.3	100.0
合计	1716	100.0	—

数据来源：根据问卷调查归纳整理。

表8.12　消费者年龄与共同生活小孩数量的交叉分析

		共同生活小孩数量					合计
		零个	一个	两个	三个	四个及以上	
年龄	18岁以下	26	18	6	1	0	51
	18—30岁	415	194	48	5	0	662
	30—50岁	188	398	179	7	2	774
	50—60岁	152	145	63	6	3	369
	60岁以上	103	46	18	2	2	171
	合计	884	801	314	21	7	2027

数据来源：根据问卷调查归纳整理。

（三）共同生活家庭老人数量（≥60岁）

表8.13数据显示，西北地区特色农产品消费者中家庭共同生活老

人的数量为零个的占比最高为52.0%，有1位老人的占比为23.2%，其余选项占比之和为24.8%。可见随着人均寿命不断上升，人们生活水平的提高，更多老年人不再与儿女共同生活，而是选择相对安逸舒适的独居，这样一来农产品消费占比较高的家庭单位，呈现出农产品选择考虑因素交叉性不强，购买需求相对独立、简单的特点，这对于后期西北地区特色农产品产业链延伸等相关问题有一定的启示。

表8.13 西北地区特色农产品消费者共同生活家庭老人数特征描述

共同生活家庭老人数	人数（人）	比例（%）	累计比例（%）
零个	893	52.0	52.0
一个	398	23.2	75.2
两个	356	20.7	95.9
三个	38	2.3	98.2
四个及以上	31	1.8	100.0
合计	1716	100.0	—

数据来源：根据问卷调查归纳整理。

第三节 消费者农产品认知水平分析

本节基于农产品需求的三个条件，从消费经历、消费动机、购买渠道、品牌忠诚度、农产品知识、溢价支付意愿6个方面，探讨样本农产品消费认知水平。

一 消费经历方面

（一）受访者购买西北地区特色农产品品类的分布

表8.14数据显示，受访者购买西北地区特色农产品的八大品类中，瓜果的受欢迎程度最高，购买比例达到26.0%；蔬菜位居第二，购买比例达到18.0%；坚果的购买比例达到15.7%，这三大品类购买量超过一半，占比达到59.7%；大米面粉的消费占比达到13.1%，乳制品

购买比例8.6%，茶叶购买比例6.5%，肉禽蛋购买比例6.0%，中药材购买比例6.0%，后5种特色农产品累计购买比例达到40.3%。可见，西北地区独特的气候条件、少污染的种植优势，让消费者在瓜果、蔬菜类产品的选择上更偏爱、更放心，坚果类产品例如核桃、巴旦木等在地域、营养成分上也具有一定的低替代性。近年来，新疆丝耘面粉、宁夏百瑞源枸杞、青海可可西里牦牛肉干、陕西银桥乳品、甘肃岷县当归等的市场占有率不断攀升，西北地区新的特色农产品购买点也在不断涌现。

表8.14　　　　受访者购买西北地区特色农产品品类分布

购买品类	人数（人）	比例（%）	累计比例（%）
瓜果	981	26.0	26.0
蔬菜	678	18.0	44.0
坚果	594	15.7	59.7
大米面粉	495	13.1	72.9
乳制品	325	8.6	81.5
茶叶	247	6.5	88.0
肉禽蛋	227	6.0	94.0
中药材	225	6.0	100
合计	3772	100.0	—

数据来源：根据问卷调查归纳整理。

（二）受访者购买西北地区特色农产品省（区）的分布

表8.15数据显示，受访者中购买省（区）最多的是新疆，占比达到30.4%，排名第二的是宁夏，占比28.5%，这两个省（区）的购买量过半达到58.9%。陕西位列第三，占比21.4%，甘肃占比11.8%，青海占比7.9%，后3个省份占比总和达到41.1%。通过与受访者交谈了解到，消费者更多选择区域特色鲜明的农产品。新疆地区资源丰富，农产品品类全，特色明显，消费者的选择多、购买量大。宁夏枸杞、牛羊肉知名度高，购买多集中于此。

表 8.15　　受访者购买西北地区特色农产品省（区）分布

购买省（区）	人数（人）	比例（%）	累计比例（%）
新疆	781	30.4	30.4
宁夏	731	28.5	58.9
陕西	548	21.4	80.3
甘肃	303	11.8	92.1
青海	202	7.9	100
合计	2565	100.0	—

数据来源：根据问卷调查归纳整理。

二　消费动机方面

（一）购买原因

表 8.16 数据显示，受访者选择购买西北地区特色农产品的主要原因集中在以下 4 个方面，即有营养占比 16.4%，饮食习惯占比 13.4%，好吃占比 11.1%，新鲜占比 10.9%，累计占比达到 51.9%，健康、便宜、他人推荐、有特色、安全、扶贫、政府鼓励、专家建议等外在因素不占主导地位。可见，消费者对于农产品消费愈加趋于理性，内在需要、生活习惯以及品质对于驱动其发生购买愈加重要。

表 8.16　　受访者购买西北地区特色农产品的原因

购买原因	人数（人）	比例（%）	累计比例（%）
有营养	666	16.4	16.4
饮食习惯	541	13.4	29.8
好吃	451	11.1	40.9
新鲜	442	10.9	51.9
健康	432	10.7	62.5
便宜	313	7.7	70.3
他人推荐	300	7.4	77.7
有特色	253	6.2	83.9
安全	206	5.1	89.0

续表

购买原因	人数（人）	比例（%）	累计比例（%）
扶贫	148	3.7	92.7
政府鼓励	142	3.5	96.2
专家建议	138	3.4	99.6
其他	91	2.2	100.0
合计	4049	100.0	—

数据来源：根据问卷调查归纳整理。

（二）拒购原因

表8.17数据显示，拒购原因合计占比超过一半的选项主要集中在4个方面，宣传力度小居首位，占比为15.9%，包装不规范、缺乏监管占比为14.1%，产地印象偏远落后占比为12.6%，假冒伪劣产品多占比为11.9%，累计占比达到54.4%，物流保鲜做得不好占比为11.6%，物流配送费用高占比为10.3%，产品质量信息无法追溯占比为8.3%，价格偏高占比为7.3%，其他占比为5.3%，种植户职业化程度低占比为4.2%。分析数据发现，拒购原因比较分散，首先与品牌体系建设不完善有重要关系，主要体现在品牌传播、品牌保护两个方面，物流、追溯等问题占比虽然不高，却也与西北区位劣势有关，后期需要进一步突破。另外，关注到占比5.3%的200位受访者回答其他，表明部分消费者对西北地区特色农产品购买认知还较模糊，选项中还未完全举出其不愿购买的原因。最后，种植户职业化程度低占比最低，表明其还未成为消费者拒购的主要原因。

表8.17　　**受访者拒绝购买西北地区特色农产品的原因**

拒绝购买原因	人数（人）	比例（%）	累计比例（%）
宣传力度小	606	15.9	15.9
包装不规范、缺乏监管	538	14.1	29.9
产地印象偏远落后	480	12.6	42.5

续表

拒绝购买原因	人数（人）	比例（%）	累计比例（%）
假冒伪劣产品多	454	11.9	54.4
物流保鲜做得不好	445	11.6	66.0
物流配送费用高	392	10.3	76.3
产品质量信息无法追溯	318	8.3	84.6
价格偏高	279	7.3	91.9
其他	202	5.3	97.2
种植户职业化程度低	161	4.2	100.0
合计	3821	100.0	—

数据来源：根据问卷调查归纳整理。

三　购买渠道方面

（一）受访者农产品购买渠道分布

表8.18数据显示，受访者农产品购买主要通过三大渠道，占比最高的仍然是传统的农贸市场，达到22.5%，主要特点是新鲜、价格适中；次之的是社区附近的中小型超市或商店，占比达到20.8%，主要特点是便捷；三是品类全、综合性强的大型超市，占比达到18.1%，主要特点是来源可信赖。这三大渠道占比总和达到61.4%，是农产品购买的主要场所。尽管目前大多商品线上销售渠道趋于主流，但由于农产品产量大、地域性强、销售渠道复杂、易腐烂等特点，线下购买仍然是主要途径。

表8.18　　　　受访者农产品购买渠道分布

购买渠道	人数（人）	比例（%）	累计比例（%）
农贸市场	775	22.5	22.5
中小型超市或商店	717	20.8	43.3
大型超市	622	18.1	61.4
网上购买	616	17.9	79.3
路边摊	513	14.9	94.2

续表

购买渠道	人数（人）	比例（%）	累计比例（%）
专卖店	195	5.7	99.9
其他	14	0.4	100.0
合计	3439	100.0	—

数据来源：根据问卷调查归纳整理。

（二）受访者选购农产品电商平台分布

农产品电子商务发展前景广阔，线上、线下、线上线下相结合的销售模式均已被广泛使用，表8.19数据显示，受访者选购农产品主要集中在三大电商平台，排在首位的是淘宝，受访者选择占比27%，排名第二的是拼多多，占比19.3%，排名第三的是京东，占比16.8%，这三大平台选购人数占比总和达到63.2%，是消费者选购农产品频率最高的平台，天猫、美团、唯品会等平台也会有农产品销售，但消费者选购占比不高，三家总和达到33.3%。可见，排名前3的电商平台，采用的基地直采、社区团购、社群消费、直播带货等模式更能满足消费者农产品选购需求。

表8.19　　　　　受访者选购农产品电商平台分布

电商平台	人数（人）	比例（%）	累计比例（%）
淘宝	896	27.0	27.0
拼多多	642	19.3	46.3
京东	559	16.8	63.2
天猫	474	14.3	77.4
美团	439	13.2	90.7
唯品会	192	5.8	96.4
其他	119	3.6	100.0
合计	3320	100.0	—

数据来源：根据问卷调查归纳整理。

四 品牌忠诚度方面

表 8.20 数据显示，受访者中会固定购买某品牌农产品的人数仅占到 37.7%，表示不会固定购买的人数占到 62.3%。可见，农产品消费者的品牌忠诚度较低。究其原因，一方面是农产品品牌数量较少，有些农产品甚至没有品牌，加之品牌保护不到位，消费者选购时更多凭借经验、产品外观判断，另一方面是社交电商、直播电商的出现，降低了生产者成为商家的门槛，众多新农人带来了大量产品和服务的新形态，消费者选择范围广，尝新成本低，故农产品品牌的忠诚度不高。

表 8.20　　受访者固定购买某品牌农产品特征描述

固定购买	人数（人）	比例（%）	累计比例（%）
不会	1263	62.3	62.3
会	764	37.7	100.0
合计	2027	100.0	—

数据来源：根据问卷调查归纳整理。

五 农产品知识方面

（一）受访者了解农产品知识程度

表 8.21 数据显示，受访者了解农产品知识程度，选择一般的人数过半，占比为 50.4%，选择不太了解的占比为 22.6%，比较了解的占比为 20%，选择完全不了解和非常了解的受访者占比之和为 7%。可见，大部分消费者对农产品知识了解一般，回答比较了解、非常了解的总占比也只有 22.2%，回答不太了解、完全不了解总占比达到 27.4%。

表 8.21　　受访者了解农产品知识程度

了解农产品知识程度	人数（人）	比例（%）	累计比例（%）
一般	1022	50.4	50.4
不太了解	458	22.6	73.0

续表

了解农产品知识程度	人数（人）	比例（%）	累计比例（%）
比较了解	406	20.0	93.0
完全不了解	97	4.8	97.8
非常了解	44	2.2	100.0
合计	2027	100.0	—

数据来源：根据问卷调查归纳整理。

（二）受访者获取农产品供给信息渠道分布

表8.22数据显示，近一半人获取农产品供给信息来自两个渠道，一是社交平台，占比为25.2%，一是亲戚/朋友/邻居/同学介绍，即口口相传，占比为25.2%，两项合计达到50.4%，电视/广播占比为16.2%，主动进行网络搜索占比为11.7%，书籍/杂志/报纸占比为11%，政府宣传占比为5.6%。可见，消费者获取农产品供给信息渠道较广泛，但主要集中在社交平台和身边人介绍上。

表8.22　　　　受访者获取农产品供给信息渠道分布

获取农产品信息渠道	人数（人）	比例（%）	累计比例（%）
社交平台	823	25.2	25.2
亲戚/朋友/邻居/同学介绍	823	25.2	50.4
电视/广播	529	16.2	66.6
网络搜索	383	11.7	78.3
书籍/杂志/报纸	358	11.0	89.2
其他	203	6.2	95.4
政府宣传	183	5.6	100.0
合计	3268	100.0	—

数据来源：根据问卷调查归纳整理。

六　溢价支付意愿方面

（一）受访者对西北地区特色农产品价格的判断

表8.23数据显示，65.7%的受访者认为西北地区特色农产品价格

合适,30.4%的受访者认为价格偏高,仅有3.9%的受访者表示价格偏低。可见,绝大多数消费者对西北地区特色农产品的价格是满意的。

表8.23 受访者对西北地区特色农产品价格的判断

价格	人数（人）	比例（%）	累计比例（%）
合适	1332	65.7	65.7
偏高	616	30.4	96.1
偏低	79	3.9	100.0
合计	2027	100.0	—

数据来源：根据问卷调查归纳整理。

（二）受访者溢价支付意愿

表8.24数据显示,受访者中60.9%不愿意为优质的西北地区特色农产品支付溢价,39.1%的受访者愿意支付溢价。可见,大部分消费者不愿接受因为品质提升而带来的农产品涨价。

表8.24 受访者溢价支付意愿

溢价支付意愿	人数（人）	比例（%）	累计比例（%）
否	1235	60.9	60.9
是	792	39.1	100.0
合计	2027	100.0	—

数据来源：根据问卷调查归纳整理。

（三）受访者可以接受的溢价幅度

调研对愿意接受溢价的792位受访者,进一步了解其能接受的溢价幅度,表8.25数据显示,38.5%的受访者能接受的溢价幅度为10%—20%,33.7%的受访者能接受的溢价幅度为10%,19.4%的受访者能接受的溢价幅度为20%—30%,5.7%的受访者能接受的溢价幅度为30%—40%,2.7%的受访者能接受的溢价幅度为50%。可见,72.2%

的受访者也仅能接受溢价不超过原价格的20%，过高的溢价大多数消费者表示不愿接受。

表8.25　　　　　　　　　受访者可以接受的溢价幅度

溢价幅度	人数（人）	比例（%）	累计比例（%）
10%—20%	305	38.5	38.5
10%	267	33.7	72.2
20%—30%	154	19.4	91.7
30%—40%	45	5.7	97.3
50%	21	2.7	100.0
合计	792	100.0	—

数据来源：根据问卷调查归纳整理。

第四节　消费者购买农产品影响因素的因子分析

本书基于农产品供给质量形成的4个环节，设计消费者购买农产品的影响因素。其中种植环节11个因素，加工环节10个因素，流通环节11个因素，营销环节13个因素，共计45个。本节根据调研数据，对消费者购买农产品的影响因素进行描述性统计，对数据信度、效度进行分析，采用探索性因子分析法，将多个因素综合为少数几个公因子，确定影响消费者购买农产品的关键因子。

一　消费者购买农产品影响因素的描述性统计

表8.26数据显示，消费者购买农产品排名前10的影响因素分布在供给体系的种植、加工、流通、营销四大环节，每个影响因素得分最小值为1，表示非常不重要；最大值为5，表示非常重要，标准差大于0.65，小于0.75。其中，排在第一位的影响因素是农产品的营养成分、口感、外观、新鲜度，得分总和为9149，平均值为4.51；排在第二位的是农产品加工企业卫生环境，得分总和为9024，平均值为4.45；排

在第三位的是产地物流配送到的新鲜度,得分总和为9020,平均值为4.45。

表8.26　　消费者购买农产品部分影响因素描述性统计

变量名称	最小值	最大值	得分总和	平均值	标准差
YY_1 农产品营养成分、口感、外观、新鲜度	1	5	9149	4.51	0.652
JY_1 农产品加工企业卫生环境	1	5	9024	4.45	0.697
LY_9 产地物流配送到的新鲜度	1	5	9020	4.45	0.698
ZY_2 种植过程农药使用量	1	5	8994	4.44	0.722
JY_3 农产品加工企业添加剂防腐剂使用	1	5	8939	4.41	0.741
ZY_1 种植环境天然少污染	1	5	8934	4.41	0.746
ZY_3 种植过程化肥使用量	1	5	8815	4.35	0.749
YY_6 农产品的保质期	1	5	8784	4.33	0.703
JY_9 农产品加工企业原材料来源可靠	1	5	8780	4.33	0.742
LY_8 产地物流配送完整无损性	1	5	8751	4.32	0.735

数据来源:根据问卷调查归纳整理。

二　消费者购买农产品影响因素的探索性因子分析

(一) 信度分析

从表8.27可知,本书的变量种植供给、加工供给、流通供给和营销供给的Cronbach's α值均在0.8以上,并且问卷总体的Cronbach's α值达到0.955,说明本书的量表信度较高,可以进行下一步检验。

表8.27　　各变量信度分析表

变量	问题项数	Cronbach's α 值
种植供给	11	0.892
加工供给	10	0.872
流通供给	11	0.905

续表

变量	问题项数	Cronbach's α 值
营销供给	13	0.881
问卷总体 Cronbach's α 值	…	0.955

（二）效度分析

如表8.28所示，种植供给的KMO统计量为0.888；加工供给的KMO统计量为0.882；流通供给的KMO统计量为0.919；营销供给的KMO统计量为0.897，均大于0.7。同时，Bartlett's球形检验显著性概率值P=0.000<0.05，已达到显著性水平，说明该变量适合进行因子分析。

表8.28 变量的KMO和Bartlett的检验

变量	KMO检验	Bartlett's 球形检验		
		Approx. chi-square	DF	Sig.
种植供给	0.888	12110.438	55	0.000
加工供给	0.882	8726.040	45	0.000
流通供给	0.919	11753.977	55	0.000
营销供给	0.897	10221.248	78	0.000

（三）因子分析

从效度分析结果可知，种植供给水平、加工供给水平、流通供给水平以及营销供给水平的效度都较好，因此接下来进行探索性因子分析（Exploratory Factor Analysis，EFA）。本书综合国内外学者的评价标准，采用如下原则来评价因子分析结果：各题项在主因子的负荷上应大于0.5，并且一个题项不能在两个因子上都有较高的负载，累计解释方差要超过50%的门限值。

1. 种植供给水平的因子分析

通过SPSS 23.0软件对种植供给水平进行因子分析，得出总方差解释（见表8.29）。

如表 8.29 所示，11 个题项自动聚合为两个因子，累计解释方差 64.123%，大于 50%，可以提取这两个因子，为了更好地解释意义，需要对因子载荷矩阵进行旋转。

表 8.29　　　　　　　　　　总方差解释

序号	初始值			被提取的载荷平方和			旋转载荷平方和		
	特征值	方差百分比（%）	累计方差百分比（%）	特征值	方差百分比（%）	累计方差百分比（%）	特征值	方差百分比（%）	累计方差百分比（%）
1	5.309	48.266	48.266	5.309	48.266	48.266	4.427	40.243	40.243
2	1.744	15.857	64.123	1.744	15.857	64.123	2.627	23.880	64.123
3	0.976	8.870	72.993						
4	0.538	4.890	77.882						
5	0.457	4.158	82.041						
6	0.417	3.793	85.834						
7	0.370	3.367	89.201						
8	0.352	3.199	92.399						
9	0.342	3.110	95.509						
10	0.269	2.450	97.959						
11	0.225	2.041	100.000						

（提取方法：主成分分析法）

如表 8.30 所示，选择特征值大于 0.5 以上的样本结合，因子 1 与 ZY_4 至 ZY_11 这 8 个因素关系密切，因子 2 与 ZY_1 至 ZY_3 这 3 个因素关系密切，根据因子组成项特点，依此将因子 1 命名为农产品种植过程，因子 2 命名为农产品种植环境。

表 8.30　　　　　　　　　旋转后的成分矩阵

	成分	
	1	2
ZY_1 种植环境天然少污染		0.866
ZY_2 种植过程农药使用量	0.908	

续表

	成分	
	1	2
ZY_3 种植过程化肥使用量		0.819
ZY_4 种植过程机械化水平	0.690	
ZY_5 种植过程标准化	0.765	
ZY_6 种植户职业化程度	0.817	
ZY_7 种植过程质量安全监测力度	0.565	
ZY_8 种植过程先进技术的应用	0.817	
ZY_9 政府对农户种植的技能培训	0.816	
ZY_10 政府对农户种植的监管指导	0.721	
ZY_11 种植基地获得相关认证	0.650	

2. 加工供给水平的因子分析

通过 SPSS 23.0 软件对加工供给水平进行因子分析，得出总方差解释（见表8.31）。

表8.31　　　　　　　　总方差解释

序号	初始值 特征值	初始值 方差百分比（%）	初始值 累计方差百分比（%）	被提取的载荷平方和 特征值	被提取的载荷平方和 方差百分比（%）	被提取的载荷平方和 累计方差百分比（%）	旋转载荷平方和 特征值	旋转载荷平方和 方差百分比（%）	旋转载荷平方和 累计方差百分比（%）
1	4.785	47.855	47.855	4.785	47.855	47.855	3.768	37.682	37.682
2	1.295	12.950	60.805	1.295	12.950	60.805	2.312	23.124	60.805
3	0.819	8.188	68.993						
4	0.704	7.042	76.035						
5	0.520	5.198	81.234						
6	0.458	4.584	85.818						
7	0.387	3.875	89.693						
8	0.359	3.591	93.284						
9	0.344	3.439	96.722						

续表

序号	初始值			被提取的载荷平方和			旋转载荷平方和		
	特征值	方差百分比（%）	累计方差百分比（%）	特征值	方差百分比（%）	累计方差百分比（%）	特征值	方差百分比（%）	累计方差百分比（%）
10	0.328	3.278	100.000						
（提取方法：主成分分析法）									

如表 8.31 所示，10 个题项自动聚合为两个因子，累计解释方差 60.805%，大于 50%，可以提取这两个因子，为了更好地解释意义，需要对因子载荷矩阵进行旋转。

如表 8.32 所示，选择特征值大于 0.5 以上的样本结合，因子 1 与 JY_1 至 JY_6、JY_9 和 JY_10 这 8 个因素关系密切，因子 2 与 JY_7 和 JY_8 这 2 个因素关系密切，根据因子组成项特点，依此将因子 1 命名为农产品加工过程，因子 2 命名为农产品新产品研发。

表 8.32　　　　　　　　　旋转后的成分矩阵

	成分	
	1	2
JY_1 农产品加工企业卫生环境	0.791	
JY_2 农产品加工企业工艺流程	0.543	
JY_3 农产品加工企业添加剂防腐剂使用	0.789	
JY_4 农产品加工企业质量检测标准及操作规范	0.713	
JY_5 农产品加工过程包装安全环保	0.704	
JY_6 农产品加工企业仓储环境	0.610	
JY_7 农产品加工企业新产品研发能力		0.862
JY_8 农产品加工企业出口能力		0.877
JY_9 农产品加工企业原材料来源可靠	0.675	
JY_10 农产品加工企业资质及获得相关认证	0.589	

3. 流通供给水平的因子分析

通过 SPSS 23.0 软件对流通供给水平进行因子分析，得出总方差解释（见表8.33）。

表8.33　　　　　　　　　　总方差解释

序号	初始值 特征值	初始值 方差百分比（%）	初始值 累计方差百分比（%）	被提取的载荷平方和 特征值	被提取的载荷平方和 方差百分比（%）	被提取的载荷平方和 累计方差百分比（%）	旋转载荷平方和 特征值	旋转载荷平方和 方差百分比（%）	旋转载荷平方和 累计方差百分比（%）
1	5.678	51.614	51.614	5.678	51.614	51.614	3.563	32.387	32.387
2	1.353	12.304	63.918	1.353	12.304	63.918	3.468	31.531	63.918
3	0.790	7.183	71.101						
4	0.582	5.290	76.391						
5	0.508	4.617	81.008						
6	0.438	3.984	84.993						
7	0.401	3.641	88.634						
8	0.341	3.100	91.733						
9	0.319	2.902	94.635						
10	0.299	2.719	97.354						
11	0.291	2.646	100.000						

（提取方法：主成分分析法）

如表8.33所示，11个题项自动聚合为两个因子，累计解释方差63.918%，大于50%，可以提取这两个因子，为了更好地解释意义，需要对因子载荷矩阵进行旋转。

如表8.34所示，选择特征值大于0.5以上的样本结合，LY_10两个特征值分别为0.484和0.420，均小于0.5，故删除该题项。因子1与LY_5至LY_9和LY_11这6个因素关系密切，因子2与LY_1至LY_4这4个因素关系密切，根据因子组成项特点，依此将因子1命名为农产品配送质量，因子2命名为农产品物流设施体系。

表8.34　　　　　　　　　　　旋转后的成分矩阵

	成分 1	成分 2
LY_1 产地较大规模农产品批发市场的数量及流量		0.798
LY_2 产地网络基础设施建设水平		0.842
LY_3 产地物流配送体系的完备和先进程度		0.784
LY_4 产地智能农业物流的应用		0.799
LY_5 产地线上购买线下配送的便利性	0.622	
LY_6 产地物流配送的及时性	0.752	
LY_7 产地物流配送覆盖面	0.615	
LY_8 产地物流配送完整无损性	0.837	
LY_9 产地物流配送到的新鲜度	0.841	
LY_10 产地物流配送成本	0.484	0.420
LY_11 农产品质量信息的可追溯	0.594	

4. 营销供给水平的因子分析

通过 SPSS 23.0 软件对营销供给水平进行因子分析，得出总方差解释（见表 8.35）。

表8.35　　　　　　　　　　　总方差解释

序号	初始值 特征值	初始值 方差百分比（%）	初始值 累计方差百分比（%）	被提取的载荷平方和 特征值	被提取的载荷平方和 方差百分比（%）	被提取的载荷平方和 累计方差百分比（%）	旋转载荷平方和 特征值	旋转载荷平方和 方差百分比（%）	旋转载荷平方和 累计方差百分比（%）
1	5.386	41.434	41.434	5.386	41.434	41.434	3.128	24.063	24.063
2	1.378	10.603	52.036	1.378	10.603	52.036	2.577	19.821	43.884
3	1.203	9.255	61.292	1.203	9.255	61.292	2.263	17.408	61.292
4	0.762	5.865	67.157						
5	0.650	5.001	72.158						
6	0.591	4.549	76.706						
7	0.581	4.469	81.175						

续表

序号	初始值			被提取的载荷平方和			旋转载荷平方和		
	特征值	方差百分比（%）	累计方差百分比（%）	特征值	方差百分比（%）	累计方差百分比（%）	特征值	方差百分比（%）	累计方差百分比（%）
8	0.521	4.007	85.182						
9	0.462	3.556	88.738						
10	0.419	3.221	91.959						
11	0.383	2.948	94.906						
12	0.369	2.836	97.743						
13	0.293	2.257	100.000						

（提取方法：主成分分析法）

如表8.35所示，13个题项自动聚合为三个因子，累计解释方差61.292%，大于50%，可以提取这三个因子，为了更好地解释意义，需要对因子载荷矩阵进行旋转。

如表8.36所示，选择特征值大于0.5以上的样本结合，故剔除题项YY_8，因子1与YY_3、YY_4、YY_5、YY_7这4个因素关系密切，因子2与YY_9至YY_13这5个因素关系密切，因子3与YY_1、YY_2、YY_6这3个因素关系密切，根据因子组成项特点，依此将因子1命名为农产品品牌，因子2命名为农产品渠道促销，因子3命名为农产品功效。

表8.36　　　　　　　　旋转后的成分矩阵

	成分		
	1	2	3
YY_1 农产品营养成分、口感、外观、新鲜度			0.812
YY_2 农产品的食用便捷性			0.601
YY_3 农产品的作用	0.608		
YY_4 农产品的产地	0.825		
YY_5 农产品的品牌	0.801		

续表

	成分		
	1	2	3
YY_6 农产品的保质期			0.695
YY_7 农产品的外包装	0.700		
YY_8 农产品价格	0.312	0.340	0.404
YY_9 农产品的销售渠道		0.553	
YY_10 农产品的促销活动		0.690	
YY_11 农产品的广告		0.697	
YY_12 农产品的口碑		0.713	
YY_13 购买前、中、后相关疑问解答的及时准确性		0.679	

三 分析小结

以上采用探索性因子分析法，基于农产品供给质量形成的四个环节，将消费者购买农产品的45个影响因素降维至9个因子。种植供给水平具体表达为农产品种植过程和农产品种植环境两个方面，加工供给水平具体表达为农产品加工过程和农产品新产品研发两个方面，流通供给水平具体表达为农产品配送质量和农产品物流设施体系两个方面，营销供给水平具体表达为农产品品牌、农产品渠道促销和农产品功效三个方面，汇总见表8.37。

表8.37　　　　　消费者购买农产品影响因子分析结果

供给体系	因子序号	因子名称
种植供给	因子1	农产品种植过程
	因子2	农产品种植环境
加工供给	因子1	农产品加工过程
	因子2	农产品新产品研发
流通供给	因子1	农产品配送质量
	因子2	农产品物流设施体系

续表

供给体系	因子序号	因子名称
营销供给	因子1	农产品品牌
	因子2	农产品渠道促销
	因子3	农产品功效

第五节 消费者满意度分析

本书基于大量文献分析，设计了消费者购买西北地区特色农产品满意度评价的20个分项和1个总项。本节根据调研数据，对消费者购买西北地区特色农产品的总体满意度和部分满意度进行描述性统计分析，对数据信度、效度进行判断，采用探索性因子分析法，得出公因子。

一 消费者总体满意度

表8.38数据显示，1716位购买过西北地区特色农产品的受访者中，总体满意者达到57.9%，非常满意者占19.5%，评价为一般、不满意或者非常不满意者占到22.6%，为了进一步分析不满意者的基本情况，对消费者购买农产品的满意度做描述性统计。

表8.38 消费者购买西北地区特色农产品总体满意度

总体满意度	人数（人）	比例（%）	累计比例（%）
满意	994	57.9	57.9
一般	364	21.2	79.1
非常满意	334	19.5	98.6
不满意	19	1.1	99.7
非常不满意	5	0.3	100.0
合计	1716	100.0	—

数据来源：根据问卷调查归纳整理。

二 消费者部分满意度描述性统计

表 8.39 数据是消费者购买西北地区特色农产品满意度排名后十位的因素,每个题目得分最小值为 1,最大值为 5,标准差大于 0.75,小于 0.85。得分最低的是西北特色农产品的广告宣传,得分总和为 6212,平均值为 3.62,与前文分析消费者不购买的原因一致;得分第二低的是西北特色农产品的促销优惠,得分总和为 6289,平均值为 3.66;得分倒数第三的是西北特色农产品种植过程的可追溯,得分总和为 6357,平均值为 3.70。三项得分均在满意度评价中的一般区间,未达到满意水平。

表 8.39　　消费者购买农产品部分满意度描述性统计

	最小值	最大值	得分总和	平均值	标准差
XM_10 西北特色农产品的广告宣传	1	5	6212	3.62	0.797
XM_8 西北特色农产品的促销优惠	1	5	6289	3.66	0.799
XM_18 西北特色农产品种植过程的可追溯	1	5	6357	3.70	0.837
XM_13 西北特色农产品购买的配送费用	1	5	6405	3.73	0.788
XM_7 西北特色农产品的价格	1	5	6428	3.75	0.798
XM_19 西北地区有机特色农产品的价格	1	5	6434	3.75	0.816
XM_9 西北特色农产品的厂家信誉	1	5	6482	3.78	0.774
XM_12 西北特色农产品的卖家服务	1	5	6498	3.79	0.804
XM_15 西北特色农产品售卖包装上标注信息真实	1	5	6504	3.79	0.783
XM_20 西北地区提供绿色有机特色农产品选择的多样性	1	5	6539	3.81	0.783

数据来源:根据问卷调查归纳整理。

三 消费者满意度探索性因子分析

(一) 信度分析

由表 8.40 可知,满意度量表的 Cronbach's α 值为 0.946,大于 0.8,说明量表信度较高,可以进行下一步检验。

表8.40　　　　　　　　　　　变量信度分析

变量	问题项数	Cronbach's α 值
满意度	21	0.946

数据来源：根据问卷调查归纳整理。

（二）效度分析

如表8.41所示，满意度的KMO统计量为0.963，大于0.7，同时，Bartlett's球形检验显著性概率值 P = 0.000 < 0.05，已达到显著性水平，说明该变量适合进行因子分析。

表8.41　　　　　　　　变量的 KMO 和 Bartlett's 检验

变量	KMO 检验	Bartlett's 球形检验		
^	^	Approx. chi-square	DF	Sig.
满意度	0.963	19993.900	210	0.000

数据来源：根据问卷调查归纳整理。

（三）因子分析

从效度分析结果可知，数据效度较好，因此接下来进行探索性因子分析。通过SPSS 23.0软件对消费者购买西北地区特色农产品满意度进行因子分析，得出总方差解释（见表8.42）。

表8.42　　　　　　　　　　　总方差解释

序号	初始值			被提取的载荷平方和			旋转载荷平方和		
^	特征值	方差百分比（%）	累计方差百分比（%）	特征值	方差百分比（%）	累计方差百分比（%）	特征值	方差百分比（%）	累计方差百分比（%）
1	10.175	48.452	48.452	10.175	48.452	48.452	5.083	24.203	24.203
2	1.261	6.006	54.459	1.261	6.006	54.459	4.085	19.451	43.654
3	1.072	5.104	59.563	1.072	5.104	59.563	3.341	15.910	59.563

续表

序号	初始值			被提取的载荷平方和			旋转载荷平方和		
	特征值	方差百分比（％）	累计方差百分比（％）	特征值	方差百分比（％）	累计方差百分比（％）	特征值	方差百分比（％）	累计方差百分比（％）
4	0.825	3.928	63.491						
5	0.707	3.367	66.858						
6	0.668	3.182	70.040						
7	0.623	2.967	73.007						
8	0.537	2.555	75.562						
9	0.520	2.477	78.039						
10	0.495	2.357	80.396						
11	0.470	2.240	82.636						
12	0.458	2.180	84.817						
13	0.427	2.032	86.849						
14	0.399	1.899	88.748						
15	0.394	1.876	90.624						
16	0.364	1.736	92.359						
17	0.345	1.644	94.003						
18	0.333	1.588	95.591						
19	0.319	1.519	97.110						
20	0.317	1.508	98.618						
21	0.290	1.382	100.000						

（提取方法：主成分分析法）

如表8.42所示，21个题项自动聚合为三个因子，累计解释方差59.563％，大于50％，可以提取这三个因子，为了更好地解释意义，需要对因子载荷矩阵进行旋转。

如表8.43所示，选择特征值大于0.5以上的样本结合，因子1与XM_5至XM_13这9个因素关系密切，因子2与XM_14至XM_21这8个因素关系密切，因子3与XM_1至XM_4这4个因素关系密切，根据因子组成项特点，依此将因子1命名为可靠丰富，因子2命名为环保可追溯，因子 3 命名为新鲜度。

表 8.43　　　　　　　　　　旋转后的成分矩阵

	成分		
	1	2	3
XM_1 西北特色农产品的新鲜度			0.762
XM_2 西北特色农产品的外观			0.682
XM_3 西北特色农产品的保质期			0.772
XM_4 西北特色农产品的口感滋味			0.703
XM_5 西北特色农产品食用的便捷性	0.520		
XM_6 西北特色农产品提供品类的多样性	0.621		
XM_7 西北特色农产品的价格	0.631		
XM_8 西北特色农产品的促销优惠	0.676		
XM_9 西北特色农产品的厂家信誉	0.616		
XM_10 西北特色农产品的广告宣传	0.734		
XM_11 西北特色农产品购买的便捷性	0.669		
XM_12 西北特色农产品的卖家服务	0.590		
XM_13 西北特色农产品购买的配送费用	0.623		
XM_14 西北特色农产品配送的及时性		0.520	
XM_15 西北特色农产品售卖包装上标注信息真实		0.732	
XM_16 西北特色农产品售卖包装的环保洁净		0.754	
XM_17 西北特色农产品售卖包装容量及包装方式		0.725	
XM_18 西北特色农产品种植过程的可追溯		0.665	
XM_19 西北地区有机特色农产品的价格		0.534	
XM_20 西北地区提供绿色有机特色农产品选择的多样性		0.504	
XM_21 西北地区特色农产品供给总体满意度		0.530	

数据来源：根据问卷调查归纳整理。

四　分析小结

本节对 2027 个样本中，84.66% 购买过西北地区特色农产品的 1716 位顾客的满意度展开分析。首先是对题项 XM_21 西北地区特色农产品供给总体满意度做描述性统计，分析结果显示 77.6% 的顾客总体满意，22.4% 的顾客表示一般或者不满意，基于此，对问卷设计的 20 个满意度评价的分题项做描述性统计，发现西北地区特色农产品的广告宣传、促销优惠和种植过程的可追溯是顾客满意度最低的三项，在今后的供给质量提升方面尤其需要关注。最后，为了更准确地找到西北地区特色农产品消费者满意度评价的关键，进行探索性因子分析，将 21 个题项降维至 3 个因子，因子 1 特征值为 5.083，共由 9 项组成，包括食用的便捷性、品类的多样性、价格、促销优惠、厂家信誉、广告宣传、购买的便捷性、卖家服务和配送费用，几乎涵盖了农产品品牌内涵的全部内容，其中广告宣传的因子载荷值最大为 0.734，将因子 1 命名为可靠丰富。因子 2 特征值为 4.085，主要体现的是对西北地区特色农产品渠道、促销方面的关注，共由 8 项组成，包括配送的及时性、包装信息标注的真实性、包装的环保洁净、包装容量及包装方式、种植过程的可追溯、有机特色农产品的价格、有机特色农产品选择的多样性、总体满意度，其中包装的环保洁净的因子载荷值最大为 0.754，将因子 2 命名为环保可追溯。因子 3 特征值为 3.341，主要体现为对西北地区特色农产品功效的要求，共由 4 项组成，包括新鲜度、外观、保质期、口感滋味，其中保质期的因子载荷值最大为 0.772，将因子 3 命名为新鲜度。

第六节　本章小结

本章主要通过 SPSS 23.0 软件，运用频数分析、交叉表分析、因子分析等统计方法，对西北地区特色农产品消费者的基本特征进行研究，结论汇总如下。

首先，研究样本构成均衡。调研覆盖 7 个城市 35 个区百余个街道，有效样本数量达到 2027 份，对于分析西北地区特色农产品在全国的消费情况具有较好的代表性；受访者男女比例各为 50%，年龄主要集中在 30—50 岁之间，学历以大学本科及以上为主，职业分布以企业单位人员居多，家庭月收入以 2000—5000 元较多，共同生活家庭人数多为

3口,其中小孩数量零个,老人数量零个,占到一半左右比例。

其次,农产品消费认知水平呈现多样化。受访者近九成购买过西北地区特色农产品,多为西北本地消费者,购买频率最高的品类是瓜果,被购买最多的省区是新疆维吾尔自治区。消费者表示购买西北地区特色农产品最主要的原因是有营养,拒绝购买最主要的原因是宣传力度小。农贸市场仍然是消费者购买的主要渠道,淘宝是购买比例最高的电商平台,大部分受访者表示不会固定购买同一品牌农产品,了解农产品知识的程度为一般,获取农产品供给信息的主要渠道是QQ、微信、微博等社交平台。同时,大部分受访者认为西北地区特色农产品价格合适,不愿意为优质的西北地区特色农产品支付溢价,如果支付,能接受的幅度不超过20%。

再次,消费者购买农产品的影响因素分布于整个供给体系。种植环节影响因素可聚合为农产品种植过程和农产品种植环境,其中种植过程的因子载荷量接近一半,种植户职业化程度、种植过程先进技术的应用与种植过程因子的关系最为密切;加工环节影响因素可聚合为农产品加工过程和农产品新产品研发,其中农产品加工过程的因子载荷量接近一半,农产品加工企业卫生环境、农产品加工企业添加剂防腐剂使用与加工过程因子的关系最为密切;流通环节影响因素可聚合为农产品配送质量和农产品物流设施体系,其中农产品配送质量的因子载荷量超过一半,产地物流配送完整无损性、产地物流配送到的新鲜度与农产品配送质量因子的关系最为密切;营销环节影响因素可聚合为农产品品牌、农产品渠道促销和农产品功效,其中农产品品牌的因子载荷量接近一半,农产品的产地与农产品品牌因子的关系最为密切。

最后,消费者购买西北地区特色农产品总体满意度高。分析可知,消费者满意度评价主要聚合为三个方面:农产品可靠丰富、农产品环保可追溯、农产品新鲜度。其中农产品可靠丰富因子载荷量最高。数据统计还显示,西北地区特色农产品的口感滋味满意度得分最高,广告宣传满意度得分最低。

第九章 西北地区特色农产品消费者购买行为研究

本章为本篇的重点实证研究部分，首先采用二元 Logistic 回归方法对模型部分假设进行验证，在此基础上，通过 AMOS 24.0 构建结构方程模型，基于最大似然估计的方法，进一步研究西北地区特色农产品消费者购买行为影响因素、农产品供给质量、满意度、品牌忠诚之间的关系，对模型结果进行分析与讨论。

第一节 农产品消费影响因素与购买行为的关系研究

为了进一步分析西北地区特色农产品消费的影响因素，验证前文提出的研究假设，本书采用决策行为研究中较常采用的二元 Logistic 回归模型进行实证研究，估计方法是最大似然估计，模型的参数利用 SPSS 23.0 软件进行详细分析。

一 模型选择及变量设定

（一）变量的选取

选取西北地区特色农产品购买行为作因变量，具体体现为 C3 和 C11 两个变量，C3 变量为是否购买过西北地区特色农产品，C11 变量为是否愿意为优质西北地区特色农产品支付更高的价格，因变量均为虚拟二分变量。自变量参照前人的研究及前文因子分析的结果，选取人口统计变量、农产品消费认知水平变量、消费者购买农产品影响因子中有一定代表性的变量，共计34个。

（二）模型的选择

依据研究目的和研究设计，本书共构建2个模型。

模型1：消费者是否购买过西北地区特色农产品 =f（人口统计变量，农产品消费认知水平变量，消费者购买农产品影响因子）

模型2：消费者是否愿意为优质西北地区特色农产品支付更高价格 =f（人口统计变量，农产品消费认知水平变量，消费者购买农产品影响因子）

（三）变量赋值及说明

为了更准确地研究西北地区特色农产品消费的影响因素，将被解释变量即因变量C3赋值为0或1，0=没有购买过西北地区特色农产品，1=购买过西北地区特色农产品，将因变量C11赋值为1或2，1=愿意为优质西北地区特色农产品支付更高的价格，2=不愿意为优质西北地区特色农产品支付更高的价格。解释变量即其他自变量的赋值及说明见表9.1。

表9.1　　　　　　　　实证模型变量说明

	变量名称	变量赋值
因变量	是否购买过西北地区特色农产品（C3）	是=1，否=0
	是否愿意为优质西北地区特色农产品支付更高的价格（C11）	是=1，否=2
人口统计变量	性别（B1）	男=1，女=2
	年龄（B2）	18岁以下=1，18—30岁=2，30—50岁=3，50—60岁=4，60岁以上=5
	受教育程度（B3）	初中及以下=1，高中=2，大学=3，硕士及以上=4

续表

	变量名称	变量赋值
人口统计变量	职业（B4）	公务员/事业单位人员＝1，企业单位人员＝2，离退休人员＝3，在校学生＝4，自由职业者＝5，其他＝6
	月收入（B5）	2000元以下＝1，2000—5000元＝2，5000—8000元＝3，8000—15000元＝4，15000元以上＝5
	共同生活家庭人口数量（B6）	一口＝1，两口＝2，三口＝3，四口＝4，五口及以上＝5
	共同生活小孩数量（≤12岁）（B7）	零个＝1，一个＝2，两个＝3，三个＝4，四个及以上＝5
	共同生活老人数量（≥60岁）（B8）	零个＝1，一个＝2，两个＝3，三个＝4，四个及以上＝5
农产品消费认知水平	大型超市（C11）	是＝1，否＝0
	中小型超市或商店（C12）	是＝1，否＝0
	农贸（批发）市场（C13）	是＝1，否＝0
	路边摊（早晚市）（C14）	是＝1，否＝0
	专卖（特供）店（C15）	是＝1，否＝0
	网上购买（C16）	是＝1，否＝0
	饮食习惯（C44）	是＝1，否＝0
	有营养（C45）	是＝1，否＝0
	新鲜（C46）	是＝1，否＝0
	健康（C49）	是＝1，否＝0
	好吃（C411）	是＝1，否＝0
	电视/广播（C91）	是＝1，否＝0
	书籍/杂志/报纸（C92）	是＝1，否＝0
	社交媒体（微信、QQ、微博等）（C93）	是＝1，否＝0
	网络搜索（C94）	是＝1，否＝0
	亲戚/朋友/邻居/同学介绍（C95）	是＝1，否＝0
	政府宣传（C96）	是＝1，否＝0

续表

变量名称		变量赋值
消费者购买农产品影响因子	种植过程（F1）	因子得分
	种植环境（F2）	因子得分
	加工过程（F3）	因子得分
	新产品研发（F4）	因子得分
	配送质量（F5）	因子得分
	物流设施体系（F6）	因子得分
	品牌（F7）	因子得分
	渠道营销（F8）	因子得分
	功效（F9）	因子得分

数据来源：根据问卷调查归纳整理。

二 模型结果及分析

本节基于2027位受访者的调研数据，运用SPSS 23.0软件对模型1和模型2分别进行二元Logistic回归分析，通过Omnibus检验，模型1卡方值为1118.806，内戈尔科R方值为0.737，模型2卡方值为286.578，内戈尔科R方值为0.179，模型卡方统计值均在1%水平上显著，拟合度均在可接受的范围内。以下具体对每个模型结果进行分析讨论。

（一）购买行为的影响因素分析

模型1回归分析结果如表9.2所示。

表9.2　　　　　购买行为影响因素回归模型估计结果

自变量	B	SE.	Wald	Sig.	EXP（B）
性别（B1）	0.215	0.205	1.106	0.293	1.240
年龄（B2）	-0.085	0.127	0.446	0.504	0.919
受教育程度（B3）	-0.279	0.154	3.310	0.069**	0.756
职业（B4）	-0.165	0.069	5.692	0.017*	0.848
月收入（B5）	0.448	0.103	18.995	0.000*	1.566

续表

自变量	B	SE.	Wald	Sig.	EXP（B）
共同生活家庭人口数量（B6）	0.000	0.117	0.000	0.997	1.000
共同生活小孩数量（≤12岁）（B7）	0.413	0.168	6.048	0.014*	1.511
共同生活老人数量（≥60岁）（B8）	0.439	0.122	12.945	0.000*	1.552
大型超市（C11）	0.075	0.304	0.061	0.805	1.078
中小型超市或商店（C12）	-0.250	0.273	0.839	0.360	0.779
农贸（批发）市场（C13）	-0.302	0.275	1.205	0.272	0.739
路边摊（早晚市）（C14）	-0.190	0.300	0.401	0.527	0.827
专卖（特供）店（C15）	-1.088	0.383	8.050	0.005*	0.337
网上购买（C16）	0.577	0.291	3.925	0.048*	1.781
饮食习惯（C44）	5.451	1.022	28.436	0.000*	233.040
有营养（C45）	19.740	1182.003	0.000	0.987	373977827.541
新鲜（C46）	19.886	1458.168	0.000	0.989	432679387.025
健康（C49）	19.672	1492.955	0.000	0.989	349433160.592
好吃（C411）	5.825	1.027	32.191	0.000*	338.684
电视/广播（C91）	0.057	0.256	0.049	0.824	1.058
书籍/杂志/报纸（C92）	0.917	0.330	7.720	0.005*	2.501
社交媒体（微信、QQ、微博等）（C93）	0.519	0.257	4.076	0.043*	1.680
网络搜索（C94）	0.280	0.335	0.700	0.403	1.323
亲戚/朋友/邻居/同学介绍（C95）	1.188	0.247	23.079	0.000*	3.281
政府宣传（C96）	1.197	0.379	9.981	0.002*	3.310
种植过程（F1）	-0.109	0.126	0.749	0.387	0.897
种植环境（F2）	-0.057	0.137	0.173	0.677	0.945
加工过程（F3）	-0.126	0.153	0.682	0.409	0.881
新产品研发（F4）	0.123	0.140	0.779	0.378	1.131
配送质量（F5）	-0.144	0.141	1.039	0.308	0.866
物流设施体系（F6）	-0.099	0.143	0.479	0.489	0.905
品牌（F7）	-0.012	0.136	0.007	0.932	0.989
渠道营销（F8）	0.106	0.125	0.719	0.397	1.112
功效（F9）	0.211	0.143	2.177	0.140	1.235
常量	-2.412	0.858	7.900	1	0.005

注1：整体检验：Chi-square = 1118.806，df = 34，Sig. = 0.000。

注2：* 表示 Wald 值在95%置信区间下显著，** 表示 Wald 值在90%置信区间下显著。

数据显示，职业（B4）、月收入（B5）、共同生活小孩数量（≤12岁）（B7）、共同生活老人数量（≥60岁）（B8）、专卖（特供）店（C15）、网上购买（C16）、饮食习惯（C44）、好吃（C411）、书籍/杂志/报纸（C92）、社交媒体（微信、QQ、微博等）（C93）、亲戚/朋友/邻居/同学介绍（C95）、政府宣传（C96）这12个变量的Wald检验值在5%的水平上显著，受教育程度（B3）这1个变量的Wald检验值在10%的水平上显著，其余变量均不显著。

1. 在人口统计变量方面。职业、月收入、共同生活小孩数量（≤12岁）、共同生活老人数量（≥60岁）、受教育程度这5个变量均在不同的置信区间显著，其中受教育程度和职业两个变量的回归系数为负，其他三个变量的回归系数为正。职业与购买行为呈负向显著关系，这与其他学者的多数研究结果一致，受教育程度与购买行为呈现负向显著关系，即受教育程度越高，购买行为越少，这与原假设有出入，可能的解释是学历高的消费者对特色农产品关注度高，但参与购买行为的机会少，学历较低的消费者参与购买的机会多，购买行为也就越多。月收入、共同生活小孩数量（≤12岁）、共同生活老人数量（≥60岁）这三个变量的回归系数为正，说明消费者的月收入水平越高，共同生活的小孩数量、老人数量越多，西北地区特色农产品的购买行为就越多，这与预期研究结果一致。

2. 在农产品消费认知方面。专卖（特供）店、网上购买、饮食习惯、好吃、书籍/杂志/报纸、社交媒体（微信、QQ、微博等）、亲戚/朋友/邻居/同学介绍、政府宣传这8个变量在95%的置信区间下显著。其中专卖（特供）店1个变量的回归系数为负，可能的解释是专卖店作为西北地区特色农产品的宣传展示，促进购买行为非常重要，但大多数消费者不愿意在专卖店购买，因为价格偏高。其他7个变量中，网上购买变量显著性为0.048，说明提供网上销售西北地区特色农产品对促进购买行为具有显著影响；饮食习惯、好吃两个变量的显著性均为0.000，说明其对消费购买行为的发生具有显著影响；书籍/杂志/报纸、社交媒体（微信、QQ、微博等）、亲戚/朋友/邻居/同学介绍、政府宣传这 4 个变量的显著性分别为 0.005、0.043、0.000 和 0.002，这与预期分析结果一致，说明消费者获取农产品供给信息的渠道，尤其是社交平台、身边人的推介对购买行为的发生具有显著影响。

3. 在消费者购买农产品影响因子方面。种植过程、种植环境、加工过程、新产品研发、配送质量、物流设施体系、品牌、渠道促销、功效这 9 个因子，回归结果显示在 99%、95%、90% 三个置信区间下它们对西北地区特色农产品购买行为均无显著影响，这与预期分析结果不一致。可能的解释是，相较 13 个显著变量，购买农产品影响因子分布于农产品供给的种植、加工、流通和营销环节，更强调农产品供给质量的形成过程，将其与其他 25 个变量共同进行回归分析时，月收入、饮食习惯、好吃、亲戚/朋友/邻居/同学介绍等直接被消费者体验、感知到的变量对购买行为的影响就更加显著，而其供给质量形成过程对购买行为的影响则不太显著。

（二）溢价支付意愿的影响因素分析

模型 2 回归分析结果如表 9.3 所示。

表 9.3　　　　溢价支付意愿影响因素回归模型估计结果

自变量	B	SE.	Wald	Sig.	EXP（B）
性别（B1）	0.116	0.100	1.364	0.243	1.123
年龄（B2）	-0.018	0.063	0.082	0.774	0.982
受教育程度（B3）	-0.222	0.077	8.345	0.004*	0.801
职业（B4）	-0.044	0.034	1.671	0.196	0.957
月收入（B5）	-0.170	0.052	10.768	0.001*	0.844
共同生活家庭人口数量（B6）	0.053	0.056	0.906	0.341	1.054
共同生活小孩数量（≤12 岁）（B7）	-0.297	0.078	14.531	0.000*	0.743
共同生活老人数量（≥60 岁）（B8）	-0.149	0.057	6.813	0.009*	0.862
大型超市（C11）	0.074	0.148	0.250	0.617	1.077
中小型超市或商店（C12）	-0.200	0.138	2.092	0.148	0.819
农贸（批发）市场（C13）	0.251	0.142	3.114	0.078**	1.285
路边摊（早晚市）（C14）	0.069	0.154	0.203	0.653	1.072

续表

自变量	B	SE.	Wald	Sig.	EXP（B）
专卖（特供）店（C15）	-0.465	0.194	5.723	0.017*	0.628
网上购买（C16）	0.228	0.150	2.299	0.129	1.256
饮食习惯（C44）	-0.381	0.115	11.056	0.001*	0.683
有营养（C45）	-0.224	0.108	4.321	0.038*	0.799
新鲜（C46）	-0.305	0.121	6.385	0.012*	0.737
健康（C49）	0.163	0.126	1.693	0.193	1.178
好吃（C411）	-0.290	0.122	5.649	0.017*	0.748
电视/广播（C91）	-0.328	0.133	6.075	0.014*	0.721
书籍/杂志/报纸（C92）	-0.501	0.146	11.698	0.001*	0.606
社交媒体（微信、QQ、微博等）（C93）	-0.827	0.126	42.836	0.000*	0.437
网络搜索（C94）	-0.332	0.149	4.989	0.026*	0.717
亲戚/朋友/邻居/同学介绍（C95）	-0.333	0.128	6.746	0.009*	0.717
政府宣传（C96）	-0.065	0.188	0.120	0.729	0.937
种植过程（F1）	-0.097	0.066	2.133	0.144	0.908
种植环境（F2）	0.165	0.062	7.212	0.007*	1.180
加工过程（F3）	-0.071	0.077	0.831	0.362	0.932
新产品研发（F4）	-0.110	0.067	2.693	0.101	0.896
配送质量（F5）	-0.073	0.069	1.118	0.290	0.930
物流设施体系（F6）	-0.030	0.068	0.190	0.663	0.971
品牌（F7）	-0.090	0.062	2.111	0.146	0.914
渠道营销（F8）	0.029	0.060	0.230	0.631	1.029
功效（F9）	0.208	0.066	9.795	0.002*	1.231
常量	3.018	0.463	42.444	0.000	20.444

注1：整体检验：Chi-square = 286.578，df = 34，Sig. = 0.000。

注2：* 表示 Wald 值在95%置信区间下显著，** 表示 Wald 值在90%置信区间下显著。

数据显示，受教育程度（B3）、月收入（B5）、共同生活小孩数量（≤12岁）（B7）、共同生活老人数量（≥60岁）（B8）、专卖（特供）店（C15）、饮食习惯（C44）、有营养（C45）、新鲜（C46）、好吃

（C411）、电视/广播（C91）、书籍/杂志/报纸（C92）、社交媒体（微信、QQ、微博等）（C93）、网络搜索（C94）、亲戚/朋友/邻居/同学介绍（C95）、种植环境（F2）、功效（F9）这16个变量的Wald检验值在5%的水平上显著，农贸（批发）市场（C13）这1个变量的Wald检验值在10%的水平上显著，其余变量均不显著。

1. 在人口统计变量方面。受教育程度、月收入、共同生活小孩数量（≤12岁）、共同生活老人数量（≥60岁）这4个变量均在95%的置信区间下显著，且回归系数均为负。可能的解释是：受教育程度越高，对优质西北地区特色农产品溢价的可靠性考虑越多，大多选择谨慎购买或者不支付溢价；月收入水平越高，可选择的支出项目越多，对于满足生活基本需要的农产品大多选择平均水平，不愿意支付更高的价格；共同生活的小孩、老人数量越多，家庭经济负担会越重，通常也是选择购买平均价格的农产品，不愿意支付更高的价格。

2. 在农产品消费认知方面。农贸（批发）市场、专卖（特供）店、饮食习惯、有营养、新鲜、好吃、电视/广播、书籍/杂志/报纸、社交媒体（微信、QQ、微博等）、网络搜索、亲戚/朋友/邻居/同学介绍这11个变量在不同置信区间下显著。其中，农贸（批发）市场变量与溢价支付意愿呈正向显著关系，显著性是0.078。说明在农贸（批发）市场，消费者更愿意为优质西北地区特色农产品支付更高的价格。其余10个变量均与溢价支付意愿呈负向显著关系。专卖（特供）店显著性为0.017，说明专卖（特供）店对溢价支付意愿有显著影响，但消费者不愿在此处支付更高的价格购买西北地区特色农产品，可能的解释是消费者不信任专卖店的定价；饮食习惯、有营养、新鲜、好吃这4个体验感知变量，显著性分别为0.001、0.038、0.012、0.017，说明这4个方面对消费者支付溢价有显著影响，但消费者不愿意为西北地区特色农产品支付更高的价格，可能的解释是缺少对农产品营养成分的介绍说明，没有给消费者带来优质的购买体验；电视/广播、书籍/杂志/报纸、社交媒体（微信、QQ、微博等）、网络搜索、亲戚/朋友/邻居/同学介绍这5个获取西北地区特色农产品供给信息渠道的变量，显著性分别是

0.014、0.001、0.000、0.026、0.009，它们对于促进消费者支付溢价具有显著影响，但由于西北地区特色农产品对营销环节重视程度不够，供给信息发布没有及时跟上，消费者未为其支付溢价，这与前文得出的结论一致。

3. 在消费者购买农产品影响因子方面。种植环境、功效这两个变量的显著性是0.007和0.002，分别位于农产品种植供给环节和营销供给环节，对消费者溢价支付意愿均具有正向显著影响。这说明，一是西北地区农产品种植土壤天然少污染，种植过程农药、化肥施用量少的特点，吸引消费者愿意为其支付更高的价格；二是西北地区特有的位置优势，其农产品品种、成分、口感独特，可为消费者带来更多的溢出价值，使其愿意支付更高的价格。

三 研究假设验证结果汇总

由此，根据模型结果可以得出，本书所提出的13条研究假设得到验证，其中有8个显著路径，5个不成立的假说，具体分析结果见表9.4。

表9.4 研究假设检验结果

序号	研究假设	检验结果
H1	性别对西北地区特色农产品的购买行为具有显著影响	不成立
H2	家庭成员结构对西北地区特色农产品的购买行为具有显著影响	成立
H3	职业对西北地区特色农产品的购买行为具有显著影响	成立
H4	收入水平对西北地区特色农产品的购买行为具有显著正向影响	成立
H5	受教育程度对西北地区特色农产品的购买行为具有显著正向影响	不成立
H6	年龄对西北地区特色农产品的购买行为具有显著负向影响	不成立
H7	购买动机对西北地区特色农产品的购买行为具有显著影响	成立
H8	购买渠道对西北地区特色农产品的购买行为具有显著影响	成立
H9	获取供给信息的途径对西北地区特色农产品的购买行为具有显著影响	成立
H10	种植供给水平对消费者农产品购买行为具有显著影响	成立
H11	加工供给水平对消费者农产品购买行为具有显著影响	不成立

续表

序号	研究假设	检验结果
H12	流通供给水平对消费者农产品购买行为具有显著影响	不成立
H13	营销供给水平对消费者农产品购买行为具有显著影响	成立

第二节 农产品供给质量与消费者满意度的关系研究

以上对本书所提出的消费者人口统计变量与购买行为、农产品消费认知水平与购买行为、购买农产品影响因素与购买行为之间的研究假设进行验证，接下来，利用 AMOS 24.0 软件构建结构方程模型，进一步对西北地区特色农产品种植、加工、流通、营销供给质量与消费者满意度之间的关系进行讨论。

一 种植供给质量与满意度

（一）模型设定

本模型由种植环境、种植过程 2 个潜变量和可靠丰富、环保可追溯、新鲜度 3 个显变量构成，共涉及六种路径：一是农产品可靠丰富对消费者购买西北地区特色农产品满意度的影响，包括 9 条路径；二是农产品环保可追溯对消费者购买西北地区特色农产品满意度的影响，包括 8 条路径；三是农产品新鲜度对消费者购买西北地区特色农产品满意度的影响，包括 4 条路径；四是农产品种植环境对种植供给质量的影响，包括 3 条路径；五是农产品种植过程对种植供给质量的影响，包括 8 条路径；六是农产品种植供给质量对消费者购买西北地区特色农产品满意度的影响，包括 6 条路径。利用所收集的消费者数据对 SEM 模型进行拟合，依据 AMOS 24.0 软件的输出结果得到 38 条研究假设路径的回归系数及其显著性，由此可判断主要变量间的因果关系。农产品种植供给质量与消费者购买西北地区特色农产品满意度关系的初始模型和修正模型如图 9.1 和图 9.2 所示。

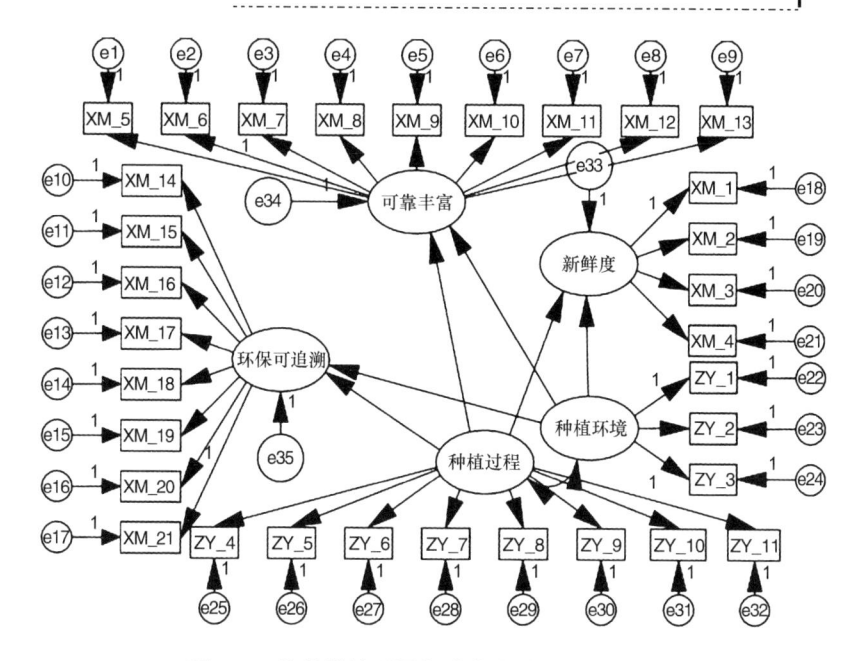

图 9.1 种植供给质量与满意度关系的初始模型

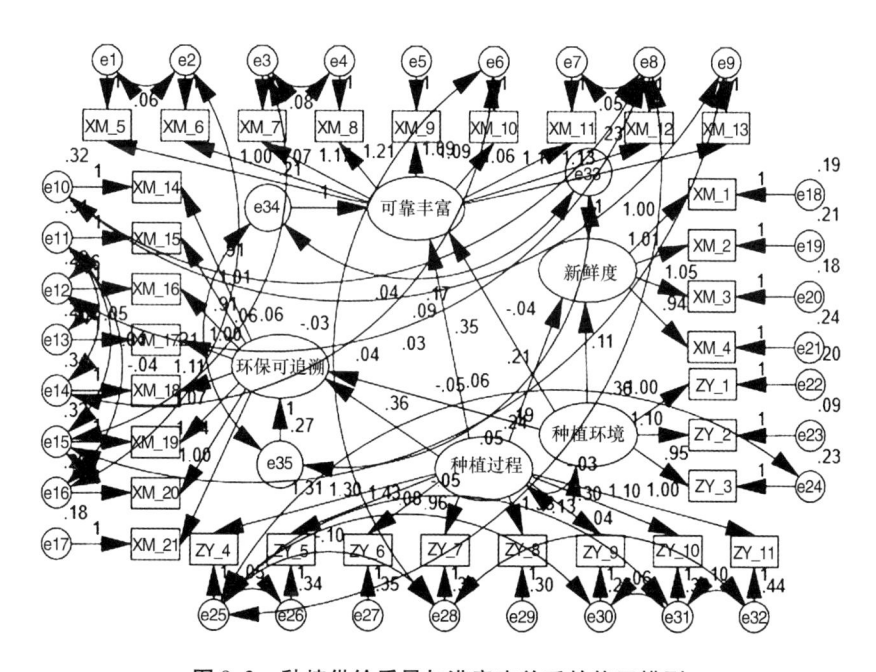

图 9.2 种植供给质量与满意度关系的修正模型

（二）模型拟合验证

模型的主要拟合指标如表9.5所示。可以看到，修正模型的绝对适配度指数 RMR 和 RMSEA 均小于0.08的临界值，表明模型适配合理。指标 NFI、RFI、IFI、TLI、CFI 均超过了0.9的门槛接受值，PNFI 大于0.5，PGFI 大于0.4，NC 值小于5，均在可接受范围内。因此，修正模型整体拟合效果较好，通过验证。

表9.5　　种植供给质量与满意度的结构方程模型拟合度指标

模型拟合指数		初始统计值	修正拟合值	参考统计值	评价结果
绝对适配度指数	CMIN	5951.883	1948.121	/	/
	df	457	428	/	/
	GFI	0.819	0.931	>0.9	符合
	AGFI	0.791	0.915	>0.9	符合
	RMR	0.109	0.022	<0.08	符合
	RMSEA	0.084	0.046	<0.08	符合
增值适配度指数	NFI	0.807	0.937	>0.9	符合
	RFI	0.790	0.927	>0.9	符合
	IFI	0.819	0.950	>0.9	符合
	TLI	0.803	0.942	>0.9	符合
	CFI	0.818	0.950	>0.9	符合
简约适配度指数	PNFI	0.743	0.808	>0.5	符合
	PGFI	0.709	0.755	>0.4	符合
	NC	13.024	4.552	NC<5	符合

（三）模型估计结果

本书运用结构方程模型对模型的路径系数进行统计显著性检验，具体结果如表9.6所示。

表9.6　　种植供给质量与满意度的结构方程模型分析结果

变量间关系			未标准化路径系数估计	S.E.	C.R.	P
XM_5	<---	可靠丰富	1.000			
XM_6	<---	可靠丰富	1.071	0.037	28.645	***
XM_7	<---	可靠丰富	1.167	0.044	26.533	***
XM_8	<---	可靠丰富	1.210	0.044	27.295	***
XM_9	<---	可靠丰富	1.095	0.043	25.753	***
XM_10	<---	可靠丰富	1.094	0.043	25.143	***
XM_11	<---	可靠丰富	1.063	0.041	26.251	***
XM_12	<---	可靠丰富	1.168	0.044	26.457	***
XM_13	<---	可靠丰富	1.132	0.043	26.224	***
XM_21	<---	环保可追溯	1.000			
XM_20	<---	环保可追溯	1.040	0.033	31.733	***
XM_19	<---	环保可追溯	1.065	0.034	31.129	***
XM_18	<---	环保可追溯	1.106	0.035	31.566	***
XM_17	<---	环保可追溯	1.003	0.031	32.057	***
XM_16	<---	环保可追溯	0.906	0.031	29.044	***
XM_15	<---	环保可追溯	1.011	0.033	30.256	***
XM_14	<---	环保可追溯	0.913	0.032	28.567	***
XM_1	<---	新鲜度	1.000			
XM_2	<---	新鲜度	1.009	0.034	29.813	***
XM_3	<---	新鲜度	1.047	0.034	31.020	***
XM_4	<---	新鲜度	0.940	0.034	27.723	***
ZY_11	<---	种植过程	1.000			
ZY_10	<---	种植过程	1.101	0.043	25.776	***
ZY_9	<---	种植过程	1.299	0.053	24.315	***
ZY_8	<---	种植过程	1.381	0.056	24.597	***
ZY_7	<---	种植过程	0.960	0.045	21.560	***
ZY_6	<---	种植过程	1.426	0.059	24.298	***
ZY_5	<---	种植过程	1.299	0.055	23.586	***
ZY_4	<---	种植过程	1.311	0.059	22.378	***

续表

变量间关系			未标准化路径系数估计	S. E.	C. R.	P
ZY_1	<---	种植环境	1.000			
ZY_2	<---	种植环境	1.096	0.029	37.677	***
ZY_3	<---	种植环境	0.953	0.028	34.082	***
可靠丰富	<---	种植过程	0.348	0.033	10.651	***
环保可追溯	<---	种植过程	0.365	0.036	10.280	***
新鲜度	<---	种植过程	0.214	0.032	6.632	***
新鲜度	<---	种植环境	0.115	0.026	4.445	***
可靠丰富	<---	种植环境	-0.043	0.024	-1.808	0.071
环保可追溯	<---	种植环境	-0.048	0.027	-1.785	0.074

模型结果表明，农产品可靠丰富、环保可追溯及新鲜度三个因子对消费者购买西北地区特色农产品满意度在1%的置信水平下呈正向显著影响，农产品种植环境、种植过程对种植供给质量在1%的置信水平下呈正向显著影响，与前文研究结果一致。数据还表明，农产品种植过程对农产品可靠丰富、环保可追溯、新鲜度三个因子在1%的置信水平下呈正向显著影响，农产品种植环境对新鲜度在1%的置信水平下呈正向显著影响。可见，种植供给质量对消费者购买西北地区特色农产品的满意度具有显著影响，其中种植过程的标准化、规范化显著影响消费者对西北地区农产品的满意度，种植环境的绿色无污染显著影响消费者对西北地区农产品新鲜度的满意度。

二 加工供给质量与满意度

（一）模型设定

本模型由加工过程、新产品研发2个潜变量和可靠丰富、环保可追溯、新鲜度3个显变量构成，共涉及六种路径：一是农产品可靠丰富对消费者购买西北地区特色农产品满意度的影响，包括9条路径；二是农产品环保可追溯对消费者购买西北地区特色农产品满意度的影响，包括

8条路径；三是农产品新鲜度对消费者购买西北地区特色农产品满意度的影响，包括4条路径；四是农产品加工过程对加工供给质量的影响，包括8条路径；五是新产品研发对加工供给质量的影响，包括2条路径；六是农产品加工供给质量对消费者购买西北地区特色农产品满意度的影响，包括6条路径。利用所收集的消费者数据对SEM模型进行拟合，依据AMOS 24.0软件的输出结果得到37条研究假设路径的回归系数及其显著性，由此可判断主要变量间的因果关系。农产品加工供给质量与消费者购买西北地区特色农产品满意度关系的初始模型和修正模型如图9.3和图9.4所示。

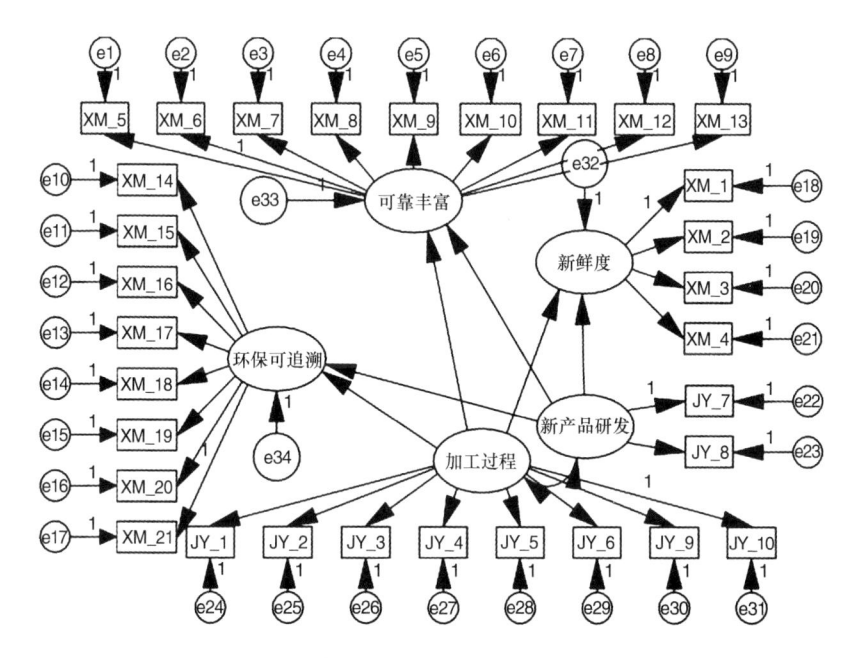

图9.3 加工供给质量与满意度关系的初始模型

（二）模型拟合验证

模型的主要拟合指标如表9.7所示。可以看到，修正模型的绝对适配度指数RMR和RMSEA均小于0.08的临界值，表明模型适配合理。指标NFI、RFI、IFI、TLI、CFI均超过了0.9的门槛接受值，PNFI大于

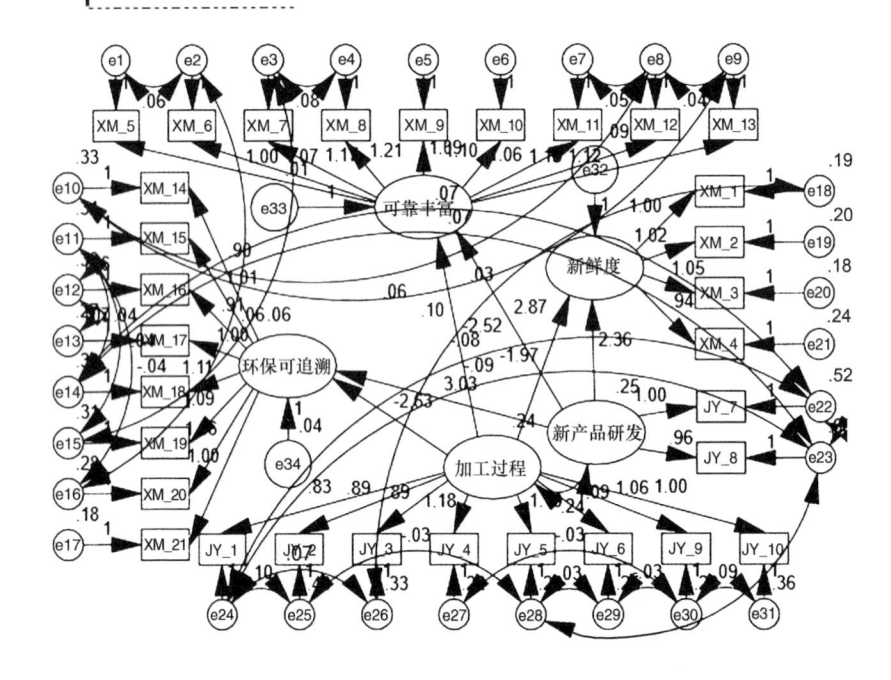

图9.4　加工供给质量与满意度关系的修正模型

0.5，PGFI 大于0.4，NC 值小于5，均在可接受范围内。因此，修正模型整体拟合效果较好，通过验证。

表9.7　加工供给质量与满意度的结构方程模型拟合度指标

模型拟合指数		初始统计值	修正拟合值	参考统计值	评价结果
绝对适配度指数	CMIN	3545.708	1650.935	/	/
	df	427	400	/	/
	GFI	0.873	0.94	>0.9	符合
	AGFI	0.852	0.925	>0.9	符合
	RMR	0.029	0.021	<0.08	符合
	RMSEA	0.065	0.043	<0.08	符合
增值适配度指数	NFI	0.874	0.941	>0.9	符合
	RFI	0.863	0.932	>0.9	符合
	IFI	0.887	0.955	>0.9	符合
	TLI	0.877	0.947	>0.9	符合
	CFI	0.887	0.955	>0.9	符合

续表

模型拟合指数		初始统计值	修正拟合值	参考统计值	评价结果
简约适配度指数	PNFI	0.802	0.810	>0.5	符合
	PGFI	0.751	0.758	>0.4	符合
	NC	8.304	4.127	NC<5	符合

(三) 模型估计结果

本书运用结构方程模型对模型的路径系数进行统计显著性检验，具体结果如表9.8所示。

表9.8　加工供给质量与满意度的结构方程模型分析结果

变量间关系			未标准化路径系数估计	S.E.	C.R.	P
XM_5	<---	可靠丰富	1.000			
XM_6	<---	可靠丰富	1.073	0.037	28.734	***
XM_7	<---	可靠丰富	1.167	0.044	26.599	***
XM_8	<---	可靠丰富	1.211	0.044	27.417	***
XM_9	<---	可靠丰富	1.091	0.042	25.764	***
XM_10	<---	可靠丰富	1.097	0.044	25.205	***
XM_11	<---	可靠丰富	1.059	0.040	26.271	***
XM_12	<---	可靠丰富	1.153	0.044	26.161	***
XM_13	<---	可靠丰富	1.117	0.043	25.971	***
XM_21	<---	环保可追溯	1.000			
XM_20	<---	环保可追溯	1.061	0.033	32.593	***
XM_19	<---	环保可追溯	1.089	0.034	31.998	***
XM_18	<---	环保可追溯	1.107	0.035	31.652	***
XM_17	<---	环保可追溯	1.004	0.031	32.050	***
XM_16	<---	环保可追溯	0.908	0.031	29.037	***
XM_15	<---	环保可追溯	1.010	0.033	30.149	***
XM_14	<---	环保可追溯	0.901	0.032	28.086	***

续表

变量间关系			未标准化路径系数估计	S.E.	C.R.	P
XM_1	<---	新鲜度	1.000			
XM_2	<---	新鲜度	1.016	0.034	29.814	***
XM_3	<---	新鲜度	1.051	0.034	30.930	***
XM_4	<---	新鲜度	0.943	0.034	27.636	***
JY_10	<---	加工过程	1.000			
JY_9	<---	加工过程	1.059	0.039	27.394	***
JY_6	<---	加工过程	1.087	0.045	24.037	***
JY_5	<---	加工过程	1.101	0.044	24.756	***
JY_4	<---	加工过程	1.182	0.046	25.692	***
JY_3	<---	加工过程	0.894	0.042	21.358	***
JY_2	<---	加工过程	0.885	0.045	19.599	***
JY_1	<---	加工过程	0.829	0.040	20.600	***
JY_7	<---	新产品研发	1.000			
JY_8	<---	新产品研发	0.961	0.040	23.971	***
可靠丰富	<---	加工过程	-2.524	0.346	-7.286	***
环保可追溯	<---	加工过程	-2.634	0.361	-7.303	***
新鲜度	<---	加工过程	-1.973	0.285	-6.915	***
新鲜度	<---	新产品研发	2.358	0.273	8.652	***
可靠丰富	<---	新产品研发	2.875	0.331	8.692	***
环保可追溯	<---	新产品研发	3.031	0.343	8.828	***

模型结果表明，农产品加工过程、新产品研发对农产品可靠丰富、环保可追溯、新鲜度三个因子在1%的置信水平下均呈正向显著影响，即农产品加工供给质量对消费者购买西北地区特色农产品满意度有显著影响，可见，西北地区农产品加工供给质量越高，消费者满意度越高。

三 流通供给质量与满意度

（一）模型设定

本模型由配送质量、物流设施体系2个潜变量和可靠丰富、环保可追溯、新鲜度3个显变量构成，共涉及六种路径：一是农产品可靠丰富对消费者购买西北地区特色农产品满意度的影响，包括9条路径；二是农产品环保可追溯对消费者购买西北地区特色农产品满意度的影响，包括8条路径；三是农产品新鲜度对消费者购买西北地区特色农产品满意度的影响，包括4条路径；四是农产品配送质量对流通供给质量的影响，包括6条路径；五是农产品物流设施体系对流通供给质量的影响，包括4条路径；六是农产品流通供给质量对消费者购买西北地区特色农产品满意度的影响，包括6条路径。利用所收集的消费者数据对SEM模型进行拟合，依据AMOS 24.0软件的输出结果得到37条研究假设路径的回归系数及其显著性，由此可判断主要变量间的因果关系。农产品流通供给质量与消费者购买西北地区特色农产品满意度关系的初始模型和修正模型如图9.5和图9.6所示。

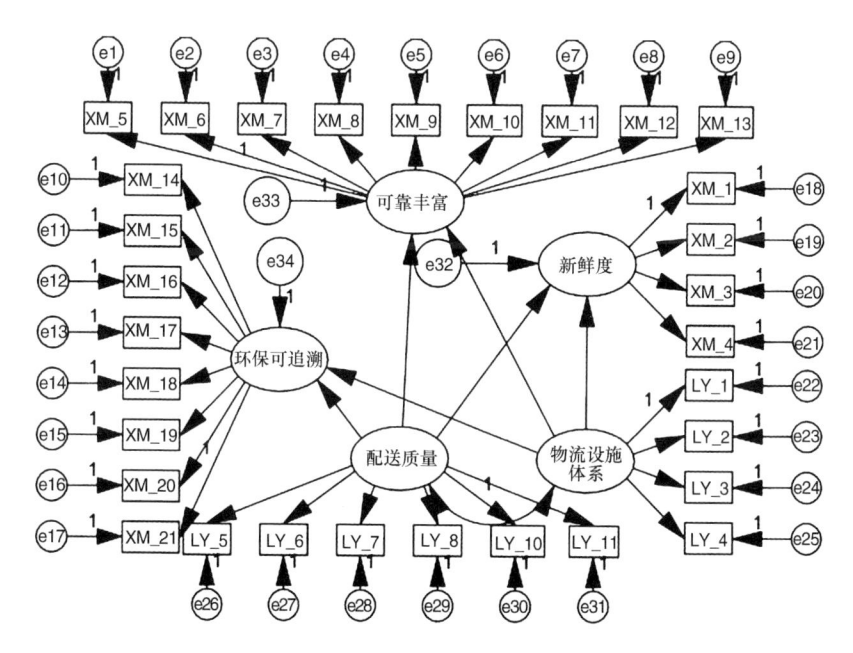

图9.5　流通供给质量与满意度关系的初始模型

（二）模型拟合验证

模型的主要拟合指标如表9.9所示。可以看到，修正模型的绝对适

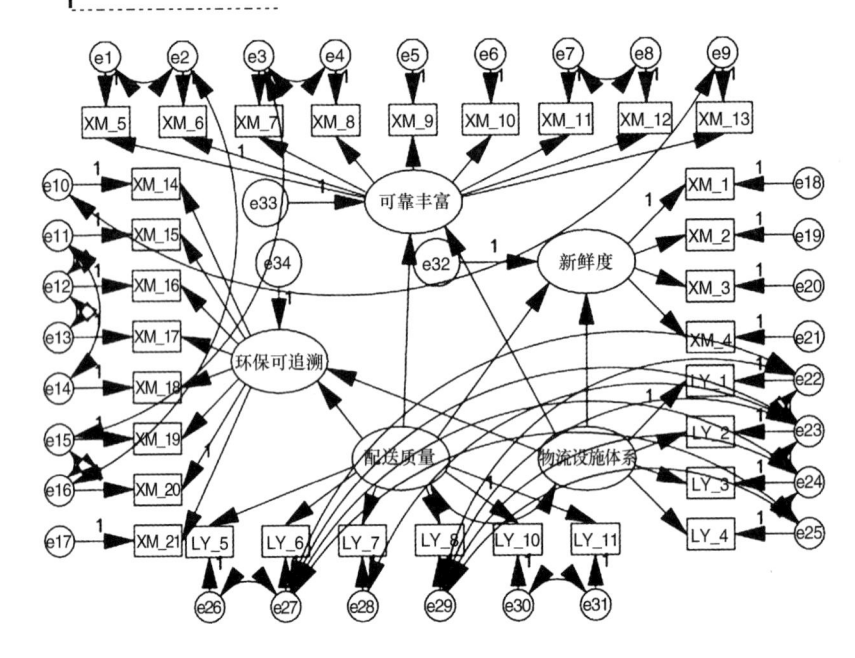

图9.6 流通供给质量与满意度关系的修正模型

配度指数 RMR 和 RMSEA 均小于 0.08 的临界值，表明模型适配合理。指标 NFI、RFI、IFI、TLI、CFI 均超过了 0.9 的门槛接受值，PNFI 大于 0.5，PGFI 大于 0.4，NC 值小于 5，均在可接受范围内。因此，修正模型整体拟合效果较好，通过验证。

表9.9　　流通供给质量与满意度的结构方程模型拟合度指标

模型拟合指数		初始统计值	修正拟合值	参考统计值	评价结果
绝对适配度指数	CMIN	3501.627	1826.012	/	/
	df	427	403	/	/
	GFI	0.863	0.934	>0.9	符合
	AGFI	0.841	0.918	>0.9	符合
	RMR	0.026	0.022	<0.08	符合
	RMSEA	0.065	0.045	<0.08	符合

续表

模型拟合指数		初始统计值	修正拟合值	参考统计值	评价结果
增值适配度指数	NFI	0.880	0.938	>0.9	符合
	RFI	0.870	0.928	>0.9	符合
	IFI	0.893	0.951	>0.9	符合
	TLI	0.884	0.943	>0.9	符合
	CFI	0.893	0.951	>0.9	符合
简约适配度指数	PNFI	0.808	0.813	>0.5	符合
	PGFI	0.743	0.759	>0.4	符合
	NC	8.201	4.531	NC<5	符合

（三）模型估计结果

本书运用结构方程模型对模型的路径系数进行统计显著性检验，具体结果如表 9.10 所示。

表 9.10　流通供给质量与满意度的结构方程模型分析结果

变量间关系			未标准化路径系数估计	S.E.	C.R.	P
XM_5	<---	可靠丰富	1.000			
XM_6	<---	可靠丰富	1.074	0.038	28.642	***
XM_7	<---	可靠丰富	1.163	0.044	26.436	***
XM_8	<---	可靠丰富	1.205	0.044	27.168	***
XM_9	<---	可靠丰富	1.094	0.043	25.690	***
XM_10	<---	可靠丰富	1.097	0.044	25.084	***
XM_11	<---	可靠丰富	1.066	0.041	26.267	***
XM_12	<---	可靠丰富	1.182	0.045	26.552	***
XM_13	<---	可靠丰富	1.138	0.043	26.291	***
XM_21	<---	环保可追溯	1.000			
XM_20	<---	环保可追溯	1.028	0.033	31.502	***
XM_19	<---	环保可追溯	1.055	0.034	30.954	***

续表

变量间关系			未标准化路径系数估计	S.E.	C.R.	P
XM_18	<---	环保可追溯	1.099	0.035	31.559	***
XM_17	<---	环保可追溯	1.000	0.031	31.996	***
XM_16	<---	环保可追溯	0.909	0.031	29.255	***
XM_15	<---	环保可追溯	0.980	0.033	29.664	***
XM_14	<---	环保可追溯	0.919	0.032	28.698	***
XM_1	<---	新鲜度	1.000			
XM_2	<---	新鲜度	1.022	0.034	29.710	***
XM_3	<---	新鲜度	1.054	0.034	30.709	***
XM_4	<---	新鲜度	0.946	0.034	27.481	***
LY_11	<---	配送质量	0.977	0.046	21.247	***
LY_10	<---	配送质量	1.000			
LY_8	<---	配送质量	1.185	0.056	21.331	***
LY_7	<---	配送质量	1.295	0.059	21.897	***
LY_6	<---	配送质量	1.331	0.060	22.334	***
LY_5	<---	配送质量	1.266	0.057	22.216	***
LY_1	<---	物流设施体系	1.000			
LY_2	<---	物流设施体系	1.176	0.040	29.680	***
LY_3	<---	物流设施体系	1.160	0.045	25.807	***
LY_4	<---	物流设施体系	1.257	0.047	26.638	***
可靠丰富	<---	配送质量	-33.235	22.877	-1.453	0.146
环保可追溯	<---	配送质量	-36.578	25.163	-1.454	0.146
新鲜度	<---	配送质量	-28.187	19.415	-1.452	0.147
新鲜度	<---	物流设施体系	24.284	16.488	1.473	0.141
可靠丰富	<---	物流设施体系	28.600	19.427	1.472	0.141
环保可追溯	<---	物流设施体系	31.466	21.369	1.473	0.141

模型结果表明，农产品配送质量、物流设施体系对农产品可靠丰富、环保可追溯、新鲜度三个因子均无显著影响，即农产品流通供给质量对消费者购买西北地区特色农产品满意度无显著影响。

四 营销供给质量与满意度

(一) 模型设定

本模型由品牌、渠道促销、功效 3 个潜变量和可靠丰富、环保可追溯、新鲜度 3 个显变量构成,共涉及六种路径:一是农产品可靠丰富对消费者购买西北地区特色农产品满意度的影响,包括 9 条路径;二是农产品环保可追溯对消费者购买西北地区特色农产品满意度的影响,包括 8 条路径;三是农产品新鲜度对消费者购买西北地区特色农产品满意度的影响,包括 4 条路径;四是农产品品牌对营销供给质量的影响,包括 8 条路径;五是农产品渠道促销对营销供给质量的影响,包括 2 条路径;六是农产品营销供给质量对消费者购买西北地区特色农产品满意度的影响,包括 6 条路径。利用所收集的消费者数据对 SEM 模型进行拟合,依据 AMOS 24.0 软件的输出结果得到 37 条研究假设路径的回归系数及其显著性,由此可判断主要变量间的因果关系。农产品营销供给质量与消费者购买西北地区特色农产品满意度关系的初始模型和修正模型如图 9.7 和图 9.8 所示。

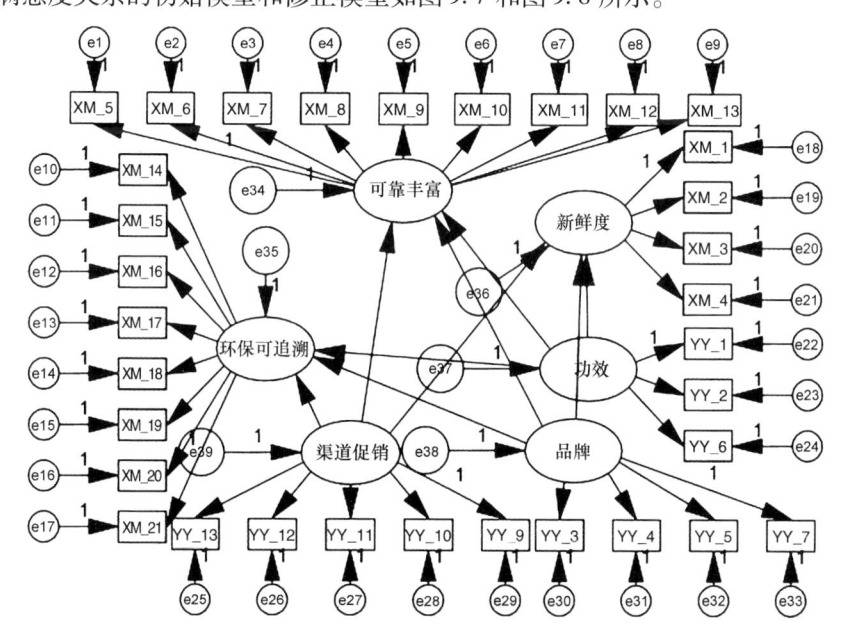

图 9.7 营销供给质量与满意度关系的初始模型

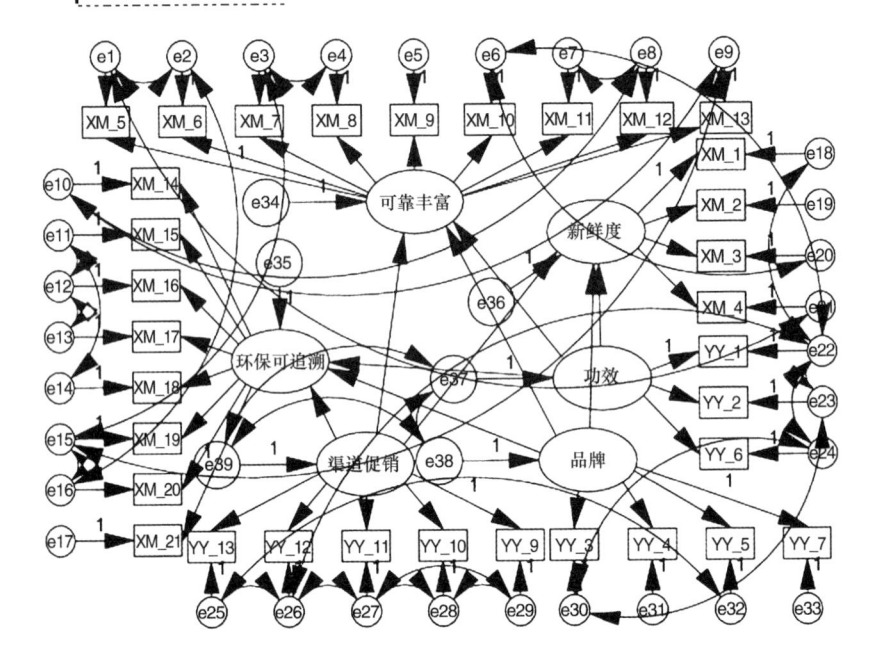

图 9.8　营销供给质量与满意度关系的修正模型

（二）模型拟合验证

模型的主要拟合指标如表 9.11 所示。可以看到，修正模型的绝对适配度指数 RMR 和 RMSEA 均小于 0.08 的临界值，表明模型适配合理。指标 NFI、RFI、IFI、TLI、CFI 均超过了 0.9 的门槛接受值，PNFI 大于 0.5，PGFI 大于 0.4，NC 值小于 5，均在可接受范围内。因此，修正模型整体拟合效果较好，通过验证。

表 9.11　营销供给质量与满意度的结构方程模型拟合度指标

模型拟合指数		初始统计值	修正拟合值	参考统计值	评价结果
绝对适配度指数	CMIN	6216.746	2165.020	/	/
	df	486	456	/	/
	GFI	0.802	0.925	>0.9	符合
	AGFI	0.772	0.908	>0.9	符合
	RMR	0.129	0.022	<0.08	符合
	RMSEA	0.083	0.047	<0.08	符合

续表

模型拟合指数		初始统计值	修正拟合值	参考统计值	评价结果
增值适配度指数	NFI	0.786	0.926	>0.9	符合
	RFI	0.768	0.914	>0.9	符合
	IFI	0.800	0.940	>0.9	符合
	TLI	0.782	0.931	>0.9	符合
	CFI	0.799	0.940	>0.9	符合
简约适配度指数	PNFI	0.724	0.799	>0.5	符合
	PGFI	0.695	0.752	>0.4	符合
	NC	12.792	4.748	NC<5	符合

（三）模型估计结果

本书运用结构方程模型对模型的路径系数进行统计显著性检验，具体结果如表9.12所示。

表9.12　　营销供给质量与满意度的结构方程模型分析结果

变量间关系			未标准化路径系数估计	S.E.	C.R.	P
XM_5	<---	可靠丰富	1.000			
XM_6	<---	可靠丰富	1.075	0.038	28.396	***
XM_7	<---	可靠丰富	1.168	0.044	26.498	***
XM_8	<---	可靠丰富	1.211	0.044	27.273	***
XM_9	<---	可靠丰富	1.099	0.043	25.793	***
XM_10	<---	可靠丰富	1.098	0.044	25.224	***
XM_11	<---	可靠丰富	1.065	0.041	26.234	***
XM_12	<---	可靠丰富	1.178	0.044	26.516	***
XM_21	<---	环保可追溯	1.000			
XM_20	<---	环保可追溯	1.027	0.033	31.451	***
XM_19	<---	环保可追溯	1.052	0.034	30.886	***
XM_18	<---	环保可追溯	1.107	0.035	31.807	***
XM_17	<---	环保可追溯	1.001	0.031	31.992	***

续表

变量间关系			未标准化路径系数估计	S.E.	C.R.	P
XM_16	<---	环保可追溯	0.907	0.031	29.162	***
XM_15	<---	环保可追溯	0.983	0.033	29.733	***
XM_14	<---	环保可追溯	0.910	0.032	28.445	***
XM_1	<---	新鲜度	1.000			
XM_2	<---	新鲜度	1.023	0.034	29.831	***
XM_3	<---	新鲜度	1.052	0.034	30.811	***
XM_4	<---	新鲜度	0.929	0.034	27.215	***
YY_9	<---	渠道促销	1.000			
YY_10	<---	渠道促销	0.798	0.034	23.325	***
YY_11	<---	渠道促销	0.924	0.039	23.493	***
YY_12	<---	渠道促销	0.654	0.035	18.499	***
YY_13	<---	渠道促销	0.696	0.037	18.584	***
YY_7	<---	品牌	1.000			
YY_5	<---	品牌	1.177	0.041	28.432	***
YY_4	<---	品牌	1.194	0.042	28.777	***
YY_3	<---	品牌	0.809	0.035	23.212	***
YY_1	<---	功效	1.000			
YY_2	<---	功效	2.228	0.185	12.040	***
YY_6	<---	功效	1.804	0.151	11.982	***
XM_13	<---	可靠丰富	1.132	0.043	26.149	***
环保可追溯	<---	渠道促销	6.679	2.412	2.769	0.006
可靠丰富	<---	渠道促销	6.245	2.274	2.746	0.006
新鲜度	<---	渠道促销	5.398	1.933	2.793	0.005
可靠丰富	<---	功效	−24.146	10.203	−2.367	0.018
环保可追溯	<---	功效	−25.588	10.825	−2.364	0.018
新鲜度	<---	功效	−20.405	8.672	−2.353	0.019
新鲜度	<---	品牌	1.776	1.085	1.637	0.102
可靠丰富	<---	品牌	2.229	1.274	1.750	0.080
环保可追溯	<---	品牌	2.336	1.353	1.727	0.084

模型结果表明，农产品渠道促销对农产品可靠丰富、环保可追溯、新鲜度三个因子在1%的置信水平下均呈正向显著影响，农产品功效对农产品可靠丰富、环保可追溯、新鲜度三个因子在5%的置信水平下均呈负向显著影响，农产品品牌对农产品可靠丰富、环保可追溯在10%的置信水平下呈正向显著影响，农产品品牌对农产品新鲜度无显著影响。可见，农产品渠道促销对消费者购买西北地区特色农产品的满意度有正向显著影响，农产品功效对消费者购买西北地区特色农产品的满意度有负向显著影响，农产品品牌对消费者购买西北地区特色农产品的满意度有一定显著影响，即农产品营销供给水平对消费者购买西北地区特色农产品的满意度有显著影响。

第三节 消费者满意度与品牌忠诚的关系研究

根据上文研究可知，消费者购买西北地区特色农产品的满意度可表达为三个因子，即可靠丰富、环保可追溯和新鲜度，接下来就满意度与消费者是否进行二次购买之间的关系进行估计分析。

一 模型设定

本模型由可靠丰富、环保可追溯和新鲜度3个潜变量和二次购买1个显变量构成，共涉及四种路径：一是农产品可靠丰富对消费者购买西北地区特色农产品满意度的影响，包括9条路径；二是农产品环保可追溯对消费者购买西北地区特色农产品满意度的影响，包括8条路径；三是农产品新鲜度对消费者购买西北地区特色农产品满意度的影响，包括4条路径；四是消费者购买西北地区特色农产品的满意度对二次购买的影响，包括3条路径。利用所收集的消费者数据对SEM模型进行拟合，依据AMOS 24.0软件的输出结果得到24条研究假设路径的回归系数及其显著性，由此可判断主要变量间的因果关系。消费者购买西北地区特色农产品满意度与二次购买关系的初始模型和修正模型如图9.9和

图 9.10 所示。

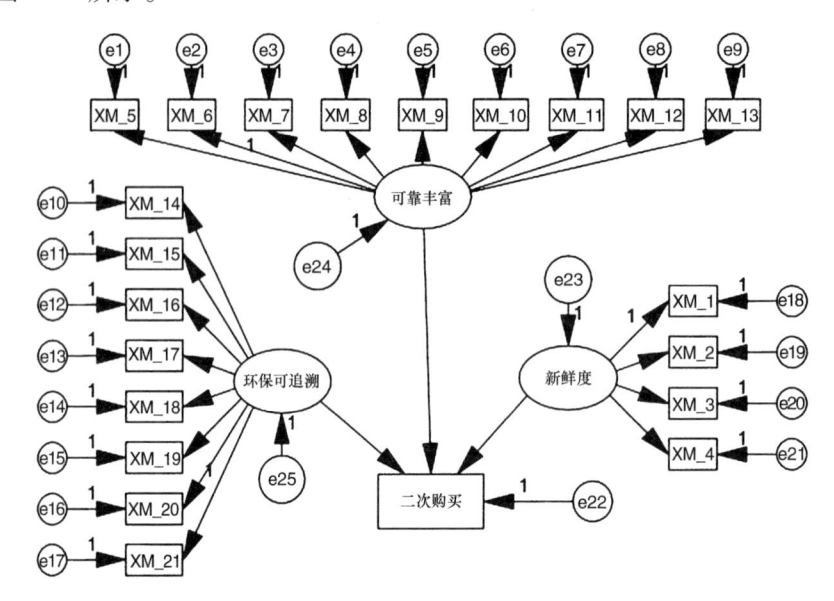

图 9.9　满意度与二次购买关系的初始模型

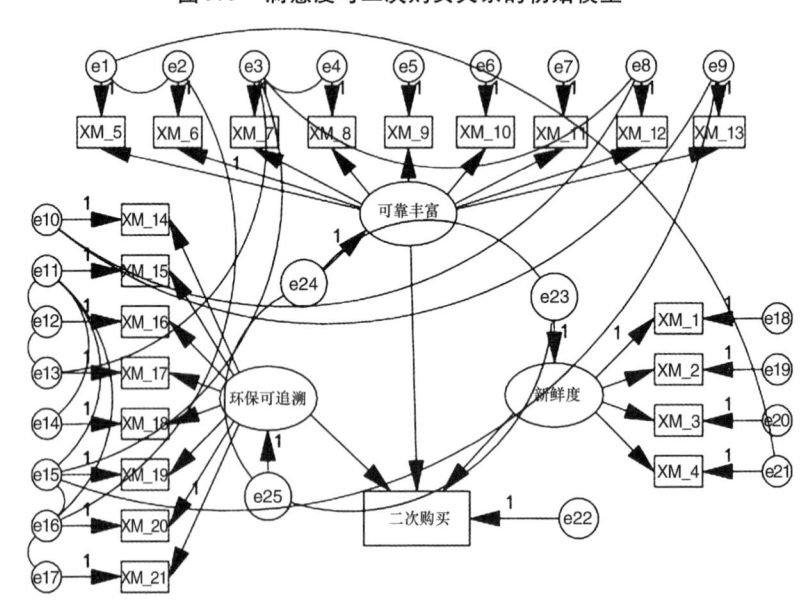

图 9.10　满意度与二次购买关系的修正模型

二 模型拟合验证

模型的主要拟合指标如表 9.13 所示。可以看到,修正模型的绝对适配度指数 RMR 和 RMSEA 均小于 0.08 的临界值,表明模型适配合理。指标 NFI、RFI、IFI、TLI、CFI 均超过了 0.9 的门槛接受值,PNFI 大于 0.5,PGFI 大于 0.4,NC 值小于 5,均在可接受范围内。因此,修正模型整体拟合效果较好,通过验证。

表 9.13　　满意度与二次购买的结构方程模型拟合度指标

模型拟合指数		初始统计值	修正拟合值	参考统计值	评价结果
绝对适配度指数	CMIN	4647.194	873.145	/	/
	df	207	187	/	/
	GFI	0.817	0.955	>0.9	符合
	AGFI	0.776	0.939	>0.9	符合
	RMR	0.183	0.016	<0.08	符合
	RMSEA	0.112	0.046	<0.08	符合
增值适配度指数	NFI	0.769	0.957	>0.9	符合
	RFI	0.743	0.946	>0.9	符合
	IFI	0.777	0.966	>0.9	符合
	TLI	0.751	0.957	>0.9	符合
	CFI	0.777	0.966	>0.9	符合
简约适配度指数	PNFI	0.69	0.774	>0.5	符合
	PGFI	0.668	0.706	>0.4	符合
	NC	22.45	4.669	NC<5	符合

三 模型估计结果

本书运用结构方程模型对模型的路径系数进行统计显著性检验,具体结果如表 9.14 所示。

表 9.14　　满意度与二次购买的结构方程模型分析结果

变量间关系			未标准化路径系数估计	S.E.	C.R.	P
XM_5	<---	可靠丰富	1.000			
XM_6	<---	可靠丰富	1.080	0.038	28.278	***
XM_7	<---	可靠丰富	1.197	0.045	26.581	***
XM_8	<---	可靠丰富	1.218	0.045	26.961	***
XM_9	<---	可靠丰富	1.108	0.043	25.602	***
XM_10	<---	可靠丰富	1.106	0.044	24.893	***
XM_11	<---	可靠丰富	1.095	0.041	26.554	***
XM_12	<---	可靠丰富	1.222	0.045	26.923	***
XM_13	<---	可靠丰富	1.157	0.044	26.251	***
XM_21	<---	环保可追溯	1.000			
XM_20	<---	环保可追溯	1.031	0.032	32.343	***
XM_19	<---	环保可追溯	1.071	0.035	30.717	***
XM_18	<---	环保可追溯	1.114	0.036	31.192	***
XM_17	<---	环保可追溯	1.016	0.032	31.778	***
XM_16	<---	环保可追溯	0.921	0.032	28.947	***
XM_15	<---	环保可追溯	1.020	0.034	30.004	***
XM_14	<---	环保可追溯	0.929	0.033	28.482	***
XM_1	<---	新鲜度	1.000			
XM_2	<---	新鲜度	1.018	0.034	29.603	***
XM_3	<---	新鲜度	1.053	0.034	30.702	***
XM_4	<---	新鲜度	0.930	0.034	27.210	***
二次购买	<---	可靠丰富	-0.136	0.084	-1.623	0.105
二次购买	<---	环保可追溯	-0.107	0.071	-1.496	0.135
二次购买	<---	新鲜度	0.125	0.049	2.563	0.010

模型结果表明，农产品可靠丰富、环保可追溯及新鲜度三个因子对消费者购买西北地区特色农产品满意度在 1% 的置信水平下呈正向显著影响，即农产品供给品种多、供应链高效、新鲜度高，消费者购买西北

地区特色农产品的满意度就高，与前文研究结果一致。数据还表明，农产品可靠丰富和环保可追溯对二次购买没有显著影响，而农产品新鲜度对二次购买在5%的置信水平下呈正向显著影响，即农产品越新鲜，消费者重复购买的越多。可见，消费者购买西北地区特色农产品的满意度对二次购买具有显著影响。

四 研究假设验证结果汇总

由此，根据第二节和第三节模型讨论结果可以得出，本书所提出的H14—H18研究假设得到验证，其中有4个显著路径，1个不成立的假说，具体分析结果见表9.15。

表9.15　　　　　　　　研究假设检验结果

序号	研究假设	检验结果
H14	消费者购买西北地区特色农产品的满意度对二次购买有显著影响	成立
H15	种植供给对消费者购买西北地区特色农产品满意度具有显著影响	成立
H16	加工供给对消费者购买西北地区特色农产品满意度具有显著影响	成立
H17	流通供给对消费者购买西北地区特色农产品满意度具有显著影响	不成立
H18	营销供给对消费者购买西北地区特色农产品满意度具有显著影响	成立

第四节　本章小结

本章采用二元 Logistic 回归方法对模型假设进行验证，在此基础上，通过 AMOS 24.0 构建结构方程模型，进一步讨论西北地区特色农产品消费者购买行为影响因素、农产品供给质量、满意度、品牌忠诚之间的关系，结论如下。

（1）在人口统计变量与西北地区特色农产品购买行为的关系方面，家庭成员结构、职业、收入水平对西北地区特色农产品购买行为具有显著影响，消费者的月收入水平越高，共同生活的小孩数量、老人数量越多，西北地区特色农产品的购买行为就越多，但值得注意的是，受教育程度越高、月收入水平越高、家庭老人小孩数量越多的消费者越不愿意为西北地区特色农产品支付溢价，这个结果可能与消费者对西北地区特色农产品的定位、产地偏远则产品价值不高的判断有关系。

（2）在农产品消费认知与西北地区特色农产品购买行为的关系方面，购买动机、购买渠道、获取农产品供给信息的途径对西北地区特色农产品购买行为具有显著影响，购买动机中饮食习惯、好吃2个变量对消费购买行为的发生具有显著影响；购买渠道中网上购买变量对促进西北地区特色农产品购买行为具有显著影响；消费者获取农产品供给信息的渠道，尤其是社交平台、身边人的推介对购买行为的发生具有显著影响。

（3）在农产品消费认知与西北地区特色农产品溢价支付意愿方面，在农贸市场，消费者更愿意为优质西北地区特色农产品支付更高的价格；饮食习惯、有营养、新鲜、好吃这4个体验感知变量对消费者支付溢价有显著影响，但大部分消费者不愿意为西北地区特色农产品支付更高的价格；电视/广播、书籍/杂志/报纸、社交媒体、网络搜索、亲戚/朋友/邻居/同学介绍这些获取西北地区特色农产品供给信息渠道的变量，对于促进消费者支付溢价具有显著影响，但由于西北地区特色农产品对营销环节重视程度不够，供给信息发布没有及时跟上，消费者未为其支付溢价。

（4）在消费者购买农产品影响因素与西北地区特色农产品购买行为的关系方面，种植供给质量、营销供给质量对消费者农产品购买行为具有显著影响。种植环境、功效这两个变量的显著性是0.007和0.002，对消费者溢价支付意愿均具有正向显著影响。其中，农产品种植环境和种植过程对种植供给质量在1%的置信水平下呈正向显著影响，即种植环境污染越小、种植过程越标准化、职业化，种植供给质量越高；农产品品牌、渠道促销、功效对农产品营销供给质量在1%的置信水平下呈正向显著影响，即品牌影响力越强，渠道选择越多，促销策略越得当，农产品营销供给质量越高。

（5）在消费者满意度与品牌忠诚的关系方面，可靠丰富、环保可追溯及新鲜度三个因子对消费者购买西北地区特色农产品满意度在1%的置信水平下呈正向显著影响,但农产品可靠丰富和环保可追溯对二次购买没有显著影响;农产品新鲜度对二次购买在5%的置信水平下呈正向显著影响。总体来说,消费者购买西北地区特色农产品的满意度对二次购买有显著影响。同时,相较于农产品品种、绿色、环保,消费者更看重农产品的新鲜度,这对于西北地区农产品物流配送提出了更大的挑战。

(6)在农产品供给质量与消费者满意度关系方面,种植供给质量、加工供给质量和营销供给质量三个方面对消费者购买西北地区特色农产品满意度具有显著影响。其中农产品可靠丰富、环保可追溯及新鲜度三个因子对消费者购买西北地区特色农产品满意度呈正向显著影响,农产品种植过程对消费者购买西北地区特色农产品满意度呈正向显著影响,农产品种植环境对新鲜度呈正向显著影响;农产品加工过程、新产品研发对满意度呈正向显著影响;农产品渠道促销对满意度呈正向显著影响,农产品功效对满意度呈负向显著影响,农产品品牌对农产品可靠丰富、环保可追溯呈正向显著影响。

本篇主要结论

本篇基于西北地区特色农产品需求侧,采用问卷调查法获取一手数据,运用频数分析、交叉表分析、因子分析、回归分析、结构方程等数理统计方法,分析西北地区特色农产品消费者特点,研究市场对西北地区农产品的需求特征和消费规律,主要得出以下结论。

一 西北地区特色农产品消费普遍化,重点消费群体特征明显

从调查数据看,西北地区特色农产品在不同地区、不同年龄段、不同收入阶段、不同职业、不同学历、不同家庭结构的人群中均有消费,覆盖面广,已成为日常农产品消费的重要组成部分。从统计分析结果看,重点消费群体特征明显。本土消费者占到一半以上,年龄主要集中

在 30—50 岁之间，学历以大学本科以上为主，职业分布以企业单位人员居多，家庭月收入以 2000—5000 元较多，共同生活家庭人数多为 3 口。从实证研究看，家庭成员结构、职业、收入水平对西北地区特色农产品购买行为具有显著影响，消费者的月收入水平越高，共同生活的小孩数量、老人数量越多，西北地区特色农产品的购买行为就越多。另外，受教育程度越高、月收入水平越高、家庭老人小孩数量越多的消费者越不愿意为西北地区特色农产品支付溢价。

二 西北地区特色农产品消费群体观念较传统，农产品知识了解一般

从统计分析结果上看，西北地区特色农产品购买频率最高的品类是瓜果，被购买最多的省区是新疆。消费者表示购买西北地区特色农产品频率最高的原因是有营养，拒绝购买频率最高的原因是宣传力度小。农贸市场仍然是消费者购买的主要渠道，淘宝是购买比例最高的电商平台，受访者了解农产品知识的程度为一般，获取农产品供给信息的主要渠道是 QQ、微信、微博等社交平台。同时，大部分受访者认为西北地区特色农产品价格合适，不愿意为优质的西北地区特色农产品支付溢价，如果支付，消费者更愿意在农贸（批发）市场支付更高的价格，能接受的幅度不超过 20%。从实证研究看，购买动机、购买渠道、获取农产品供给信息的途径对西北地区特色农产品购买行为具有显著影响，购买动机中饮食习惯、好吃两个变量对消费购买行为的发生具有显著影响；购买渠道中网上购买变量对促进西北地区特色农产品购买行为具有显著影响；消费者获取农产品供给信息的渠道，尤其是社交平台、身边人的推介对购买行为的发生具有显著影响。

三 种植与营销供给质量对农产品购买行为具有显著影响

从实证研究看，种植环境、功效这两个变量的 Wald 检验值在 5% 的水平上显著性是 0.007 和 0.002，对消费者溢价支付意愿均具有正向显著影响，即种植供给质量、营销供给质量对农产品购买行为具有显著

影响。其中，农产品种植环境和种植过程对种植供给质量呈正向显著影响，即种植环境污染越小，种植过程越标准化，种植供给质量越高；农产品品牌、渠道促销、功效对农产品营销供给质量呈正向显著影响，即品牌影响力越强、渠道选择越多、促销策略越得当，农产品营销供给质量越高。从统计分析结果看：一是西北地区农产品种植土壤天然少污染，种植过程农药、化肥施用量少的特点，吸引消费者愿意为其支付更高的价格。二是西北地区特有的区位优势，其农产品品种、成分、口感独特，为消费者带来更多的溢出价值，使其愿意支付更高的价格。

四 宣传力度小是消费者未购买西北地区特色农产品的主要原因

为了更准确地找到西北地区特色农产品消费者满意度评价的关键，研究进行了探索性因子分析，将影响满意度的21个题项降维至3个因子，因子1特征值为5.083，解释方差48.452%，共由9项组成，其中广告宣传的因子载荷值最大为0.734，可见，广告宣传是影响消费者购买西北地区特色农产品的关键因素。从消费者调查到的数据看，消费者拒绝购买西北地区特色农产品的首要原因是宣传力度小，占比为15.9%。对20个满意度评价的分题项做描述性统计，发现西北地区特色农产品的广告宣传顾客满意度得分为3.62，是满意度评价中的最低项。可见，政府需要进一步加大西北地区特色农产品的宣传力度，让更多的消费者了解西北，了解西北特色农产品。

五 线下仍然是消费者选购农产品的主要渠道

实证研究结果表明，农贸（批发）市场变量与溢价支付意愿呈正向显著关系，显著性是0.078。说明在农贸（批发）市场，消费者更愿意为优质西北地区特色农产品支付更高的价格。从统计分析结果看，受访者农产品购买主要通过三大渠道，占比最高的仍然是传统的农贸市场，达到22.5%，主要特点是新鲜、价格适中；次之的是社区附近的中小型超市或商店，占比达到20.8%，主要特点是便捷；三是品类全、综合性强的大型超市，占比达到18.1%，主要特点是来源可信赖。这三大渠道占比总和达到 61.4%，是农产品购买的主要场所。尽管目前大多商品线上销售渠道逐渐趋于主流，但由于农产品产量大、地域性强、销售渠道复杂、易腐烂等特点，线下购买仍然是主要途径。

六　西北地区特色农产品品牌数量少，品牌忠诚度低

农产品购买行为影响因素分析结果表明，营销供给水平聚合为农产品品牌、农产品渠道促销和农产品功效三个因子，其中农产品品牌的因子载荷量接近一半。可见，农产品品牌对消费者购买农产品具有重要影响。从消费者调研数据看，受访者中会固定购买某品牌农产品的人数仅占到 37.7%，表示不会固定购买的人数占到 62.3%。呈现出农产品消费者的品牌忠诚度较低的特点，究其原因，一方面是农产品品牌数量较少，有些农产品甚至没有品牌，加之品牌保护不到位，消费者选购时更多凭借经验、产品外观判断；另一方面是社交电商、直播电商的出现，降低了生产者成为商家的门槛，众多新农人带来了大量产品和服务的新形态，消费者选择范围广，尝新成本低，使得农产品品牌的忠诚度不高。

七　农产品新鲜度是影响消费者溢价支付、满意度与持续购买的关键因素

从统计分析结果看，受访者选择购买西北地区特色农产品的主要原因集中在有营养、饮食习惯、好吃和新鲜 4 个方面，累计占比达到 51.9%。Logistic 回归模型分析结果表明，饮食习惯、有营养、新鲜、好吃这 4 个体验感知变量对消费者支付溢价有显著影响。结构方程模型研究结果表明，农产品可靠丰富、环保可追溯及新鲜度三个因子对消费者购买西北地区特色农产品满意度在 1% 的置信水平下呈正向显著影响，即农产品供给品种多、供应链高效、新鲜度高，消费者购买西北地区特色农产品的满意度就高。消费者满意度与品牌忠诚度的关系还表明，农产品新鲜对二次购买在 5% 的置信水平下呈正向显著影响，即农产品越新鲜，消费者重复购买的越多。可见，农产品新鲜度对于消费

者购买行为、溢价支付意愿、消费者满意度、重复购买都具有重要的影响。

八 种植、加工、营销供给质量对消费者满意度具有显著影响

统计分析结果显示，1716位购买过西北地区特色农产品的受访者中，总体满意者达到57.9%，非常满意者占19.5%，评价为一般、不满意或者非常不满意者占到22.6%，基于此，对问卷设计的20个满意度评价的分题项做描述性统计，发现西北地区特色农产品的广告宣传、促销优惠和种植过程的可追溯是顾客满意度最低的三项，西北地区特色农产品的口感滋味、新鲜度和保质期是顾客满意度最高的三项。进一步深入分析发现，在农产品供给质量与消费者满意度关系方面，种植供给质量、加工供给质量和营销供给质量对消费者购买西北地区特色农产品满意度具有显著影响。其中，其中农产品可靠丰富、环保可追溯及新鲜度三个因子对消费者购买西北地区特色农产品满意度呈正向显著影响，农产品种植过程对消费者购买西北地区特色农产品满意度呈正向显著影响，农产品种植环境对新鲜度呈正向显著影响；农产品加工过程、新产品研发对满意度呈正向显著影响；农产品渠道促销、农产品品牌对满意度均呈正向显著影响。

第四篇　案例研究篇

　　西北地区特色农产品供给质量提升路径的研究，不仅要综合供需两侧数据找出西北特色农产品供给的普遍问题，还应考虑西北各省区由于其地理位置、气候、省（区）情不同，特色农产品品类不同，供给体系存在的差异性。本篇采用案例研究法，首先选择五省区各自具有代表性的特色农产品，覆盖瓜果蔬菜、中药材、坚果调料等多个品类，从供应链协同、新媒体营销、国际化经营、生态环境保护、可持续发展等不同视角，深入分析不同地区、不同品类特色农产品种植、加工、流通和营销环节供给状况，研究其供给质量存在的不足，逐一针对性地给出解决办法。继而综合多个案例，寻找西北各省区特色农产品供给体系存在问题的共性，分析问题出现的原因，总结归纳解决西北地区特色农产品供给质量问题的对策建议，为得出更翔实更系统的提升路径提供重要支撑。

第十章　案例1：宁夏枸杞

枸杞，别名枸杞果、白疙针、旁米布如，属茄科，果实、根皮及嫩叶可入中药，主要分布在宁夏、内蒙古、新疆等地，以宁夏为主要产地。作为最显著的地域符号，枸杞既是宁夏九大产业、四个千亿经济增长目标的重要支柱产业之一，也是宁夏面向海内外的"红色名片"、"金字招牌"[①]。面对枸杞市场的不断繁荣，其他区域枸杞产业也发展迅速。如何持续提升宁夏枸杞产业的竞争力，本书系统对其供给质量进行研究。

第一节　宁夏枸杞种植供给

笔者结合实地走访，主要从宁夏枸杞的分布及产量、宁夏枸杞的种植模式和宁夏枸杞新品种的培育三个角度对其种植供给水平进行论述。

一　宁夏枸杞的种植分布及产量

宁夏枸杞国家地理标志产品保护区由清水河流域、卫宁灌区、银川以北三大产区组成。宁夏栽培枸杞最早的中宁县有600年的历史，1983年以后，从银川沿贺兰山扇形冲积带地区开始大面积种植，产出的枸杞具有品质好、药用价值高的优势，曾经多次在国内荣获金奖。近年来，随着枸杞市场需求的增加，海原、同心、红寺堡、利通区、沙坡头、惠

---

① 北青网：《宁夏枸杞产业综合产值达250亿元，同比增长19%》，https：//baijiahao.baidu.com/s？id=1721571705953725086&wfr=spider&for=pc，发布日期：2022年1月10日，访问日期：2022年3月1日。

农、平罗、原州区也相继开始大面积栽种枸杞。

数据显示，2019年宁夏枸杞种植面积100万亩，占到全国枸杞总面积的33%，枸杞干果产量达14万吨，综合产值130亿元，良种覆盖率达95%以上。2021年枸杞产业在重大项目投资建设、科技研发、"枸杞宴"开发上齐发力，新增枸杞种植8万亩，鲜果产量增长15%，综合产值预计达250亿元，同比增长19%[①]。目前，全区建成国家级研发中心4个、国家级枸杞种植资源圃2个，扶持培育枸杞生产、加工、流通经营主体730余家，已成为全国枸杞产业基础最好、生产要素最全、品牌优势最突出的核心产区[②]。其中，中宁作为宁夏枸杞的主产地，2017年其种植面积达到20万亩，产量达到4.28万吨，占全区枸杞总产量的41%。2018年种植面积新增1万亩，2019年继续保持增长，达到了35.9万亩。2015—2019年宁夏枸杞产量及其增长速度见图10.1。

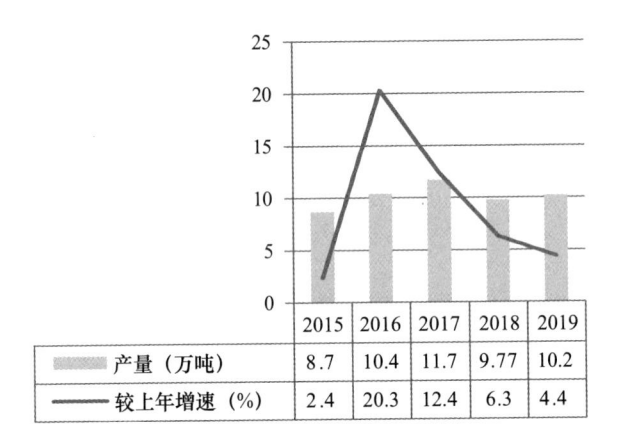

	2015	2016	2017	2018	2019
产量（万吨）	8.7	10.4	11.7	9.77	10.2
较上年增速（%）	2.4	20.3	12.4	6.3	4.4

图10.1 2015—2019年宁夏枸杞产量及其增长速度

数据来源：宁夏回族自治区2015—2019年统计公报。

[①] 北青网：《宁夏枸杞产业综合产值达250亿元，同比增长19%》，https://baijiahao.baidu.com/s?id=1721571705953725086&wfr=spider&for=pc，发布日期：2022年1月10日，访问日期：2022年3月1日。

[②] 产业信息网：《2019年宁夏枸杞发展现状及宁夏枸杞企业发展趋势分析》，https://www.chyxx.com/industry/202007/884321.html，发布日期：2020年7月24日，访问日期：2021年6月13日。

二 宁夏枸杞的种植模式

随着市场需求规模的扩大，为有效地避免小规模种植的弊端，提高种植农户的经济效益，在政府、企业、农户的积极配合下，宁夏地区采用了"龙头企业+合作社+农户"的订单生产模式，此类模式主要以合作社为中介，积极带动农户生产，同时也为企业服务，进而实现种植、加工、销售的深入合作，降低在交易过程中的成本。为全面推进枸杞标准化栽培，把控种植的源头，政府还推广了"统种分管"种植模式，此模式由枸杞龙头企业、合作社等枸杞经营主体统一提供良种、化肥等枸杞种植物资，统一技术指导，机械化种植，统一指导打药、施肥等工作，生产过程由农户分散完成。目前此种植模式正从中宁逐步普及推广到其他的种植区域。

枸杞在种植过程中容易受到气候、土壤、种植形式、管理方式的影响，易受到病虫灾害、霜冻灾害等的影响，且防治难度较大。目前防止病虫灾害的主要手段就是喷洒农药，而农药的大量喷洒使得枸杞含有大量的农药残留物，并且喷洒的农药种类繁多，这不仅影响了枸杞的质量，而且影响了宁夏枸杞走出国门，使得宁夏枸杞在外向发展的过程中受到了他国绿色贸易壁垒的阻碍。为解决这一难题，政府和企业积极作为，在2019年建设5万亩有机肥种植枸杞，推广种植4万亩富硒肥枸杞，建立463个病虫害预测预报点，全面推广"五步法"绿色防控技术[①]。

三 宁夏枸杞新品种的培育

宁夏枸杞分为麻叶类，包括大麻叶、小麻叶、麻叶、宁杞1号；圆果类，包括圆果、小圆果、尖头圆果；黄果类，包括大黄果、小黄果及

---

① 宁夏回族自治区林业和草原局：《推进枸杞产业整合，加快高质量发展步伐》，http：//lcj. nx. gov. cn/xwzx/lykk/201910/t20191023_ 1810792. html，发布日期：2019年10月23日，访问日期：2021年6月6日。

黄叶枸杞、白条枸杞、卷叶枸杞、紫柄枸杞等近 20 个品种①。近年来，为适应市场发展、增强宁夏枸杞竞争力，宁夏投入大量人力、物力、财力相继研发培育出了宁杞和宁农杞两个系列品种。宁杞系列品种已经从宁杞 1 号培育到了宁杞 9 号，其中，宁杞 1 号、宁杞 5 号、宁杞 7 号已成为全国枸杞产区推广栽培面积最大的主栽品种。数据显示，2021 年，全国枸杞产区 90% 以上的枸杞种苗均从宁夏引进②。但随着市场需求的变化，生产上仍需要易管理、果粒大、抗裂果、商品率高的枸杞优良品种，这也是枸杞育种工作的重点和研究方向之一。经过多年努力，2021 年，研究人员选育出大果型、自交亲和力强、抗逆性强枸杞新品种"宁杞 10 号"③。

第二节　宁夏枸杞加工供给

随着宁夏枸杞种植规模的扩大，枸杞加工产业也应有一个高质量、多元化、长远性的发展。对此，本书从枸杞初级加工主要依赖人工、宁夏枸杞加工企业规模不断扩大和宁夏枸杞深加工产品的多样化三个方面对宁夏枸杞加工供给水平进行分析。

一　枸杞初级加工主要依赖人工

枸杞采摘主要分为三蓬，一蓬在 5 月下旬到 6 月下旬，二蓬为 7 月上旬到 8 月下旬，三蓬为 9 月中旬至 11 月上旬。枸杞采摘对方式、时间具有严格的要求，采摘时要做到轻采、轻拿和轻放，树上采干净，雨天不采，露水不采，喷农药后在药效期内不采，这就导致宁夏枸杞的采摘依旧是以人工采摘为主。在采摘结束后用食用碱水对枸杞进行喷洗，

---

① 搜狗百科：宁夏枸杞品种分类，https://baike.sogou.com/，发布日期：2021 年 2 月 7 日，访问日期：2021 年 6 月 6 日。
② 宁夏回族自治区林业和草原局：《"小产区"如何撬动全国大市场——宁夏枸杞产业发展观察》，https://lcj.nx.gov.cn/xwzx/zxyw/202103/t20210312_2625583.html，发布日期：2021 年 3 月 12 日，访问日期：2021 年 6 月 6 日。
③ 祁伟等：《枸杞新品种"宁杞 10 号"的选育》，《果树资源学报》2021 年第 1 期。

用自然晾晒的方式对枸杞进行烘干，随后进行初步筛选，对枸杞进行色选，把颜色黑的、变质的枸杞剔除。再通过人工筛选把不符合市场标准的枸杞挑选出来，之后进行机器除尘除灰，最后进行打包。枸杞采摘依赖人工，晾晒过程采用自然方式，这就导致枸杞整个初加工时间漫长繁杂，有时可能会错过最佳入市时间，且人工成本较高。

二 宁夏枸杞加工企业规模不断扩大

宁夏有枸杞加工企业 162 家，其中枸杞产业化龙头企业共 55 家，包括国家级农业产业化龙头企业 3 家，自治区级 16 家。宁夏枸杞加工产业总产值 24 亿元，营业收入 20 亿元，枸杞加工转化率达到 15%。规模以上加工企业主要有百瑞源、沃福百瑞、杞泰、大地生态等。截至 2019 年年底，中宁枸杞区域品牌价值达 172.88 亿元，入围第 1 批国家良好农业规范（GAP）认证示范县、全国经济林产业区域特色品牌建设试点单位、中国特色农产品优势区，成为最受消费者喜爱的中国农产品区域品牌。调查数据显示，中宁县与枸杞相关农产品加工业整体形势看好，枸杞相关产品市场需求旺盛，产品销量、价格实现波动性增长，枸杞产品出口 40 多个国家和地区，占全国出口总量的 60% 以上[1]。

三 宁夏枸杞深加工产品的多样化

枸杞及其制品已经有十大类 100 余种产品，具体包括干果类、酒类、饮料类、果酱类、油类、芽茶类、保健品、功能性食品、化妆品、药品[2]。宁夏枸杞具有很强的药用价值，借助此优势，以枸杞为初级原料的保健产品快速发展，目前已经开发的保健食品主要包括枸杞汁、枸杞茶、枸杞籽油、枸杞软糖，品牌主要有洲洋牌枸杞胶囊、宁夏红 R

---

[1] 产业信息网：《2019 年宁夏枸杞发展现状及宁夏枸杞企业发展趋势分析》，https://www.chyxx.com/industry/202007/884321.html，发布日期：2020 年 7 月 24 日，访问日期：2021 年 6 月 13 日。

[2] 央广网：《宁夏将举办 2018 枸杞产业博览会》，https://baijiahao.baidu.com/s?id=16023560 87767404814&wfr=spider&for=pc，发布日期：2018 年 6 月 4 日，访问日期：2021 年 6 月 6 日。

枸杞果酒、宁夏红牌红樽酒、九千岁牌补酒、晶湖牌益康黄酒等。同时宁夏枸杞也作为配料生产出许多复合食品，这些食品主要有果茶、果酱、清汁饮料、含枸杞乳饮料、固体饮料等。

第三节　宁夏枸杞流通供给

2018年枸杞产业博览会新闻发布会公布，宁夏枸杞流通企业达到55家，供应、生产、流通混合型企业达到106家。本书从宁夏枸杞基础物流和冷链物流两方面对其流通供给状况进行分析。

一　宁夏枸杞基础物流的发展

在供应物流上，宁夏枸杞主要是经过中间运输组织、合作社式运输或者自给自足式的运输从产地运输到销售地。在此过程中受路况、运输距离、保鲜技术、运输设备容量、市场需求的影响较大，运输成本会有所增加，也使产地种植者获利受到了限制。

在销售物流上，一是宁夏枸杞在全国大中城市建立了坚实的枸杞产品销售渠道和销售网点。政府和企业通过组织枸杞博览会、交易会、举办专题推介会，吸引国外购买商来参加，扩大对外宣传，增加出口。二是在全国培育枸杞主销区，目前已经形成了以上海为主辐射南京、杭州的华东区，以广州为主辐射南宁、贵阳的华南区，以成都为主辐射重庆、长沙、武汉的长江沿线区，以兰州为主辐射西北省区的西北区和以北京为主辐射天津、石家庄的华北区，枸杞产品的流通向物流配送的方向发展，融入大市场、现代物流的海洋中。但与东部沿海地区相比，宁夏交通发展滞后，通信、邮政设施比较落后，给枸杞流通带来诸多不便，目前，宁夏物流企业大多数仍停留在仓储、运输、搬运上，各环节仍存在手工作业的现象，提升枸杞供给质量要求大力发展物流行业，宁夏地区需要进一步结合自然区域特点，发挥政策优势，加快建设满足市场需求的物流体系。

二 宁夏鲜枸杞冷链物流的发展

近年来，国家和宁夏政府对地区基础设施建设投资力度逐渐加大，宁夏冷链物流发展的环境大为改善，基本形成了比较全面的冷链物流运输系统，陆路运输和航空运输一体化物流配送建设已经取得成效，物流园区的建设也快速发展，形成了中宁、银川空港、固原西兰银等几个大型物流园区。2020年银川市有大约12处10万平方米比较成熟的生鲜冷链物流基地，其中大中型冷链物流基地包括6处，占地面积约72000平方米[1]。自治区农业农村厅计划2021年年内在全区16个县（市、区）组织307个新型经营主体，建设冷藏保鲜设施734个，新增库容9.525万吨[2]。宁夏冷链物流的发展已经初具规模，但是发展过程中还是存在基础设施不健全、冷链物流人才不足、缺乏整体规划、技术水平较低、物流信息更新速度慢等问题，特别是随着市场对鲜枸杞的需求逐年增加，冷链物流呈现出难以满足现实需求的状况。

第四节 宁夏枸杞营销供给

一 宁夏枸杞营销环境分析

营销环节往往是西北地区特色农产品"走出去"的薄弱之处，宁夏枸杞如何抓住机遇、发挥优势，补齐营销短板显得尤为重要。本小节采用SWOT分析法首先对宁夏枸杞行业的营销环境进行分析，见表10.1。

---

[1] 牛蓉、郝荷、杨海娟：《宁夏生鲜冷链物流产业发展问题及对策研究》，《商业观察》2021年第4期。

[2] 宁夏网络广播电视台：《今年全区计划建设冷藏保鲜设施734个，提升冷链物流能力》，https://news.nxtv.com.cn/nxnews/tdnxnews/2021-06-12/606825.html，发布日期：2021年6月12日，访问日期：2021年6月13日。

表 10.1　　　　　　　宁夏枸杞行业营销环境 SWOT 分析

	威胁	机会
外部条件	①宁夏处于西北部，经济相对落后，物力财力相对匮乏；②缺乏枸杞产品专业营销人才；③计算机、大数据、智慧网络等先进技术在枸杞营销中的应用不足，配套服务滞后	①国家给予了诸多扶持政策；②电子商务平台的发展促进枸杞销售模式不断创新；③消费结构升级，养生观念得到不同年龄段消费者的重视
	优势	劣势
内部条件	①地处平原，昼夜温差较大、日照充足，碱性土壤自然条件优越，灌溉用水方便；②宁夏枸杞文化的积淀，枸杞功效有绝对的竞争优势；③大中小型枸杞种植园区、博物馆、文化馆等的建设宣传	①假冒伪劣产品增加，影响宁夏枸杞品牌形象；②国际市场上存在绿色贸易壁垒；③龙头企业数量不足；④市场需求的响应速度慢，新产品的研发能力不足

宁夏发展枸杞产业具有得天独厚的自然优势和产品优势，主要体现在：地处平原，种植面积广阔；碱性土壤适合枸杞生长；昼夜温差较大、日照充足有利于枸杞营养价值的储备；特有的药用价值。截至 2018 年年底，宁夏地区具有有效出口资质企业 48 家，通过美国 FDA 认证的企业达 34 家，产品销售遍及全国，远销 40 多个国家和地区[①]。当然也存在研发专业人才短缺、国际营销专业人员缺乏、技术服务不健全、服务滞后等短板，特别是国际市场对枸杞的检测标准越来越高，日本、美国相继出现针对枸杞的绿色贸易壁垒，使得枸杞的外向化发展受到阻碍。

二　枸杞的价格波动

2015 年宁夏枸杞平均价格达到 48 元/千克，在这之后出现了持续

---

① 宁夏回族自治区林业和草原局：《推进枸杞产业整合，加快高质量发展步伐》，http://lcj.nx.gov.cn/xwzx/lykk/201910/t20191023_ 1810792.html，发布日期：2019 年 10 月 23 日，访问日期：2021 年 6 月 6 日。

下降的趋势，在 2018 年低至 26 元/千克，随后出现回升，总体上看 2015—2019 年宁夏枸杞价格呈现下降趋势，见图 10.2。随着枸杞市场需求的日益上升，越来越多的企业进入枸杞种植、加工、流通、营销等相关行业，致使行业竞争加剧，产品价格出现了一定的波动。

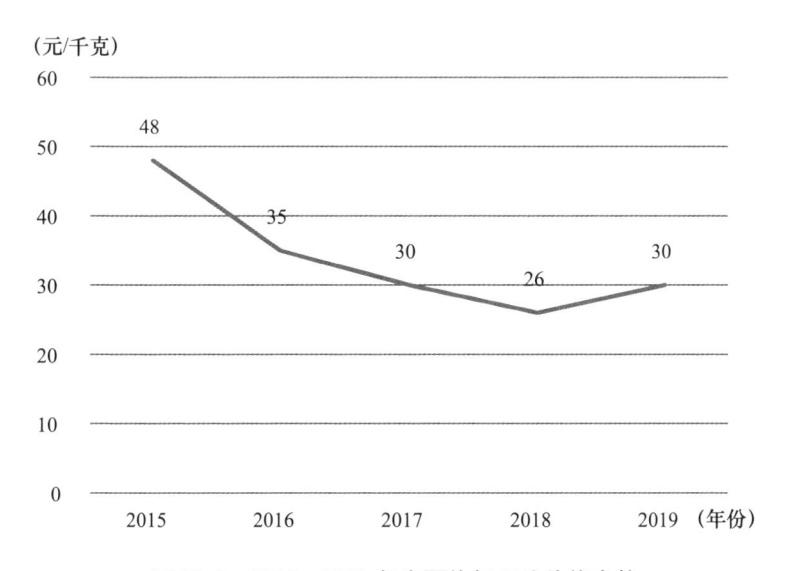

图 10.2　2015—2019 年宁夏枸杞平均价格走势

数据来源：智研咨询整理《2019 年宁夏枸杞发展现状及宁夏枸杞企业发展趋势分析》。

三　宁夏枸杞营销渠道日益多样化

宁夏枸杞的营销渠道分为采购和销售两方面。采购渠道一是通过与种植大户、合作社建立长期的采购关系，合作方选择农户一般要去实地对枸杞的品种、质量、色泽进行详细考察，随后根据具体的考察情况决定采购的品种、数量；二是通过枸杞交易市场进行交易，其中中宁枸杞交易市场是一个重要的枸杞交易场所，每年 6—10 月采购人员都到交易市场进行考察交易，此类采购使得采购商有更多的选择机会，营造了一个良好的枸杞竞争环境，打破了区域交易的局限性，有助于提高枸杞的供给质量。宁夏枸杞的线上发展也取得了一定的成绩，2016 年中宁建成了全国首个枸杞电子交易中心，在天猫、京东等 14 家互联网企业授权开办中宁枸杞官方旗舰店，2019 年，中宁枸杞线上交易额达 16.1 亿元①。在疫情防控期间，各类枸杞经营主体加快互联网营销战略转型，推动线上销量同比增长 75%②。

四　宁夏枸杞品牌营销建设日趋完善

宁夏中宁县在枸杞种植方面有着土地肥沃、地势平坦、灌溉用水足、温差大的自然条件，这些自然因素使得中宁枸杞的品质高、营养价值高，中宁具有"中国枸杞之乡"的美誉。为了在枸杞行业更具竞争力，近年来，中宁县推动枸杞走特色化、品牌化发展道路，2016 年将百瑞源、早康、沃福百瑞、宁夏红、福寿果和杞动力等品牌列为第一批"宁夏枸杞知名品牌"③；2017 年 1 月 10 日，农业部正式批准了对中宁枸杞地理标志的登记保护④。2019 年 11 月 15 日，中宁枸杞入选中国农业品牌名单⑤。2019 年 12 月 23 日，第五届中国农业商品品牌盛典在成都通威国际中心举办，正式发布了"中国农业产品百强标志品牌"，中宁枸杞等品牌入选⑥。

第五节　主要结论

通过本案例的研究，结合课题组前期大量实地考察，提出几方面建

---

① 宁夏日报：《中宁国际枸杞交易中心 7 年实现交易额 320 亿元》，http：//finance. sina. com. cn/roll/2020 - 07 - 22/doc - iivhvpwx6795932. shtml，发布日期：2020 年 7 月 22 日，访问日期：2021 年 6 月 13 日。
② 中宁县人民政府：《第三届枸杞产业线上线下博览会暨全球网红大赛颁奖盛典启动》，http：//www. znzf. gov. cn/，发布日期：2020 年 6 月 19 日，访问日期：2021 年 6 月 6 日。
③ 中国林业新闻网：《宁夏奖励枸杞知名品牌和优质基地》，http：//www. greentimes. com/，发布日期：2016 年 12 月 22 日，访问日期：2021 年 6 月 6 日。
④ 中华人民共和国农业农村部：中华人民共和国农业部公告第 2486 号，http：//www. moa. gov. cn/，发布日期：2017 年 2 月 20 日，访问日期：2021 年 6 月 6 日。
⑤ 中华人民共和国农业农村部：《中国农业品牌目录 2019 农产品区域公用品牌发布》，http：//www. gov. cn. /，发布日期：2019 年 11 月 18 日，访问日期：2021 年 6 月 6 日。
⑥ 买购网：《2019 中国农产品百强标志性品牌》，https：//www. maigoo. com/，发布日期：2019 年 12 月 24 日，访问日期：2021 年 6 月 6 日。

议助力宁夏地区枸杞供给质量提升。

一 政府继续做好枸杞产业发展规划设计

宁夏枸杞取得今天的成绩离不开政府的顶层设计和政策扶持，在今后的枸杞特色产业建设过程中，政府应继续积极主动作为。在种植环节，做好各散户之间的联系，从自给自足式的种植转向合作社种植，从而达到规模化种植的目的；在运输环节，政府应给予资金和政策上的扶持，促进冷链物流的发展，支持"电商、快递进农村"，从而实现鲜果快速发展的目标；在销售环节，政府牵头举办枸杞节、博览会、展销会等助力宁夏枸杞"走出去"，同时对枸杞企业给予税收优惠；面对假冒伪劣产品，政府应加大执法力度、加强监管，对投机取巧、以次充好等损害宁夏枸杞口碑的行为给予严厉打击；做好宁夏枸杞产业发展规划，对人才不足的困境，应做好将人才引进来、留得住、发展好的工作；对榜样企业或个体的成功案例做好宣传，并从中总结经验。

二 结合宁夏枸杞的区位优势，大力发展种植

宁夏枸杞之所以在我国枸杞行业具有举足轻重的地位，关键在其无可替代的区位优势。因此要利用好宁夏气候、土壤、水源优势，结合先进技术，着力推动宁夏枸杞规模化、专业化的种植。实现宁夏枸杞规模化种植优势主要体现在以下方面：一是有利于降低种植成本，提高种植的机械化程度，提高生产效率，促进种植过程的专业化；二是为枸杞产业园区大规模建设打下基础；三是有助于实现产品标准化，推动宁夏枸杞品牌化发展。在这个发展过程中，首先要基于区位优势，突出种植环境绿色有机的特点；其次，加快枸杞种植现代化建设，继续与高校、研究院所深度合作，转化一批能用得上、可操作、可推广的科研成果，指导杞农种植出高质量、有市场的特色产品。

三 推动枸杞精深加工，实现宁夏枸杞产业规范化、智能化

首先，宁夏枸杞目前仍以干果出售为主，呈现给市场的枸杞产品品

类不够丰富,在枸杞产品加工、储运技术研发等方面投入不足;其次,宁夏枸杞采摘对方式、时间具有严格要求,导致枸杞的采摘依旧是以人工采摘为主。随着枸杞种植规模、产量的扩大,人工采摘、晾晒不足及其人工成本高的弊端暴露显现。近年来,宁夏枸杞的加工水平虽在全国处于相对领先的位置,但从长远来看,加工集中度和生产效率还需进一步提高,机械设备和加工技术的智能化程度还比较落后。因此,宁夏政府和企业应积极交流,加强政企合作,吸引更多人才和高科技进入枸杞行业,利用先进技术研发便捷、高效的枸杞采摘、晾晒机器,形成自己独特的核心技术。

四 加快宁夏枸杞的品牌建设

枸杞行业中企业之间的竞争越来越激烈,各类枸杞产业区通过增加种植规模,增加枸杞产量,使得市场供给基本饱和。销售过程中存在恶性竞争,由于宁夏枸杞知名度高,消费者信赖,一些不法商家使用宁夏枸杞的品牌达到自己获利目的,这种做法严重损害了宁夏枸杞的商誉。要在激烈的竞争中获得更好的发展,必须培育更多宁夏地区的枸杞品牌。为推动品牌建设,企业首先要做好人才培养工作,既要懂营销、熟市场,还要有创新意识、管理经验,可以采取与地方高校联合订单式培养的办法;其次要加大宣传力度,利用自媒体,三微一端宣传宁夏枸杞,让品牌建设落深落实;最后做好品牌形象现代化建设,削弱人们对枸杞等农产品即"土特产"的刻板印象,推出更多枸杞相关的衍生产品,延长产业链,提高附加值。企业可将宁夏枸杞种植几百年的历史融入品牌设计中,让消费者更能感受到宁夏枸杞浓厚的历史底蕴,增强对宁夏枸杞品牌的信赖。

五 推动宁夏枸杞营销的多元化发展,进一步提升知名度

政府应加速健全宁夏枸杞追溯体系,以保护宁夏枸杞的品牌信誉,同时积极利用互联网、自媒体、网红直播、电商达人等途径加大对宁夏枸杞的宣传,提高宁夏枸杞的知名度。具体可以从以下方面实现:首

先，企业应继续推动线下专柜、专卖店的建设，推动龙头企业＋合作社＋农户模式进一步发展，继续完善枸杞交易市场，发挥枸杞交易市场真正的作用。其次，建立网络营销市场，继续推动"视频故事＋直播＋信息流"的电商带货模式。随着互联网快速发展，产品的销售从线下转移到线上，网络营销可以增加营销的互动性，降低销售成本，增加顾客的选择余地，增加产品和服务的信息价值。最后，继续通过开展枸杞节、展销会、博览会，邀请国内外企业参与，拓宽枸杞销售渠道。

第六节 本章小结

随着大健康战略深入推进，国内外消费者对枸杞药用及保健功效认知逐渐提升，青年消费群体正蓬勃兴起，枸杞的海内外市场前景广阔。宁夏枸杞在种植区位、加工工艺、加工技法、质量功效、产品信誉等方面不但具有传统优势，而且具有现代科技优势。政府在聚焦提产增效、科技攻关和质量安全的基础上，还应继续充分挖掘与宣传枸杞保健养生文化，全方位宣传推广枸杞药食养生保健文化，实现枸杞、旅游、餐饮等产业进一步融合发展，推动全区现代枸杞产业转型升级。

第十一章 案例2：甘肃武都花椒

武都花椒是甘肃省陇南市武都区特产，中国国家地理标志产品。武都区地处陕、甘、川三省交界，是中国花椒最佳适生区之一，花椒种植面积达到百万亩，全区36个乡镇中有34个适宜发展花椒产业，其盛产的"大红袍"花椒以色红油重、粒大饱满等优良品质著称。本章以武都花椒为研究对象，围绕种植、加工、流通和营销四个环节，系统地分析武都花椒为当地农户实现脱贫增收所创造的社会价值，并从供应链视角提出提升其供给质量的策略。

第一节 武都花椒种植供给

陇南市武都区建有万亩花椒示范基地8个，千亩花椒示范基地108个，成立了区级花椒协会2个，乡级花椒协会40个，有花椒加工企业、合作社396家。2021年花椒总产量达6500万公斤，综合产值40多亿元，适生区贫困人口花椒收入占比达到60%以上，11万贫困人口通过发展花椒产业实现稳定脱贫[1]。围绕花椒种植过程，本书重点分析其种植管理和效益两方面内容。

---

[1] 武都区融媒体中心：《武都花椒，就是这么牛！》，https://mp.weixin.qq.com/s?__biz=MzA5NTM2OTAwMA==&mid=2651765769&idx=1&sn=9e6cd81d9132930d1207539ff4f786f6&chksm=8bba7e4ebccdf758c51943eedf205f05ea3f66bb776f0d3da027502995575331f686345fcdd0&scene=27，发布日期：2022年1月15日，访问日期：2022年1月26日。

一 正宗品种选取困难

武都片区以种植大红袍为主,其知名度也是以大红袍品质为上佳,兼有臭椒、七月红、葡萄椒等。调研发现,由于椒农文化知识薄弱,植株市场鱼龙混杂,不良商家以次充好,对于优质品种的选取产生了极大的威胁。一旦选择失误,大面积种植,三年后则会带来重大损失。三年中所耗费的人力物力成本极其巨大。

二 自然灾害频繁

武都地区位于陕、甘、川交界,其海拔高度、土壤条件、气候条件都满足优质花椒的生存环境,但陇南多暴雨、寒潮、冰雹等严重自然灾害,会直接导致花椒绝收。首先,冬春季节正处于花椒发芽期,此时的一场寒潮,会导致花椒颗粒无收;其次,在花椒成熟前的一个月,陇南地区会多冰雹等灾害性天气,直接对成熟的果实产生毁灭性的影响;最后,陇南地区属于温带半湿润气候区,暴雨集中在夏秋季节,正值花椒的采摘季,而花椒的采摘时令短,如不能及时采摘,则会导致绝收。总体来说,自然灾害频发,花椒价格受市场影响波动较大,自然和市场的双重压力,在一定程度上影响农民花椒产业收入的持续快速增加。

三 栽培管理粗放

武都地区花椒专业化种植水平低下,椒农综合素质不高,组织化程度低,致使其竞争力不强。首先,农民专业合作组织还处于发展初期,对农户的带动作用较弱。其次,农民文化水平低,种养技术掌握不熟练、不全面,种植失败的现象时有发生。重点表现在以下几个阶段。育苗阶段:椒农凭借自身经验随意嫁接,成活率低,费时费力;定植阶段:椒农由于缺乏培训,整体定植密度过大,不但影响了产量,而且在后期的修剪管理乃至采摘过程中产生巨大障碍;施肥阶段:以有机肥为主,相关技术跟进缓慢,机械化程度偏低。最后,对农药化肥的使用更是专业复杂,椒农缺乏相关技术培训,再加上学习、保护意识淡薄,容易出现污染环境的后果。

四 采摘方式单一

随着农村劳动力的大量输出,农村空心化现象日益严重。采摘时令短的花椒阶段性对劳动力需求极大,常出现极大的劳动力缺口,导致成熟的花椒无法及时采收,从而造成极大的损失。目前花椒的采摘仍以人工为主,机械代人的采摘工具仍在研发过程中。花椒树本身多刺,且采摘环境极其恶劣,一般在三伏天气,工作时长达一个多月,伴随炎炎烈日,夏秋季节多暴雨的气候特点,决定了花椒采摘的工作原则以游击战为主,常常出现人工采摘速度缓慢跟不上时令短的采摘要求的情况。

五 农民增收效应明显

2020年武都区在9个乡镇144个村实施了优质花椒苗嫁接,共4840亩33.88万株。花椒基地覆盖全区绝大多数乡镇和村社,受益贫困村245个,占建档立卡贫困村的85%;花椒适生区贫困发生率由2013年的29.5%下降到9.3%,通过发展花椒产业脱贫2.2万户8.6万人[①]。通过实地调查,以当地的某一花椒种植户为例,其实际经济收益说明如下。投入成本:200棵树,农药成本为1500元/年,化肥成本为1000元/年,采摘费用为100元/天/人×30天×15人,成本合计为47500元;当单价为60元/斤,产量为1100斤/年,销售额可达66000元,毛利润为18500元。可见,特色农业收入增势强劲,在农民增收中的主导作用明显。

第二节 武都花椒加工供给

首先,甘肃花椒产业近年来逐步完善,以武都为中心建起了"花椒

---

① 中国县域经济报:《甘肃武都:花椒产业人均收入占比全国第一》,发布日期:2020年7月17日,访问日期:2021年3月22日,https://baijiahao.baidu.com/s?id=16724288332590 95677&wfr=spider & for=pc。

液加工厂"，其生产能力为3000吨，产值达到3000多万元。与此同时建起"洛塘绿源青椒加工厂"、"椒目油脂化工厂"等8家企业，加工能力为100吨，产值达75万元。目前，武都花椒的个体加工企业已达52家，发展态势良好。但与花椒年产量相比，花椒加工企业数量少，规模不足。

其次，花椒作为武都特色农产品，以基础加工为主，同时以原材料形式向外销售，产品的附加值低。从提高供给质量的角度看，需要加强相关的科技研发和综合利用，深入发展花椒精深加工产业，从加工环节提高产品的供给质量。

再次，受地理环境和经济基础的影响，劳动力资源缺乏，相应基础配套设施不完善。武都区位于相对落后的西北地区，缺乏高精技术人才，交通基础设施不够完善，对一些优秀加工企业的吸引力度不够大，加之武都区以农业发展为主，工业发展相对落后，就业机会和岗位不多，劳动力外向输出严重，劳动力资源短缺在一定意义上严重制约了花椒产业精加工的发展。

最后，武都花椒生产规模仍需进一步扩大。主要出路还在于相关产品的上下游延伸，整合精简花椒加工的工艺，加速科技成果向社会成果的转化。同时，对实力较强、发展前景较好的企业实施评估，采取重点培养的方式，在相关政策、资金条件、技术要求等方面给予扶持，促使企业做大做强。

第三节 武都花椒流通供给

武都山区位于西北黄土高原地带，沟壑纵横，交通不便，且其储存设施也相对落后，这为花椒产成品向外运输及整体供给质量提升带来了困难。目前武都花椒以农户自销、龙头企业统一收购、村镇合作社统一销售、政府集中采购等流通形式为主。调查数据显示，农户自销占比72%，龙头企业统一收购占比5%，村镇合作社统一销售占比7%，政府收购占比3%，其他方式占13%[1]。由此可见，武都花椒的流通手段和流通形式相对单一，以农户自销为主，合作社、龙头企业发挥的作用不大。从供应链的角度来看，将源头供应商隔离于供应链条之外，处于供应链劣势地位的农户普遍存在增产不增收和客商压价收购现象，为了与市场博弈，农户只好将现有库存积压以等待市场价格上调。本书选择从花椒交易氛围与库存变化、流通方式及条件中观察武都花椒流通状况。

一　交易氛围与库存变化

调查数据（见图11.1）显示，2020年10月上旬武都花椒批发商出货速度略有减缓，国庆长假期间部分物流停运对部分批发商发货略有影响[2]。

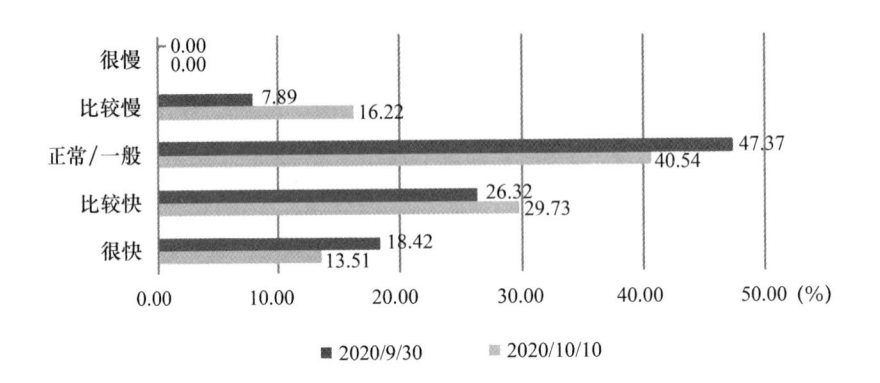

图11.1　花椒批发商出货速度

---

[1] 花椒信息网：《三月上旬市场交易活跃度显著提高，全国花椒价格指数大幅上涨》，https://www.huajiao.cn/news/show.php?itemid=35489，发布日期：2021年3月14日，访问日期：2021年4月22日。

[2] 新华财经网：《十月上旬全国花椒价格稳中略涨　批发企业对市场信心以看稳为主》，http://index.xinhua08.com/a/20201010/1958384.shtml，发布日期：2020年10月10日，访问日期：2021年4月2日。

10月上旬市场交易活跃度与9月下旬基本持平（见图11.2），批发商对市场活跃度的判断分歧加大。认为市场"比较活跃"和"有点冷清"的批发商占比都有明显增加。

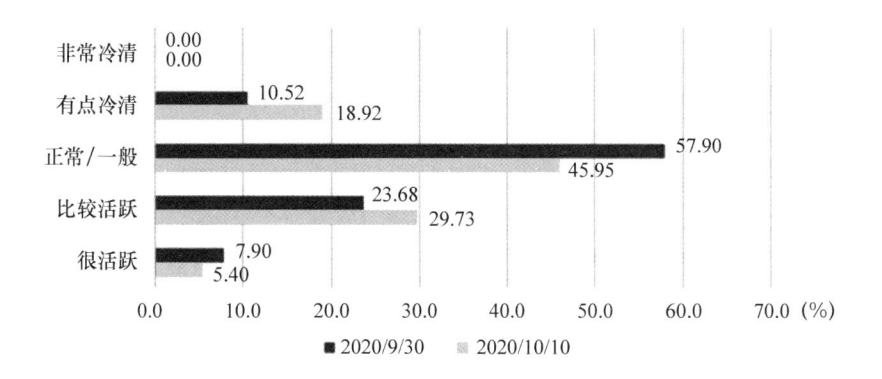

图 11.2　花椒市场交易活跃度

类别	2020/9/30	2020/10/10
非常冷清	0.00	0.00
有点冷清	10.52	18.92
正常/一般	57.90	45.95
比较活跃	23.68	29.73
很活跃	7.90	5.40

当前，武都批发企业花椒库存小幅上升（见图11.3）。全国范围内的调查样本企业花椒库存均值上升约2%，库存50%以上的批发商占比上升到约11%。

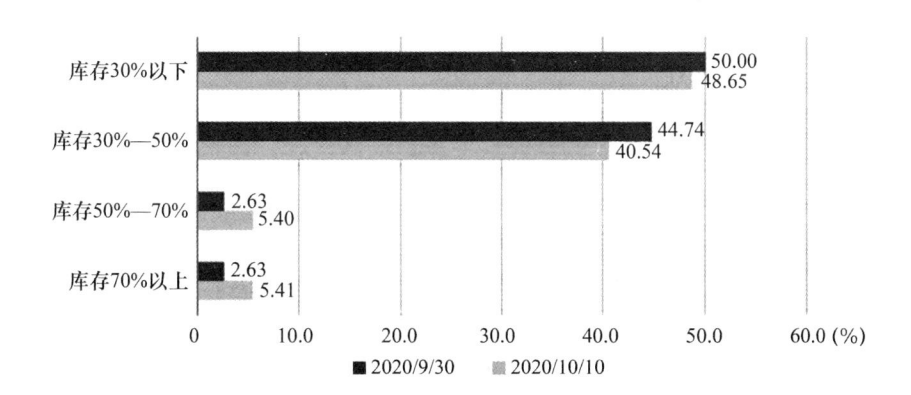

图 11.3　花椒批发企业库存

类别	2020/9/30	2020/10/10
库存30%以下	50.00	48.65
库存30%—50%	44.74	40.54
库存50%—70%	2.63	5.40
库存70%以上	2.63	5.41

农户及个体收购户的花椒库存继续小幅下降（见图11.4），当前调研样本均值为39.50%，库存70%以上的户数占比下降到2.70%。

图表数据

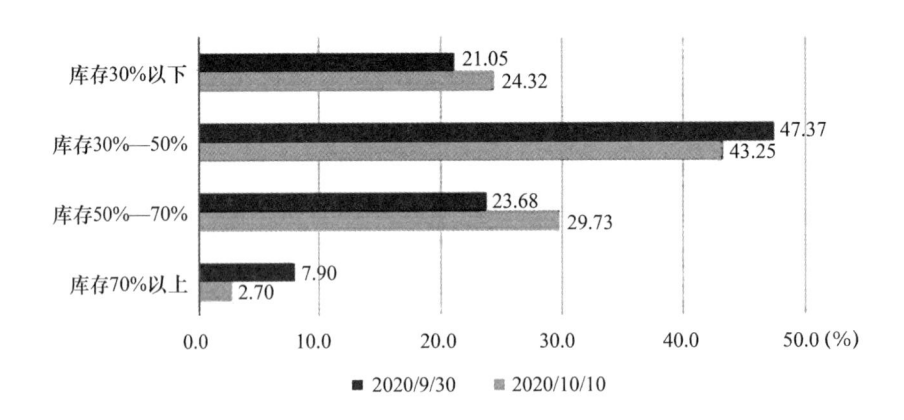

库存区间	2020/9/30	2020/10/10
库存30%以下	21.05	24.32
库存30%—50%	47.37	43.25
库存50%—70%	23.68	29.73
库存70%以上	7.90	2.70

图11.4 花椒农户/个体收购户库存

花椒作为一种特殊的农产品，其当年价格高低的变化直接影响了农户手中对花椒库存占有率的高低。农户手中的库存量大小侧面反映了对花椒价格观望的程度。上述图表从农户/个体收购户库存、批发企业库存、市场活跃度及出货速度多个维度，分析了武都花椒当期的流通趋势，农户库存持有量越低，说明花椒受当年销售价格影响，其出货速度越快。

二 流通方式及条件

花椒主要销售对象是食品企业、餐厅、食品作坊、家庭消费，其主要销售渠道是批发市场、农贸市场、直销超市包括小店，其销售区域主要分布在四川、湖南等。花椒作为干制货物，主要是干货运输。但由于其特殊的气味，在运输过程中要进行特殊的处理，以防串味，从而对花椒的品质造成影响。根据其销售对象的不同，其流通方式选择多种多样。针对终端消费者的销售采取小包装销售。而对于食品作坊、精加工企业的销售，以大宗货物销售为主，一般采取整车货物运输。

在包装、储存及运输方面：与产品接触的包装材料应符合食品卫生要求，所有包装应封口严实、牢固、完好、洁净；花椒及花椒粉碎制品应在阴凉、干燥、密封条件下贮存，不得与有毒、有害的物品混放，长期贮存以冷藏为佳；常温运输，运输途中应防止日晒雨淋，严禁与有毒、有害、有异味的物品混运；严禁使用受污染的运输工具装载。

第四节 武都花椒营销供给

目前激烈的市场竞争环境下，品牌营销成为武都花椒走出甘肃、冲向全国一流花椒的必要途径。然而，武都花椒整体的品牌认知度低，缺乏钻石品牌，尽管具有优越的地理资源优势，能够提供高品质花椒，但品牌意识缺乏导致国内国际的知名度较低。对外存在诸多潜在竞争者，如陕西韩城花椒、四川花椒等，对内存在甘肃秦安花椒等类同品质花椒的竞争。近年来武都花椒采取了切实有效的行动，例如：举办武都花椒节；申报地理标志证明商标及保护；政府牵头借助兰洽会、西洽会等会谈，邀请全国各地的客商到武都进行品质鉴定，从而签订花椒购销合同；等等。以下主要从武都花椒区域品牌建设、成立专业合作社、政府签约促进销售和自媒体促进终端销售四个方面进行分析。

一 区域品牌建设

2011年，国家工商总局商标局将武都花椒认证为地理标志证明商标。2012年3月27日，原国家质检总局批准对"武都花椒"实施地理标志产品保护。2015年，武都花椒通过农业部"农产品地理标志登记"并获得"甘肃省著名商标"。同年9月，"花椒综合丰产栽培技术试验示范项目"被中国林业产业联合会评为"创新奖"。2016年，经中国品牌建设促进会审定，武都花椒品牌价值为43.27亿元。2020年2月26日，甘肃省陇南市武都区武都花椒中国特色农产品优势区被认定为第三批中国特色农产品优势区[1]。

---

[1] 中国甘肃网：《满园椒香铺富路 陇南武都花椒产业发展纪实》，https://www.sohu.com/a/108067085_119798，发布日期：2016年7月28日，访问日期：2021年4月12日。

二 成立专业合作组织

为了进一步使武都花椒产业得到发展，花椒营销协会于2010年6月24日成立，主要由花椒营销大户自发组成，是上报相关部门审核的专业花椒合作组织。2016年协会会员322名，分片区成立北茂、东盛两个地区性花椒行业协会，发展会员人数2100人，成立乡镇协会34个，发展会员人数21000人。协会主要职能涵盖加强基础设施建设、研究和培育花椒市场、进行品牌营销战略、保持花椒市场价格、促进营销服务、减少流通环节、优化流通配置、积极开展花椒业务指导、维护协会会员合法权益等方面，实现公司加农户供应链模式，打通营销渠道，进一步规范花椒市场秩序，团结和引导供应商，带领花椒种植农户走专业化、市场化的道路，促进农业生产降本增效、农民增收，实现公司和农户的互动双赢。

三 政府签约促进销售

甘肃一直向"寒旱农业—生态循环—绿色产品—甘味品牌"的方向发展，包括繁育花椒良种（大红袍）、产业规模化生产、种植培育到加工渗入、市场流通，从供应链的角度搭建产业结构体系，建立了全国市场中独特的农产品供应源，获得了"独一份"、"特别特"、"好中优"、"错峰头"的特色优质农产品口碑。现如今，全省特产对85个国家和地区出口销售，产品种类达到108种，其中重庆珍椒美品责任有限公司与陇南市武都区北茂花椒红芪合作社签约武都花椒500吨[①]，尤其近年来自媒体平台和直播带货的发展，出现了县长直播带货，以官方媒体作为保证，促进当地特色农产品向外销售。同时以伴手礼的形式，将本地特色产品远销世界各地，实现了政府以其自身的公信力带动本地特色农产品向国内外推广。

---

① 王朝霞：《农交会上甘肃现场签约4亿元》，《甘肃日报》2020年11月30日第001版。

四 自媒体促进终端销售

根据花椒销售对象的分类,除了大宗整车运输的加工企业原料,作为家庭调味品或小批量销售,自媒体终端成为一个不可或缺的平台。通过快手直播带货等自媒体的运营,可以直接将农户与消费者联系在一起,减少中间成本。对于农户来说,可以以较高的价格卖出;对于消费者来说,品质有所保障,价格相对低廉。田间地头的农民成为为自己代言的网红,开辟了新的花椒销售形式。

第五节 主要结论

综上所述,武都花椒作为甘肃特色农产品,为当地农户实现脱贫增收提供了保障。但要从根本上提高供给质量,就需要基于供应链角度,从各个环节突破,发挥自身所具有的区位优势,认识现阶段发展的不足,借鉴和学习其他区域特色农产品供给的经验,积极调整供应链条上的不平衡点,搭上互联网的桥梁,走向世界。本书着重从公司加农户型模式的转变和自媒体对提升农产品供给质量的影响两方面对该案例进行总结。

一 公司加农户型模式的转变

(一)传统农业农户与市场的关系:单独散户

如图 11.5 所示,按照传统的农业形态,受限于地理位置和交通信息不便,武都地区的农业形态以单家独户为主,这从供应链的角度来看,源头上已经成为散乱状态,无法凝聚成一条完整的链条。农户以家庭为单位,生产决策取决于自身对于生产的规划,其劣势显而易见,交易成本昂贵,市场价格的波动十分巨大,农户商议价格的能力偏弱,经济效益低下,再加上农户自身知识文化薄弱,整体素质偏低,传统的农户与市场关系已经不能适应快速发展的经济形态。

(二)现代农业农户与市场的关系:公司加农户

如图 11.6 所示,现代农业市场关系站在供应链协同的角度,以专

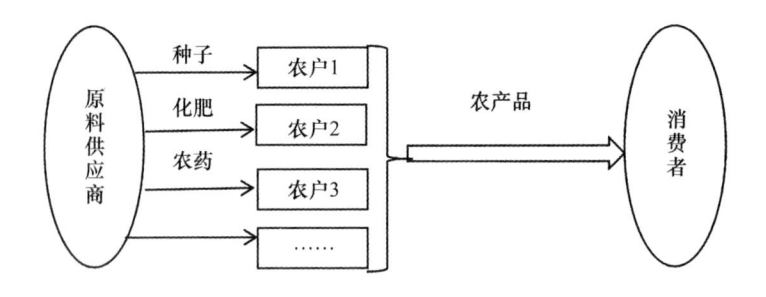

图 11.5 传统农业市场关系

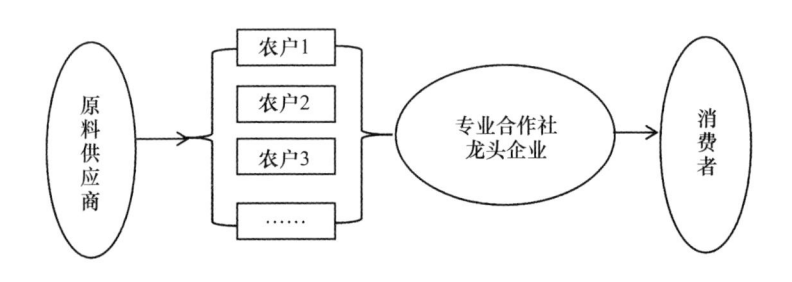

图 11.6 现代农业市场关系

业合作社龙头企业为核心，联合个别散户化散为整，形成整体议价能力，从而摆脱供应链的劣势地位。在原始关系图中增加了龙头企业和专业合作社等环节，呈现出集约化、专业化、组织化、社会化的特征。散户往往借助专业合作化等组织，将农产品供应链模式搭建起来，形成有效的市场对接。公司加农户型的供应链模式要求生产种植、加工、流通、销售等一整套环节实现有机结合，优化各生产要素，实现整条供应链的一体化经营，从而实现与市场的良性互动，提高农户市场的主体地位，从供应链角度提高特色农产品的整体供给质量。

综上所述，结合两种形态的转变，以公司加农户为主的供应链模式，能够提高农民的综合素质和组织化水平，形成现代农业生产结构，帮助农民实现脱贫增收，与此同时，将种植、加工、流通、销售环节有机结合，整体上提升特色农产品供给质量，实现供应链一体化。

二　自媒体对提升农产品供给质量的影响

近年来，新媒体的介入丰富了人们的文化生活，同时也给商业经济带来了巨大的影响。抖音、快手等自媒体平台的覆盖面深入农村这片蓝海，为进一步扩大内需、提升农村经济发展做出了巨大贡献。以武都花椒为例，庞大的流量解决了前期劳动力不足的问题，同时也为后续的销量进行了广泛宣传，提升了品牌影响力。

（一）解决劳动力供需缺口

目前花椒的采摘以人工为主，机械化代替人工仍在进一步研发中。随着劳动力外输，农村空心化现象的日益加重，花椒作为一种时令性较短的农产品，采摘期对采摘工人的需求量远不能满足。然而，自媒体的介入，巧妙地解决了这一难题。种植大户通过快手等自媒体平台直播招工，一定程度上解决了区域间劳动力分配不均匀的现象。与此同时，采摘工的可观收益创造了季节性劳动岗位，为当地及相邻贫困地区的农户增加了经济收入，对实现长期脱贫有着重要影响。

（二）提升品牌影响力促进销售

自媒体的发展可以将农产品的种植、加工、流通阶段还原给消费者，加强了对生产过程的严格把控，而且有利于消费者清晰地认识到产品的源头，放心购买。另外，自媒体的发展还可以将田间地头的劳作活动搬上荧屏，将田园风光展现给大众，提高当地的知名度，增加旅游业收入。由于花椒的销售对象众多，以自媒体直播带货等形式带动花椒的零售，不但能够为农户产生可观的收益，而且会得到消费者的一致认可。

第六节　本章小结

公司加农户型供应链模式的应用，以龙头企业和专业合作社为核心，改变了传统的农户与市场对接关系，提升了农民的整体议价能力，降低了市场交易成本，整体上对于农民脱贫增收、农产品供给质量提升有极其重要的影响。另外，花椒作为一种高附加值的农产品，无论是前期的生产加工还是后期的推广销售，自媒体的参与缓和了生产加工阶段对劳动力需求的矛盾，平衡了区域间的劳务输入，响应国家电商扶贫的政策，提供季节性岗位，增加了贫困人口的经济收入。同时，全新的自媒体营销模式，为花椒开辟了新的销售渠道，提高了农产品的销量，扩大了品牌知名度，给个体农户打通直销渠道提供了新平台，为武都花椒找到并创新自媒体营销之路提供了机遇。

第十二章 案例3：陕西猕猴桃

截至2020年年末，陕西省猕猴桃果园面积91.82万亩，猕猴桃产量115.83万吨，产量占全国的35%，位居全国第一[①]，是继陕西苹果之后，陕西又一个响亮的水果品牌，被人们誉为"水果之王"。但由于陕西省物产丰富、资源富饶，猕猴桃的后续发展得不到应有的重视，再加之陕西猕猴桃在发展过程中存在着小规模种植、产品品质不高、缺乏精加工、相关基础设施不完备、产销模式过于落后、市场地位过低等问题，严重制约了陕西猕猴桃走出省门、走出国门。其中大多数问题在西北地区特色农产品发展中普遍存在。本案例将围绕陕西猕猴桃的种植、加工、流通、营销四个方面，深入分析制约陕西猕猴桃"走出去"的主要因素，为探索西北地区特色农产品供给质量提升路径提供参考。

第一节 猕猴桃种植供给

陕西拥有猕猴桃种植生长得天独厚的自然地理条件，在政府"东扩南移"等相关政策的支持下，陕西猕猴桃的种植业得到了较大程度的发展，同时也存在小规模种植、滥用农药等问题。以下将从推动与制约两方面展开分析。

---

① 陕西省农业农村厅：《陕西省农业农村概况》，http://nynct.shaanxi.gov.cn/www/jggk11811，访问日期：2021年8月20日。

一 陕西猕猴桃种植业发展的推动因素

（一）自然地理环境因素

猕猴桃适合种植在年均气温 12—16℃ 的区域①，陕西省位于秦岭与巴山之间，地属北亚热带季风气候，夏季气候凉爽，降水丰富，冬季气候温和，少有严寒天气，冻害发生的频率少，年平均气温在 14.5℃ 左右，年均降水量约为 900mm，是专家公认的全国猕猴桃最佳生长区之一②，加之陕西省的中部是著名的关中平原，土壤肥沃，水源丰富，为陕西猕猴桃的种植提供了得天独厚的自然地理环境，使得陕西产出了全国四成的猕猴桃。

（二）政策因素

2015 年，陕西省启动新一轮猕猴桃"东扩南移"发展战略，计划到"十三五"末，以周至、眉县等猕猴桃核心产区为中心，推动猕猴桃沿秦岭"东扩南移"，建成秦岭南北两大猕猴桃种植板块，将猕猴桃的种植总规模发展到 150 万亩③。在战略实施过程中，政府也相继出台了不少的支持政策。陕西省统计局发布数据显示，截至 2019 年，陕西省猕猴桃种植面积达 87.68 万亩，比 2018 年增长约 10%，总产量在 107.24 万吨左右。到 2020 年，猕猴桃的种植面积达 91.82 万亩，同比增长 4.7%，总产量达 115.83 万吨，同比增长 8%④。在政府的支持与引导下，陕西猕猴桃的种植面积与产量有了较大幅度的上升，并逐渐向东部和南部扩散，种植的范围逐步扩大至全省。

（三）科技因素

陕西省建有猕猴桃工程技术研究中心、猕猴桃国际联合研究中心等

---

① 程洪桥、董杨：《陕南猕猴桃品质影响因素分析》，《基层农技推广》2020 年第 11 期。
② 薛莲等：《乡村振兴背景下对汉中猕猴桃产业发展的思考》，《农业科技通讯》2021 年第 3 期。
③ 刘沛博：《加快陕西猕猴桃产业发展的路径分析——基于市场调查的数据》，《新西部》2019 年第 8 期。
④ 陕西省统计局：《2020 陕西果业发展分析报告》，http://tjj.shaanxi.gov.cn/，发布日期：2021 年 4 月 1 日，访问日期：2021 年 8 月 20 日。

多个专门对猕猴桃进行相关技术研发的机构，着力于猕猴桃种植环境分析、优化、优质新品种开发培育，推动陕西猕猴桃徐香、翠香、海沃德、农大猕香、瑞玉等品种多元化发展。强大的科研开发能力加上多样化的品种优势，使得陕西猕猴桃满足了不同人群在不同时间段内不同的口味需求，实现了差异化营销，大大提高了市场竞争力。优质早熟的猕猴桃品种的栽培与大规模种植，与现有的猕猴桃品种实现了较好的互补，使陕西猕猴桃的栽培种植体系不断完善，让陕西成为全国乃至全球猕猴桃的主产区之一。

二 陕西猕猴桃种植业的制约因素

（一）猕猴桃种植规模化程度低

陕西猕猴桃种植户以分散农户为主，大部分农户没有意识通过参加专门的猕猴桃种植合作社，或者参加猕猴桃种植协会等新型经营主体，实现自身的规模化种植。大多数农户是以家庭为单位，进行小规模种植，这与我国传统的农耕文化有关系，一时难以改变。由于缺乏规模化种植与生产，小规模的农户在面对市场价格波动时，往往相当被动，掌握不了话语权。2017年10月，不少小农户所种植的商品性较差的猕猴桃，收购价跌至2元/公斤，低廉的价格却没有引起消费者的竞相购买，不少农户因此损失颇重。相比之下，一些新型经营主体种植的"高档果"和"订单果"，每公斤售价超过20元，仍供不应求[1]。根据陕西省统计局发布的《2020陕西果业发展分析报告》，2020年上半年，在疫情的影响下，全省果品销售大受影响，猕猴桃销售价格比上年减少0.13元/公斤，同比下降3.0%[2]。进一步研究发现，小规模农户的销售价格普遍有所下降，但参加合作社等新型主体的农户，普遍收购价格却能多出两三毛钱。

---

[1] 刘沛博：《加快陕西猕猴桃产业发展的路径分析——基于市场调查的数据》，《新西部》2019年第8期。
[2] 陕西省统计局：《2020陕西果业发展分析报告》，http://tjj.shaanxi.gov.cn/，发布日期：2021年4月1日，访问日期：2021年9月20日。

(二) 猕猴桃的科学种植体系不完善，产品品质不高

首先，大多数农户在生产种植过程中，缺乏科学种植的意识、统一的种植标准和要求，缺乏较为系统的技术指导与相关培训，致使猕猴桃果园标准化种植的程度比较低，所生产的猕猴桃品质、品相良莠不齐。上市后出现可保存的时间长短不一、食用的口感偏差较大、整体质量不高等问题[1]。

其次，溃疡病已逐渐成为陕西猕猴桃栽培区的一个重大病害，已给全省果业生产带来巨大经济损失。其具有侵染部位多、传播快、发病急、不易发现和难防治等特点，短期内可造成严重经济损失。自2009年暴发以来，该病害在陕西猕猴桃主栽区普遍发生，病株率通常为10%—20%，死树毁园现象时有发生[2]。目前有关该病害的防控过程，存在的主要问题在于农户对该病害的认识不够、农户自身的科学防控意识不强、选择施药的时期不准确、治理的药剂选择不合理，导致所选用的药剂毒性大于药性等一系列问题，甚至出现农户盲目用药、随便用药等现象，不仅起不到效果，反而还会产生进一步的危害。另外，猕猴桃的种植过程中缺乏一套有关该病害的科学合理、简便易行的诊断方法以及绿色科学的综合防控技术，种植农户缺乏科学化指导。基于以上种种原因，目前该病害的整体防治效果并不理想，难以有效控制其进一步蔓延，难以适应目前及今后对发展绿色产业、严格把控食品安全等形势的要求，严重影响猕猴桃产品品质，阻碍猕猴桃种植业的可持续健康发展。

最后，存在一部分果农一味追求高产量，大量使用化肥、农药和膨大剂现象，严重影响了猕猴桃的市场口碑。陕西猕猴桃的种植量逐年上升，但其种植供给水平却不高，难以跟上目前的发展形势。

---

[1] 刘沛博：《加快陕西猕猴桃产业发展的路径分析——基于市场调查的数据》，《新西部》2019年第8期。
[2] 秦虎强等：《陕西猕猴桃溃疡病绿色综合防控技术》，《陕西林业科技》2021年第2期。

第二节 猕猴桃加工供给

陕西猕猴桃加工环节由于缺乏足够的重视，缺乏足够的资金投入，目前的加工水平仍比较低下，仍以初级加工产品为主，深加工、精加工的产品较少，难以完全开发出猕猴桃应有的价值。

一 猕猴桃以鲜果销售为主，加工类产品少

现阶段，陕西猕猴桃销售仍以纯鲜果为主，有些农户会对猕猴桃进行初步筛选，将产品分为不同等级，再以不同价格直接出售。品相好的会卖更高价格，品相不好的会降价处理，但本质上仍旧是鲜果销售。少量猕猴桃会被加工成果干等初级加工产品进行销售，但比例过低。鲜果销售利润不高，对猕猴桃种植的经济效益会有很大影响。

二 猕猴桃深加工企业少且规模小

陕西是西北的水果大省，除了猕猴桃产量世界数一数二，苹果、枣、梨等产出也非常丰富，但其农产品加工企业的数量与规模偏小。截至2019年年底，陕西全省培育农业龙头企业2127家，规模以上农产品加工业产值占比11.7%[1]。从企业数量来看，省规模以上农产品加工企业数量仅相当于安徽省的27%、内蒙古的23%；从企业规模来看，规模以上农产品加工企业户均资产规模为1.36亿元，相当于内蒙古的78%；大中型农产品加工企业186户，较安徽少271户[2]。调研中有农户谈到，在陕西，猕猴桃并不是最受重视的水果，在它之上还有苹果，那才是陕西省水果业的"香饽饽"，各种政策、各种较为先进的基础设施等都是优先落实到苹果产业上。陕西苹果产业也是不负众望，不论产

---

[1] 陕西省统计局：《农村经济稳步发展筑牢乡村振兴基石》，http://tjj.shaanxi.gov.cn/，发布日期：2021年4月16日，访问日期：2021年10月1日。

[2] 陕西省统计局：《陕西省农产品加工业发展的SWOT分析》，http://tjj.shaanxi.gov.cn/，发布日期：2019年1月7日，访问日期：2021年12月16日。

量、种植面积以及所带来的经济价值等，都高于猕猴桃产业。因而，在陕西省内优先照顾苹果产业以及兼顾其他水果、农产品的情况下，属于猕猴桃本身的加工企业更是少之又少，规模更是相对较小。

三 猕猴桃深加工产品单一，缺乏高端加工品

目前，陕西猕猴桃的加工产品相对比较单一，主要局限于果汁、果脯、果干等中低端产品，达到精深加工的高档食品几乎没有[①]。根据相关调研结果分析，除了猕猴桃鲜果、猕猴桃汁、猕猴桃干、猕猴桃醋、猕猴桃酒之类简单的初级加工产品，猕猴桃产品还可以精加工成化妆品、保健品以及其他高档食品等。陕西猕猴桃产量世界数一数二，若能在产业链上不断开发延伸，拓宽猕猴桃加工品类，就能不断提高猕猴桃产品附加值。再者，要提高猕猴桃的精加工产品数量与质量，走高端加工品发展道路，才能打破低卖高买的局面，获取更多经济价值。要做到这一点，就要从工艺以及基础设施建设上多下功夫。

第三节 猕猴桃流通供给

近年来陕西猕猴桃在流通供给方面取得了不错的成绩。陕西建有全国唯一的国家级（眉县）猕猴桃批发交易市场，在50多个大、中城市设有猕猴桃产地批发市场和专营店，并批量出口欧盟、俄罗斯、加拿大及东南亚等国家和地区。同时，陕西拥有猕猴桃贮藏库3000余座，贮藏能力80万吨，约占年产量60%[②]。较大的储藏能力与冷藏保鲜技术、便利的交通设施和海内外大大小小的营销网点，既保证了猕猴桃品质、新鲜度和果农的销量，又进一步减少了储存成本，提高了果农的收益与信心。但在这个过程中，还是存在流通方式单一、

---

① 刘沛博：《加快陕西猕猴桃产业发展的路径分析——基于市场调查的数据》，《新西部》2019年第8期。
② 刘沛博：《加快陕西猕猴桃产业发展的路径分析——基于市场调查的数据》，《新西部》2019年第8期。

线上流通少及物流配送基础设施不健全等问题，制约了猕猴桃在流通方面"走出去"。

一 线上流通少，流通方式单一

随着电子商务的发展，以阿里巴巴、京东、拼多多为首的电商平台纷纷开启电商进村的战略，农产品电商开始在农村地区如雨后春笋般蓬勃发展。但陕西作为内陆省份，充分利用电商平台进行猕猴桃销售的意识不强、相关销售途径也不成熟，致使猕猴桃的销售方式比较单一，以线下销售为主，线上销售较少。

从消费者的角度看，绝大部分消费者没有过网上购买猕猴桃的经历与习惯，曾有网购猕猴桃经历的消费者仅仅占所有消费者总人数的两成左右，大部分消费者仍旧坚持采用传统的线下渠道购买猕猴桃；从农户的角度看，大多数种植农户的受教育程度低，个人知识素养、技能素质不高，缺乏网上销售和直营销售的意识及能力，因此，大部分农户只能通过传统渠道实现销售；从政府的角度看，政府缺乏对种植农户的统一宣传、统一培训、统一指导，缺少对农户进行互联网销售相关的技术培训和素质教育。农户缺乏政府帮助，在其自身知识水平不高的现实下，仅靠自己提高素养和能力非常困难。

二 物流配送体系不健全，基础设施薄弱

消费者调查数据显示，猕猴桃物流配送基础设施不完善、物流速度慢是目前影响猕猴桃网购量最主要的因素，分别占整体比重的42.86%和33.33%[1]。截至2019年12月，陕西省建设县级运营中心64个，市、县级电商仓储物流（含冷链）中心38个，配送车278辆，冷库容量41.56万吨[2]。而陕西仅苹果的年产量就高达千万吨，再加上猕猴桃

---

[1] 刘沛博：《加快陕西猕猴桃产业发展的路径分析——基于市场调查的数据》，《新西部》2019年第8期。
[2] 陕西省人民政府新闻办公室：《陕西举行供销合作社系统农村电子商务发展新闻发布会》，http：//www.scio.gov.cn，发布日期：2020年6月9日，访问日期：2021年12月16日。

一百多万吨的年产量，以及梨、枣等其他水果，流通运输、冷藏保鲜方面的基础设施以及相关配套措施不充足，难以匹配如此庞大的年产量，更难以完全满足这些产量的流通需求。支撑水果长距离运输的基础是物流配送速度和冷藏保鲜技术，这两项基础都无法保障的话，一来影响水果的品质，二来影响顾客的体验，损害品牌价值。庞大的产量之下，需要有与之相匹配的一系列物流基础设施。

三 冷链库存基础设施建设不足

目前，我国冷库主要集中在江苏、山东、海南等地区，地区分布不平衡[1]；陕西所拥有的冷库相对较少，容量相对较低。现今，陕西全省供销系统拥有冷库 1244 个，冷链仓储容量 129.43 万立方米，冷链保鲜运输车 154 辆；全省供销系统已建成农资市场 46 个、农产品交易市场 149 个、各类仓库冷库 2177 个[2]。但这个数量的冷库基础设施仍难以满足陕西农产品流通需求，省内的冷库分配也相对不均。猕猴桃具有易腐易损的特征，若想实现长距离运输，除速度之外，还要依靠冷链设施。若冷链的基础设施跟不上产量，便会增加长距离运输的损坏率，增加运输成本，影响陕西猕猴桃"走出去"。

第四节 猕猴桃营销供给

陕西猕猴桃的销售采用电商、直播等新型营销方式，销量近年来也在逐年上升，成为陕西当地农民发家致富的一个重要经济来源。但在此过程中，也逐渐暴露出营销方面制约其"走出去"的若干问题，如片面追求产量而让劣果、坏果、不熟果上市，缺乏统一且强有力的品牌，市场地位低、标准化程度低、产销模式过于落后等。

---

[1] 梁小丽：《基于乡村振兴视角的陕西农村电商上行物流渠道优化》，《物流技术》2021 年第 7 期。

[2] 程伟：《陕西供销系统冷链物流建设稳步推进》，《陕西日报》2021 年 11 月 4 日第 2 版。

一 早采与集中上市

首先是早采问题。与苹果、香蕉等水果相比，猕猴桃在外表上可以说毫无竞争力，能与传统老牌水果相抗衡的，就是它酸甜的口感和丰富的营养价值。猕猴桃在前期的生长过程中，本身含酸量比较高，糖分主要是靠后期的积累。而只有等猕猴桃的糖分积累到一定时间，真正成熟之后，最终采摘的猕猴桃才能有一个酸甜可口的口感。有些农户为片面追求产量和经济效益，利用消费者在购买时很难辨别出成熟和不成熟的猕猴桃差别的间隙，将大量还未成熟的猕猴桃推向市场，最终导致消费者对这一品牌或品种的猕猴桃质量失去信心，极大影响了消费者后续购买的积极性，对陕西猕猴桃自身的品牌价值产生了不良影响。其次是集中上市问题。猕猴桃的集中上市会导致同一省份不同品牌、品种之间相互竞争，不同省份之间、不同国家之间存在着激烈竞争，不同农户之间也存在着竞争关系。这就会导致本来比较微薄的利润再一次缩水，农户辛苦一年的付出可能得不到应有回报，这会极大打击农户种植的积极性。

二 品牌建设有待加强

近年来，陕西猕猴桃在加强品牌建设方面取得了一定成效，但仍缺乏统一而强有力的品牌。陕西的猕猴桃品牌多而杂，但除眉县"齐峰"猕猴桃等少数几个品牌之外，其他品牌的市场知名度、市场认可度都不高，有些品牌甚至是消费者闻所未闻的。根据相关调查数据，消费者在购买猕猴桃时对产地的选择依次是：陕西周至，占25.6%；陕西眉县，占11.6%；另外，有40.3%的消费者在选择购买猕猴桃时并不会较多地关注其产地[1]。这说明陕西猕猴桃真正具有一定市场知名度的品牌也就那么一两个，而这一两个品牌在国内广大消费者心中也没有形成与其

---

[1] 刘沛博：《加快陕西猕猴桃产业发展的路径分析——基于市场调查的数据》，《新西部》2019年第8期。

规模、品质等量齐观的影响力,在国际上就更不用说了。与国际顶尖猕猴桃品牌——新西兰的"佳沛"相比,在规模、市场口碑、市场影响力、市场话语权等方面更是有着云泥之别。

陕西猕猴桃的品牌建设,重在重组已有的品牌,整顿品牌杂乱现象,建设一个统一的强有力的品牌。对外统一发声,对内统一营销,真正形成一个与陕西猕猴桃产量相媲美的国际品牌,带领国产猕猴桃走出国门、走向世界。

三 市场定位过低

目前,陕西猕猴桃的市场定位普遍在中低端,定位于高端市场的意识有待加强。从国内整个猕猴桃市场来讲,国产猕猴桃仅仅能在国内中低端消费市场徘徊,而国内猕猴桃的高端市场则被新西兰、智利、意大利等国家占据。在国内一、二线城市的大型商超里,一些知名电商平台上,进口猕猴桃论个卖,而国产猕猴桃却只能论斤卖[1]。陕西一省出产的猕猴桃数量比新西兰一个国家还要多,但庞大的产量却没有与之对应的市场地位,生产利润只能靠薄利多销来实现。归根结底在于目前陕西猕猴桃在营销上,对自身产品的定位过低或根本不明确。从培育到销售整个过程,定位不明确或定位过低,最终反映在市场地位上就只能是徘徊于中低端市场。2019年陕西的红肉、黄肉和绿肉猕猴桃,田间收购价格分别为6.4元/公斤、3.8元/公斤和3.2元/公斤,整体生产利润3500—4000元/亩(不计人工)。而新西兰主要销售的是黄肉品种,市场价8—10元/个,是国产猕猴桃(按照2019年市场批发价7.5元/公斤计)的10倍左右,生产利润3.3万—4万元/亩[2]。这是市场地位不同所导致的价格上的差别,论斤卖只能是靠薄利多销获取微薄的收益,而整个市场上的大额利润都是流向高端市场的。这不单单是国产猕猴

---

[1] 张鹏飞:《地理标志产业在"双循环"新发展格局下的突破之路——以陕西猕猴桃产业发展为例》,《中华商标》2020年第10期。
[2] 程岚、许家华、李保艳:《基于猕猴桃产销现状的思考与建议》,《西北园艺》(果树)2021年第4期。

桃、陕西猕猴桃的问题，也是国内大多数农产品所面临的问题。

四 标准化体系亟需建设

陕西省猕猴桃的产量占据全国总产量的40%左右，出口比例仅占总产量的1%—2%。究其原因，主要在于其缺乏统一的、得到国际市场所普遍认可的标准，标准化种植生产体系并不健全。陕西全省共有猕猴桃种植面积5.85万公顷，而通过认证的猕猴桃绿色果园仅有0.86万公顷，通过有机认证的更是仅有0.04万公顷，而新西兰猕猴桃园基本都通过了GlobalGap标准认证，果农严格按照《GlobalGap果农手册》实施全程管理，出口率占总产量的95%[1]。相比之下，新西兰产量不如陕西省，但其标准化体系健全，从培育到种植再到加工销售这一系列的过程都是严格按照国际统一标准执行的。反观陕西猕猴桃在标准化体系建设上还有待加强。

五 产销模式过于落后，缺乏创新

陕西猕猴桃的生产主要是一家一户的小农模式，其产销模式主要是打造"龙头企业+合作社+农户"的模式，龙头企业与合作社是订单式合作关系。大部分猕猴桃产品通过这种方式销售，小部分分散农户采取摆摊、农家乐、旅游代售等方式售卖猕猴桃，极少数农户会尝试通过互联网销售猕猴桃。相比之下，新西兰则采取独特的"计划经济"产销模式。通过建立统一收购与销售的国际公司——奇异果营销局，来负责猕猴桃的国际贸易等销售工作。农户个体或其他机构是无权从事猕猴桃的国际贸易的。新西兰的这种产销模式，从研发、种植、包装、运输到出口等各个环节都保证了猕猴桃品质的高度稳定性和统一性，并且实现了对产业的全程管控。由此，陕西猕猴桃产业要朝国际化方向发展，则应借鉴国际成功经验，结合自身特色，建设统一标准，加强统一管

---

[1] 程岚、许家华、李保艳：《基于猕猴桃产销现状的思考与建议》，《西北园艺》（果树）2021年第4期。

理，实施统一运营，创新管理运营模式。

第五节 主要结论

针对陕西猕猴桃在种植、加工、流通、营销四个方面制约其"走出去"的关键问题，本书提出以下建议。

一 依托现有科研平台，提高技术管理水平

陕西省现拥有西北农林科技大学猕猴桃试验站、陕西省猕猴桃工程技术研究中心和猕猴桃国际联合研究中心等省级科研平台，科研力量雄厚，后续发展应利用好自身现有的科研优势，从选种、栽培、种植等方面开始，栽培优质品种、改良现有品种、改善土壤土质、优化种植条件等，加强技术管理水平，建立猕猴桃栽培种植加工一体化标准程序。同时，要积极引导农户加入农业合作社等新型经营主体，实现猕猴桃生产的标准化、规范化、技术化、规模化。加强对农户的宣传教育力度和培训力度，提高农户自身的综合素质和个人能力，使其学会利用现代化科学技术和科学方法，实现猕猴桃的高质量种植。

二 延长猕猴桃加工产业链，提高产品附加值

陕西猕猴桃流通应改变以鲜果销售为主的局面，大力建设深加工企业，完善冷藏保鲜等技术，加强高质量流通设施建设，延长猕猴桃产业链。开发猕猴桃在除直接食用、晒干食用等方面之外的其他应用，如酿酒、制作化妆品等。政府方面要有积极举措来扶持农产品加工企业的发展，给猕猴桃或者其他类似农产品的深加工、精加工企业提供政策上的优惠和渠道信息上的便利。加工企业在发展初期，资金投入量大，发展相对比较缓慢且艰难，在这段时间，政府给予政策上的优惠可以很大程度上减轻企业的压力，帮助企业度过前期艰难探索阶段，增加企业的存活概率。同时，对于发展猕猴桃等农产品精加工、高端产品加工的企业予以税收上的优惠，提高重视程度，降低企业成本，增加企业持续发展

的信心。

三 加强品牌建设，注重培养良好口碑

陕西猕猴桃品牌多而杂，但消费者往往只知其二三，更有一部分是完全不知道、不了解更不在乎。陕西在中国乃至世界都算得上是数一数二的猕猴桃种植区，但却缺乏与之产量相配的品牌。新西兰、法国和意大利猕猴桃的平均净利润为3.57万元/亩、1.6万元/亩和1.5万元/亩，而陕西的徐香猕猴桃净利润仅6700—9700元/亩[①]。多而分散的品牌，让陕西的猕猴桃品牌存在相互间的竞争，这在短期内可能有利于个别农户、个别品牌的发展，但从长期来看，不利于一个猕猴桃产量大省后续发展。相互间的激烈竞争，压低了农户的收益，也失去了开拓国际市场的机会。

对于陕西猕猴桃的品牌建设，重在整合，重在统一，要能拧成一股绳，要能力往一处使，而不是一味建立新品牌，分散品牌知名度与影响力。首先，要结合实际，在政府的支持引导下，整合省内现有品牌，建立陕西省猕猴桃的统一官方品牌，建立统一的标准与管理制度，以统一的品牌、集中的口号，打响自身品牌；其次，要提高对猕猴桃质量标准的要求，加强对猕猴桃质量的监管，不让早采、质量不过关、农药催熟等劣质猕猴桃上市。产品的质量是一个品牌的生命，只有对质量高标准、严要求，严格监控把关，致力于将最好的产品带给消费者，才能得到消费者的信赖与支持。一点一滴的坚持，都是对自身口碑的积累，也是对自身品牌最强有力的建设。

四 建立面向国际的标准体系，定位高端市场

以标准化种植生产为前提，从育种、种植到生产、加工，每一步都要严格按照国际上普遍认可的标准进行一体化供给，并积极取得国际上

---

① 程岚、许家华、李保艳：《基于猕猴桃产销现状的思考与建议》，《西北园艺》（果树）2021年第4期。

普遍认可的相关认证。在满足国内大部分需求的同时，积极推动自身的产品走向国际市场，积极开拓国际市场，增加国际化比例。陕西作为我国猕猴桃的主要产地之一、主要生产大省之一，有责任有义务也有这个能力，打破国家在猕猴桃市场的贸易逆差。与此同时，陕西应提高对猕猴桃供给质量的整体要求，从产品本身到加工包装，秉承工匠精神，精益求精。再者，增加规模化的加工企业数量，面向国内外的中高端市场，生产高端产品、精加工的产品，打破其他国家在猕猴桃高端市场的垄断地位，提升自身高端市场份额。

第六节　本章小结

近些年，陕西猕猴桃在产量上取得了较快增长，获得了较大经济价值。但是要走出省门、走出国门，仍存在着许多制约因素。如在种植方面，存在规模化程度低、科学种植体系不完善等制约因素；在加工方面，存在加工企业少，深加工、精加工不足等问题；在流通方面，存在流通方式单一、冷链设施不健全等问题；在营销方面，存在品牌建设、市场定位等问题。这些问题不单是陕西猕猴桃在发展过程中会面临的问题，还是制约着我国西北地区大多数特色农产品"走出去"的普遍问题。本案例进一步明确了特色农产品"走出去"的制约因素，提出提高技术管理水平、延伸产品附加值、建设强有力的品牌、建立国际化的标准体系的建议，希望能更好地推动西北地区特色农产品真正"走出去"，为地区经济发展做出长久贡献。

第十三章　案例4：新疆吐鲁番葡萄

新疆地大物博，农产品特色鲜明，本书选择知名度高、发展历史悠久的吐鲁番葡萄进行研究。由于日照时间长，昼夜温差大，常年干燥少雨，吐鲁番特殊的地理位置为葡萄提供了极佳的生长环境。据统计，吐鲁番葡萄种植面积达全国四分之一，是我国最大的葡萄产区[1]。2020年，吐鲁番葡萄产业产值占吐鲁番农业总产值的41.27%[2]，葡萄产业成为吐鲁番农民增收的关键。广大消费者需求的不断升级，也对葡萄产品的品质、口感、营养价值提出了更高的要求。中低端葡萄产能过剩，高端产品供给不足，影响了葡萄产业整体经济效益。本章将从吐鲁番葡萄种植环境、加工现状、流通渠道、营销策略四个方面探讨其供给体系质量，为调整葡萄供给结构、推动吐鲁番经济发展探索路径。

第一节　吐鲁番葡萄种植供给

近几年吐鲁番市政府为提高葡萄品质提出有计划、有组织的种植，推广机械化，并制定了一系列种植标准。种植方式的优化使吐鲁番葡萄产量、质量稳步提升。

---

[1] 中华人民共和国国家统计局：《中国统计年鉴（2020）》，http://www.stats.gov.cn/，发布日期：2020年9月23日，访问日期：2021年2月5日。

[2] 吐鲁番市统计局：《吐鲁番市2020年国民经济和社会发展统计公报》，http://www.tlf.gov.cn/，发布日期：2021年7月29日，访问日期：2021年9月10日。

一 种植条件优越，葡萄品种丰富

吐鲁番位于新疆中部的低洼盆地，是全国最热、最干燥的干热区，日照时间长，气温高，昼夜温差大，易于植物果实糖分的积累。土壤亦是利于葡萄生长的灌耕土、灌淤土、风沙土、潮土和经过改良的棕色荒漠土，土壤通透性良好，含盐量较低。优越的地理环境为葡萄提供了极佳的生长条件，吐鲁番的葡萄有著名的无核白葡萄、黑葡萄、木纳格、马奶子等，还有用于医药的琐琐葡萄，以及从国外引进的无核紫、无核红等，品种丰富、形态各异。

二 种植面积和产量逐年递增

吐鲁番是葡萄老产区，种植历史悠久，种植面积大。随着种植技术的提升，吐鲁番市葡萄产量逐年递增（见图13.1），国家统计局数据显示，2015年吐鲁番葡萄产量91.7万吨，2017年99.6万吨，截至2019年年底，吐鲁番葡萄种植面积达56.93万亩，产量122万吨[①]，农民收入的46%以上甚至是60%都来自葡萄产业。

三 种植技术逐步标准化

吐鲁番市为提高葡萄质量，对葡萄园建园、葡萄品种选择、苗木培育、葡萄种植、生长期管理等各个环节制定了统一、标准的方案。以栽培环节为例，吐鲁番葡萄均以棚架栽培模式为主，且都采用小棚架，架面高度、宽度都有统一标准。栽培方式主要分为大棚栽培和露地栽培，栽培模式又分为一年两熟、促早栽培和延迟栽培等，吐鲁番各区县主要采用促早栽培的模式。在葡萄修剪期吐鲁番市政府安排农户们进行培训，且派专业人员现场指导，修剪方式包括"T"型、"V"型、"Y"型、"H"型，一个株蔓上最多生长十五串至十八串葡萄，每串葡萄间隔三四十厘米。有计划、有组织的生产与管理使吐鲁番葡萄质量得以大

---

① 中华人民共和国国家统计局：《中国统计年鉴（2020）》，http：//www.stats.gov.cn/，发布日期：2020年9月23日，访问日期：2021年2月5日。

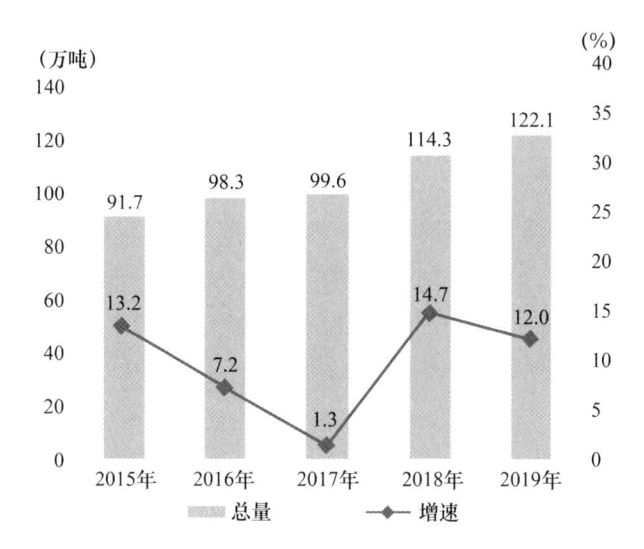

图 13.1　2015—2019 年吐鲁番市葡萄产量及增速

数据来源：国家统计局官网。

幅度提升，葡萄糖度、颗粒形状、营养价值得以保障。

第二节　吐鲁番葡萄加工供给

吐鲁番葡萄整体加工水平较低，仍以制干为主，龙头加工企业不多且影响力较弱。葡萄酒加工多以中低档产品为主，特色优势没有得以体现。

一　鲜食葡萄缺乏加工流程

截至 2019 年年底，吐鲁番共有葡萄干加工企业 62 家，葡萄酒加工企业 40 家[1]，鲜食葡萄加工通常是在葡萄干加工企业或葡萄酒加工企业进行处理，没有专门的鲜食葡萄加工企业。新鲜葡萄采摘后组织人员进行包装，随后进行销售，缺乏规范的加工流程，卫生不达标，烂葡萄

---

[1] 吐鲁番市党建网：《吐鲁番一串串葡萄背后的产业"矩阵"》，http://www.xjssdj.com，发布日期：2019 年 9 月 7 日，访问日期：2021 年 2 月 18 日。

夹杂其中，包装零散等问题较多。葡萄加工需要不断专业化及产业化，制定相应的鲜食葡萄加工流程，制定统一的挑选、包装、分级标准，这对于吐鲁番葡萄提升供给质量、提升品牌形象具有重要意义。

二 葡萄干加工技术水平落后

截至 2019 年年底，全国葡萄干产量 19.6 万吨，其中吐鲁番葡萄干产量达 17.29 万吨，占到全国总量的 88%[1]。葡萄干的加工方法主要有阴干和晒干，晒干的葡萄干通常呈红色、黑色及黄色，是将新鲜葡萄打葡萄果把、去杂后进行颗粒筛选分级，清洗过后多用传统晾晒方式进行制干，安全卫生难以保障，也有部分采用太阳能等辅助措施制干[2]。阴干的葡萄干普遍呈绿色，口感较好但是耗时较长，在制干过程中腐烂、变色的情况较为严重，仍存在整体技术落后、质量水平难以保证的问题。同时吐鲁番也有一些绿色无公害葡萄干品牌，加工流程相对完善，但其规模较小且品牌知名度较低。

三 葡萄酒加工品种单一，创新能力差

由图 13.2 数据可知，近几年我国葡萄酒产量逐年递减，葡萄酒的消费量远高于其产量。2019 年中国葡萄酒产量仅为 45.1 万千升，而消费量为 111.3 万千升[3]，我国葡萄酒多依赖进口，所以国内葡萄酒产业前景广阔，潜力巨大。截至 2019 年年底，吐鲁番市共有葡萄酒加工企业 40 家[4]，但大型企业仅有楼兰酒业和驼铃酒业，多数加工企业规模较小，产量较低，且多数企业以生产中低档葡萄酒为主，技术创新能力

---

[1] 徐桂香、廉苇佳等：《吐鲁番葡萄产业调研与分析》，《中外葡萄与葡萄酒》2020 年第 3 期。

[2] 伍国红、李玉玲等：《吐鲁番葡萄主要制干方法及其比较》，《西北园艺》（果树）2019 年第 2 期。

[3] 中商情报网：《2019 年中国葡萄酒行业现状及 2020 年发展趋势预测》，https：//baijiahao.baidu.com/，发布日期：2020 年 2 月 25 日，访问日期：2021 年 2 月 15 日。

[4] 吐鲁番市党建网：《吐鲁番一串串葡萄背后的产业"矩阵"》，http：//www.xjssdj.com，发布日期：2019 年 9 月 7 日，访问日期：2021 年 2 月 18 日。

较差，部分厂家为追求利益降低研发成本，追求同质化，无法突出产品特色，缺少高档创新产品，导致葡萄酒品牌竞争力不足。

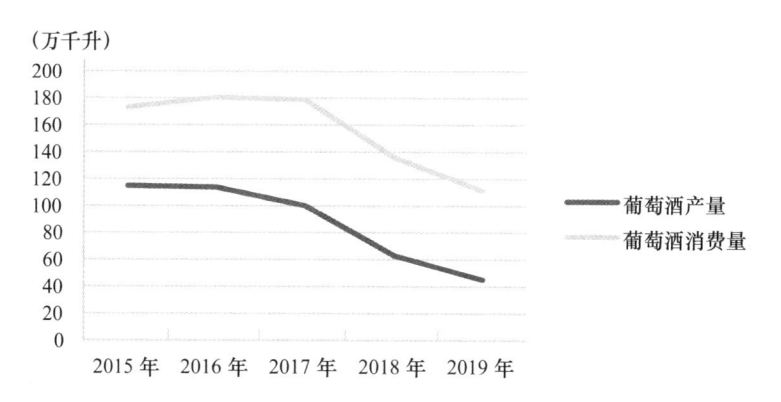

图 13.2　2015—2019 年中国葡萄酒产量及消费量

第三节　吐鲁番葡萄流通供给

2020 年吐鲁番市对吐鲁番综合物流园区整体开发进行了战略布局，尽可能使航空、公路、铁路运输和物流货运无缝对接，努力打造新疆现代物流产业园区集群，将吐鲁番建成新疆重要的公路现代物流集散中心、乌鲁木齐铁路集装箱货运次门户枢纽站和经吐鲁番飞往中亚、欧洲的空中丝绸之路航空物流枢纽基地，使得吐鲁番农产品销售渠道更加通畅[1]。

一　一体化物流产业链的构建

在传统物流模式中最常见的是农户经纪人。采摘包装好的鲜食葡萄及农户自己晾晒的葡萄干，多通过农户经纪人运往产地批发市场和销地批发市场，再通过零售商出售给消费者，同时加工企业会从农户手中收购鲜食葡萄经过精深加工后一部分通过出口企业出口至国外，另一部分

---

[1] 中国工业新闻网：《吐鲁番市工业经济高质量发展现状与对策》，http://www.cinn.cn/gysp/202009/t20200908_233025_wap.html，发布时期：2020 年 9 月 8 日，访问日期：2022 年 2 月 18 日。

则通过代理商销售至超市、商场。如今随着电商蓬勃发展，吐鲁番致力于打造葡萄种植、管理、采摘、营销、运输一体化的专业生产形式，如新疆果业鄯善葡萄交易中心。该中心占地 500 亩，是集葡萄、葡萄干和哈密瓜等特色农产品现货交易、生产加工、仓储保鲜、物流冷链和供应链金融服务于一体的新型农产品交易集散中心，也是新疆果业集团布局建设的九大农林产品仓储加工交易集配中心之一[1]。新疆果业鄯善农产品交易中心依托新疆果业遍布全国的农产品市场网络体系和新疆林果网 B2B 平台，通过图片、视频、直播、邮寄样品等方式，实现了鄯善县葡萄干产销不见面对接，有效促进了葡萄干错季销售和均衡供应，切实增加了农民收入。在现货交易场，工人们对收购来的葡萄干进行初检分级，经过初检的葡萄干将通过传送带运送到标准化生产车间，清洗、精选、包装、入库储藏直至销往全国，各项程序一气呵成。

二　流通现状及存在的问题

截至 2019 年年底，吐鲁番市共有物流企业 675 家，其中规模以上物流企业 17 家，物流信息服务企业 58 家，个体工商户 162 家[2]。由于吐鲁番位置偏远，总体物流成本较高，同时物流企业多是由传统的运输公司转型，整体规模较小，专业化程度低，管理不规范，运输工具较为落后，物流产业信息化水平较低。鲜食葡萄不易贮藏，须在冷库中预冷后运输，信息系统的不健全导致不能及时解决葡萄运输途中的问题，使得葡萄流通供给质量得不到保障。

第四节　吐鲁番葡萄营销供给

为提升吐鲁番葡萄的知名度和竞争力，进一步扩大吐鲁番市农产品

---

[1] 吐鲁番融媒中心：《吐鲁番市全力构建大物流格局》，http：//www.tlfw.net/，发布日期：2020 年 7 月 6 日，访问日期：2021 年 2 月 18 日。
[2] 中商情报网：《2019 年中国葡萄酒行业现状及发展趋势预测》，https：//baijiahao.baidu.com/，发布日期：2020 年 2 月 25 日，访问日期：2021 年 2 月 18 日。

生产销售企业与疆内外采购商的交流合作，助推农民脱贫攻坚，吐鲁番市创新营销方式，通过开展以"互联网＋"社会扶贫电子商务平台为主的特色农产品产销对接活动，推介销售以吐鲁番葡萄为主的特色农产品，依托新疆特色农产品国内销售网，建立健全"网上有专馆、市场有专区、商超有专柜、定期有专会、采购有基地"的农产品营销渠道体系，宣传优质、绿色、安全的农产品，进一步维护吐鲁番农产品品牌声誉。

一　依托新疆特色农产品国内实体销售网，有效促进葡萄销售

吐鲁番市主要依托北上广、疆品入湘及全国 14 家水果批发市场开设的新疆果品销售专区，北京新发地，广州、上海、长沙和深圳已建成的新疆农产品销售专区，果业扶贫联盟深圳百果园水果连锁店及中国社区扶贫联盟店开设的新疆专柜，以及新疆果业集团在广州、武汉等城市新建果蔬社区体验店和石化易捷便利店，利用批发市场货物集中、交易规模大的优势，积极带动吐鲁番市包括葡萄在内的特色农产品稳步走向内地市场。

二　强化品牌意识，加大宣传力度

吐鲁番市充分利用各类农产品展销会、洽谈会加强宣传，最著名的莫过于中国丝绸之路吐鲁番葡萄节，它从 1991 年经贸成交额突破 1000 万元，2005 年第十四届达到 14 亿元，到 2019 年第二十八届签约总额近 160 亿元[①]。随着吐鲁番经济的发展，吐鲁番葡萄节影响力逐年上升，吐鲁番市把葡萄产业提质增效的政策和措施送到田间地头，把葡萄产业增效的评比、挖掘葡萄产业持续助农增收潜力的研讨也搬到了葡萄节上，吐鲁番的葡萄因葡萄节而更出名。2019 年吐鲁番市政府操办葡萄销售联谊会，会集了上百名来自广东、福建、北京等地的客商和代表当地葡农利益的乡村干部，销售鲜食葡萄 5.2 万吨，销售额近 1 亿元，

---

① 张治立：《吐鲁番葡萄节》，《新疆日报》2019 年 9 月 19 日第 6 版。

销售葡萄干3.5万吨,销售额2.5亿元;同时还销售各种葡萄酒4200吨,销售收入达1680万元[①]。

吐鲁番市努力把传统的宣传方式和现代的宣传方式相结合,通过电视、机场灯箱、微博、微信、短视频等全方位立体传播,加大葡萄等一系列吐鲁番特色农产品品牌的宣传力度。如吐鲁番市文化体育和旅游局与华夏航空联合推出"吐鲁番的葡萄熟了"主题航班,航班客舱行李架、座椅及头枕巾上都有"吐鲁番的葡萄熟了——丝路明珠吐鲁番欢迎您"的相关标语和吐鲁番旅游抖音二维码,该架飞机前往西安、天津、呼和浩特、杭州、重庆、海口等地向全国游客宣传吐鲁番葡萄。此外吐鲁番市集中宣传吐鲁番葡萄的优良品质,形成强大的舆论声势,加强地理标志、新疆著名商标和吐鲁番著名商标的品牌创建,坚决打击仿冒吐鲁番农产品品牌的行为,倡导诚信经营,进一步维护吐鲁番农产品品牌声誉。

三 充分发挥"互联网+"社会扶贫的优势

政府部门高度重视探索和创新"互联网+"社会扶贫新模式,积极拓宽农产品销售渠道,制定优惠政策,安排扶持资金支持贫困村农产品促销活动,带动贫困群众增收。通过搭建贫困村脱贫致富的网络桥梁,加快发展以电商为重点的农产品营销新业态,推动农产品营销线上线下同步发展已成为新时代营销重点。吐鲁番积极参与以"电商扶贫"为主题的京东"好物·只为疆来"、环球捕手"中国田·新疆甜"和农村淘宝"寻美味·扶农人"新疆农产品网络推介会活动,积极推广吐鲁番市特色农产品,传播吐鲁番优质农产品品牌,助力贫困群众脱贫致富。疫情期间全国实体经济受到大幅冲击,足不出户使"电商扶贫"的影响力越来越大,开展网上"不见面"、"线连线"、"屏对屏"招商和项目推介,加码直播带货成为新潮流。为解决农户产品滞销的问题,

---

① 央视网:《专业化销售使吐鲁番葡萄栽种进入新时代》,http://www.cctv.com,发布日期:2020年7月22日,访问日期:2021年3月2日。

各大主播积极参与扶贫项目，将农产品带入直播间取得了显著成效。此外拼多多在全国开启了"政企合作，直播助农"，探索"市县长当主播，农户多卖货"的电商助农新模式。吐鲁番市副市长马合木提·吾卜卡斯木紧跟时代发展，走进拼多多直播间为吐鲁番的特产葡萄干代言，消费者通过首页的秒杀活动或爱心助农便可关注农产品销售直播信息，直播一小时共吸引了212万网友观看，包括葡萄干在内的53吨新疆特产销售一空。

第五节 主要结论

综上，通过对吐鲁番葡萄种植、加工、流通、营销环节分析，本书主要针对技术落后、加强品牌保护等问题提出以下建议。

一 加强葡萄产业规划研究，大力发展高端葡萄产品

加强葡萄产业规划研究。首先，吐鲁番市应紧紧围绕全国葡萄产业第一的地位，在科学技术指引下，制定详细的、可操作的葡萄产业发展路线，继续大力开展葡萄标准化生产示范基地建设，保持品种的纯度，提升葡萄产业的整体形象。其次，要加大对葡萄产业的风险研究。一是灾害性气候风险预防；二是积极研究应对市场波动风险；三是试行葡萄保险，防止灾害性天气导致果农的过度损失。最后，加大对葡萄产业耕种水平的研究。吐鲁番葡萄有自己独特的种植模式，一些先进的国内外机械设备并不适用，而且农户多坚持传统耕作模式，不愿意接受新型机械设备。进一步研发适合吐鲁番葡萄种植的机械设备及改变农户种植观念对提升葡萄供给水平极为重要。

另外，随着人们生活水平的提高，消费者逐渐倾向于购买高端农产品。引进高端人才，完善加工流程，研发加工技术解决鲜食葡萄储藏问题、葡萄干清洗及变色问题，逐步推广机械化、自动化、标准化加工流程，提高鲜食葡萄、葡萄干加工包装水平，树立吐鲁番葡萄优质、高档的形象尤为迫切。

二 大力加强葡萄酒品牌建设

近年来,随着高收入阶层对葡萄酒的热爱与追捧,葡萄酒消费急剧上升。目前我国葡萄酒多依赖进口,仅2019年我国就进口瓶装葡萄酒4.55亿升,散装葡萄酒1.37亿升,这说明葡萄酒国内市场发展空间较大,政府也在不断出台各类政策鼓励企业大力发展葡萄酒产业,而发展葡萄酒产业就必须加强葡萄酒品牌建设。

首先要扩大酿酒葡萄种植面积,因地制宜选择合适品种,推行葡萄设施化栽培,从种植、施肥到灌溉、覆膜、采摘等各个环节实行标准化生产模式,建设葡萄生产基地,打造葡萄标准园示范基地。只有提高葡萄质量才能酿造高质量的葡萄酒,应制定统一的质量检验标准,以好的产品品质保障好的产品品牌。其次,人才是品牌建设的基础,企业与政府须联动为人才培养创造有利条件,通过解决居住条件、提供假期福利补贴、缴纳各类保险等措施吸引高质量人才,使其发挥所能为企业创造价值。最后,一个知名名牌极其依赖宣传,所以吐鲁番政府须积极举办各类展销会、农博会、招商会等,同时各葡萄酒加工企业应拿出最好的产品进行展示,并积极参加葡萄酒评选活动,取得好的名次有助于提升企业形象、扩大品牌影响力。此外,市场上还存在一些质量较差的假冒伪劣吐鲁番葡萄酒品牌,严重影响吐鲁番葡萄酒在消费者心目中的形象,因此政府须加强区域品牌保护,严格区域品牌标识使用和管理。只有所有人重视品牌建设,认识品牌建设重要性,才能发挥品牌应有的作用,形成"一等原料,一等加工,一等价格"的局面。

三 推动吐鲁番葡萄全产业链智能化发展

首先是种植环节。互联网的快速发展,使得企业、果农及时了解国内外产品供给情况以及价格动荡,了解当前葡萄种植、加工最新技术,可从中选择适合吐鲁番地区的做法。其次是流通环节。葡萄采摘之后极易腐烂,储藏、运输、销售每一步都需要精确掌控,推动电商等新兴零售渠道发展,使零售终端与葡萄批发市场网络对接,应用大数据、物联网、云计算、北斗导航等先进技术，打造可追踪、全透明智能管理，对新鲜葡萄的储藏、运输、销售每一步都做到实时监控，可有效及时解决流通过程中出现的各类问题。最后是营销环节。短视频、直播带货风靡全国，商家和消费者可以不用通过中间商，远距离面对面协商。大数据时代，以互联网为依托平台，以网络用户为中心，以市场需求为导向，从种植到加工再到流通、销售，全供给体系实现无缝连接，是提升农产品供给质量的基本要求。

四 发展葡萄酒庄及相关旅游产业，多渠道带动农民增收

随着葡萄酒产业的发展，葡萄酒酒庄出现在大众视野。酒庄多与休闲旅游相结合，主要包括酒庄生活体验馆、酒庄文化产业园、酒庄综合体等。一方面，针对不同客户群体设立小酒庄，提供住宿、餐饮等接待服务，以便旅游者可以随时品尝葡萄酒、参观葡萄酒加工制作过程。另一方面，发展酒庄文化可以有效宣传葡萄酒品牌，酒庄文化包括酒庄建筑风格、葡萄园及酿酒设施的管理水平、酒庄的企业形象和产品形象。

吐鲁番亦可依托葡萄产业大力发展旅游产业。吐鲁番市目前建设了五大葡萄主题公园，葡萄主题公园不仅成为吐鲁番产业融合的新载体，同时促进了全域旅游发展，助推"观光游"向"体验游"、"深度游"发展。葡萄沟、中国丝绸之路吐鲁番葡萄节已经是吐鲁番最著名的旅游景点和旅游品牌。游客可以在葡萄沟体验淳朴浓郁的维吾尔族风情，可以购买新鲜葡萄，还可以亲身体会葡萄采摘过程，感受葡萄庄园美丽的自然风光。基于此，吐鲁番政府可继续发掘葡萄产业文化，打造一个集产品、文化、旅游、生态为一体的田园综合体项目，带动周边餐饮、交通、住宿等行业发展，带动农民增收渠道多元化。

第六节 本章小结

新疆吐鲁番葡萄产业的发展对于带动区域农户脱贫致富、实现乡村振兴，成绩有目共睹。总结其实践经验，补齐短板不仅有利于葡萄产业

自身发展，还可为新疆其他特色农业积极稳健前行提供借鉴。如何借助电商平台，让更大的消费群体分享优等新疆农产品；如何因地制宜打造特色鲜明、市场竞争力强的农产品优势区，通过历史文化资源增强品牌知名度，得到消费者认可；如何促进一二三产业融合，带动农民持续增收，不返贫不掉队……对于这些问题，还需要继续采用系统科学的方法分析探索。

第十四章　案例5：青海冬虫夏草

  青海是全国冬虫夏草主产区，产区面积达7000万亩，年产量100吨左右，产值180亿元，产量约占全国总产量的60%以上，占全球冬虫夏草总产量的50%以上，青海全省390多万农牧民从冬虫夏草产业发展中受益[1]。2021年，青海省林草局委托青海省畜牧兽医科学院对全省冬虫夏草资源开展全面调查，经计算发现，青海省冬虫夏草年蕴藏量为2.08亿—63.99亿根，平均为22.32亿根[2]。调查结果显示，冬虫夏草分布于青海省8个市（州）、27个县（市、区）、152个乡（镇），分布面积约占全省天然草地面积的11.74%。其中，玉树州和果洛州为冬虫夏草的主要产区，约占全省冬虫夏草分布面积的75.26%[3]。随着虫草药用价值被越来越多的人关注，虫草的市场需求与日俱增，由于人工培育虫草尚未达到量产阶段，虫草资源主要靠野生。近年全球气候变暖，青藏高原雪线上升，虫草的繁衍区域越来越小，产量也越来越少，虫草的价格不断上升。每年有大量的人前往虫草生长山区挖掘虫草，对当地脆弱的生态环境造成了严重的破坏。本案例深入研究青海冬虫夏草采挖、加工、流通、营销四个环节，分析当下制约青海虫草产业可持续发展的因素，为推动西北乃至全国各地

---

[1] 中国新闻网：《青海"冬虫夏草鲜草季"正式开幕：为青海野生冬虫夏草谋发展》，http://www.qh.chinanews.com.cn/zxjzzqh/news/2021/0510/91047.html，发布日期：2021年5月10日，访问日期：2022年1月22日。

[2] 李秀璋等：《青海冬虫夏草蕴藏量研究》，《青海畜牧兽医杂志》2020年第5期。

[3] 国家林业和草原局政府网：《青海完成冬虫夏草野生资源分布和蕴藏量调查》，http://www.forestry.gov.cn，发布日期：2021年12月22日，访问日期：2022年1月22日。

区稀有农产品的可持续发展提供建议。

第一节 青海冬虫夏草的采挖供给

青海拥有冬虫夏草生长繁衍得天独厚的自然地理环境，孕育出全国总产量60%以上的虫草。但由于人工培育虫草困难，难以实现量产，现今的虫草资源主要靠野生，产量供不应求，价格连年上升，虫草越挖越贵，越挖越少，越少越贵，造成了恶性循环。加上采挖方式相对原始，采挖人流量大，高山高原生态脆弱，对当地生态环境，特别是虫草的生长环境造成严重的破坏，严重影响了虫草的可持续发展。

一 高山高原环境适宜虫草繁育

冬虫夏草的最佳生长环境大多是海拔三千米以上的高寒山区。青海省地处有着"世界屋脊"之称的青藏高原的东北部，海拔高，温度低，紫外线强烈，气候严寒。当地的自然环境相对恶劣，因而人类活动较少，人为污染少，环境相对洁净，适合冬虫夏草的生长与繁育。冬虫夏草虽名字叫"草"，但实则是一种真菌寄生于昆虫体内后，历经一系列复杂的演变过程的产物，属真菌。其生长历程必须通过真菌的寄生来完成，因而冬虫夏草菌就成为冬虫夏草产生所必不可少的要素。经相关研究人员调查发现，这种冬虫夏草菌一直广泛存在于青藏高原地区，如当地的土壤环境中[1]。我国虫草资源占据全球虫草资源总量的98%，而在这98%里面，有60%以上产自青海[2]。也就是说青海省的虫草产量相当于全球总产量的50%以上。可以说，能在产量上取得如此巨大的成就，一个很重要的原因得益于青海省得天独厚的自然环境条件。目前的人工虫草之所以难以培育，与虫草所需要的生长繁衍条件太苛刻、生长条件难以完全模拟有很大关系。青海省优渥的自然地理条件若能有节制地加

---

[1] 王玉华、谢超玲：《冬虫夏草在青藏高原生态中的地位》，《绿色科技》2019年第2期。

[2] 仁青措：《青海冬虫夏草出口量价齐增》，《中国国门时报》2021年9月24日第2版。

以利用，必能极大促进虫草的可持续发展。

二 虫草资源靠野生，人工培育困难多

青海大学牧科院最早于 1979 年首次分离并完成了冬虫夏草真菌培养的全过程，1984 年申请了全国第一个分离冬虫夏草菌方法专利。1996 年，又承担了青海冬虫夏草生态学及人工培养技术的研究项目，突破了养虫技术难关，并于 1998 年人工培养出了第一根冬虫夏草[①]。但 20 多年过去了，人工培育的冬虫夏草并没有实现大规模的量产，市面上出现的冬虫夏草的主要来源依旧是野生。究其原因在于人工培育冬虫夏草难度高，批量生产相对困难，加上人们对于人工培育产品的抵触心理，使得目前市面上出现的青海冬虫夏草大都是野生挖掘的，人工虫草少之又少。

三 虫草价格逐年上升，产量逐年下降

近年来，冬虫夏草价格连年攀升，在 1997—2012 年的 15 年间，每年以 20% 的比例持续增长，高品质冬虫夏草的价格约等于黄金价格的 3 倍[②]，因而好的虫草一直有着"软黄金"的称谓。目前的虫草价格是以"根"为单位进行销售的，新鲜冬虫夏草的价格大概是 15 元/根—35 元/根[③]。国内相当一部分中药材都是论斤卖的，特别珍稀药材中，如人参、鹿茸等的价格都达不到虫草的价格。之所以出现这样的局面，归根结底是虫草逐年下降的产量，以及经济与科技发展，使得虫草的药用价值进一步明确后所带动的巨大市场需求量。20 世纪 60 年代初，在海拔高度 3500 米以上的虫草产区大部分都有虫草分布，而到了 2001 年，有的产区只有在 4500 米以上的地区才有局部分布[④]。由于虫草的连年

---

① 藏红花网：《冬虫夏草能人工培育吗？》，https：//www.fanhonghua.net/chongcao/6300.html，发布日期：2020 年 10 月 22 日，访问日期：2022 年 1 月 23 日。
② 李秀璋等：《青海冬虫夏草蕴藏量研究》，《青海畜牧兽医杂志》2020 年第 5 期。
③ 李秀璋等：《青海冬虫夏草蕴藏量研究》，《青海畜牧兽医杂志》2020 年第 5 期。
④ 王宏生：《青海省冬虫夏草利用和研究现状》，《青海草业》2001 年第 4 期。

减产，2018 年，国家将其作为易危物种列入《中国生物多样性红色名录——大型真菌卷》①。各地方政府也制定了相应的保护虫草的法律法规。

四 冬虫夏草的挖掘方式较原始，机械化水平低

大部分虫草资源分布的位置是海拔 3000 米以上的高寒山区，因而虫草的采挖都是依靠人力，凭着人工丰富的经验在高海拔山区里寻找，大中型机械很难运用，采挖工作相当原始，机械化水平低下。在以前虫草资源相对较多时，一人一天能挖到一百多到几百多根的虫草，但如今，随着虫草资源的日渐枯竭，每人每天最多只能挖到几十根，辛苦一天后空手而归的人不在少数，采挖效率相当低下。虫草是当地相当一部分家庭的主要经济来源，若要采挖到能维持生计或满足市场需求数量的虫草资源，则需要更多的人工进行虫草的采挖工作。另外，除当地居民采挖虫草外，还有不少的外来人员会慕名来到当地进行虫草的采挖，每年涌入虫草生长区的采挖者数不胜数。冬虫夏草采挖后草甸草皮上会留下无数坑洞，这些坑洞不仅寸草不生，还会不断沙化，长此以往将造成整片草地严重退化。据调查，每采挖 1 根冬虫夏草至少要破坏 30 平方厘米的草皮②。青藏高原高海拔山区的生态环境相当脆弱，被破坏之后也很难人工修复，靠着自然环境下的自我恢复，则需要很长的时间。大量的虫草挖掘加上大规模的人员流动，对当地的生态环境是一个相当严重的负担，对于虫草的可持续发展环境也是一个极大的破坏。

第二节 青海冬虫夏草的加工供给

在政府政策支持与引导下，青海省的冬虫夏草加工产业得到了一定

---

① 中华人民共和国生态环境部：《关于发布〈中国生物多样性红色名录——大型真菌卷〉的公告》，http://www.mee.gov.cn/xxgk2018/xxgk/xxgk01/201805/t20180524_629586.html，发布日期：2018 年 5 月 17 日，访问日期：2022 年 1 月 23 日。

② 旦久罗布：《冬虫夏草采挖的负面效应及发展对策》，《现代农业科技》2019 年第 13 期。

程度的发展，但仍存在深加工企业少、加工制品不足等问题。

一　虫草以直接销售为主，缺乏加工意识

目前，青海乃至国内其他冬虫夏草产区，虫草的销售都是以直接销售为主，少有进行加工处理。一般而言，在不少虫草山区的山脚下，会有专人收购从山上刚采挖完的虫草，在这里直接销售掉一部分虫草。而剩下的大多数虫草，都是被采挖者带走后进行简单的处理，如去泥、清洗等，挑选一个合适的时机带往专门的虫草交易市场进行出售，其本质上仍旧是直接销售。主要原因在于：首先，虫草是一种药材，其最大作用便是它的药用价值，按照传统的方式方法，将其直接出售或者经过简单的处理后进行出售，使其和其他药材或者食材搭配使用，便可以直接发挥其价值。其次，由于虫草本身价格较高，简单直接出售便可以获得较高的利润。最后，由于当地所处地理环境封闭、相对偏僻的限制，当地文化相对保守，思想风气上也相对保守，缺乏深加工甚至精加工的意识。实际上，直接销售只能发挥出虫草的一部分价值，若想虫草产业获得更好的发展，则需要有意识地不断开发出虫草的其他加工价值，拓宽虫草的产业链。

二　深加工企业相对较少，加工制品少

根据青海省统计局发布的2021年统计年鉴，青海2020年规模以上企业中（规模以上工业企业是指主营业务收入在2000万元以上的工业企业），农副食品加工企业39个、食品制造企业24个、医药制造企业23个、化学原料和化学制品制造业63个[1]。冬虫夏草可加工成冬虫夏草含片、冬虫夏草胶囊、冬虫夏草酒以及提取虫草中的相关成分做成相关药物等，这些加工过程基本上会涉及上述的相关制造企业。由此可见，青海省内适宜冬虫夏草加工的企业数量较少，缺乏真正专门从事虫草加工的企业，再者市面上出现的冬虫夏草的加工制品较少，虫草资源

---

[1] 青海省统计局：《青海统计年鉴（2021）》，http：//tjj.qinghai.gov.cn/nj/2021/indexch.htm，发布日期：2021年11月11日，访问日期：2022年1月24日。

的开发利用程度有限。

三 新品研发力度不够，虫草价值未得到充分发挥

目前，虫草的主要价值是作为药材使用，主要的加工步骤有清洗、去泥、晒干或阴干以及筛选等，出售后便可以作为药材进行使用，加工方法过于简单。除此之外的更进一步加工，便是加工成虫草酒、虫草纯粉、含片、胶囊等，加工方式、技术等都停留在初级加工阶段。而不论是直接使用或者初加工后使用，都难以完全发挥出虫草的真正价值，且长期食用反而会对人身体有害。2016年2月国家食药监总局便发布了《关于冬虫夏草类产品的消费提示》，其中提到长期食用冬虫夏草、冬虫夏草粉及纯粉片等产品会造成砷过量摄入，并可能在人体内蓄积，存在较高风险[1]。

虫草的主要药用成分和对人体有益的物质是其内所含有的虫草素、虫草酸、有机酸、蛋白质等。若要真正发挥出虫草的价值，并不是简单地加工后进行使用，而是要提取其中真正有益于人体的物质，制作成有益于人体健康的药物或者保健品等精加工产品。目前，虫草的深加工产品如虫草菌素的价格达每0.1克数百美元，日本和韩国等国家的有关科研单位一直从事高纯度虫草菌素的提取开发工作，并已有产品出口欧美市场。我国目前的虫草加工仍处于初级阶段，还很难与其竞争[2]。

第三节 青海冬虫夏草的流通供给

近些年，在政府的支持下，青海在公路、铁路、航空等交通运输设

---

[1] 国家药品监督管理局：《总局关于冬虫夏草类产品的消费提示》，https://www.nmpa.gov.cn/yaopin/ypjgdt/20160204190401258.html，发布日期：2016年2月4日，访问日期：2022年2月10日。

[2] 藏红花网：《冬虫夏草深加工的意义》，https://www.fanhonghua.net/chongcao/4428.html，发布日期：2020年8月6日，访问日期：2022年2月10日。

施建设方面取得了较大发展。但在冬虫夏草等产品的流通过程中仍存在流通基础设施建设不均衡、城乡差异明显,虫草流通以线下为主、线上流通较少等问题。

一 流通基础设施发展不均衡

青海的大型商品交易市场、农产品市场等多集中在城市中心,如西宁市、海东市和海西州等的商贸流通业设施比较完善,而其他地区流通业发展相对滞后[1]。冬虫夏草集中交易市场也都分布在经济相对欠发达的城镇、农村等相对偏远地区,商品流通相关的基础设施较落后。当地的居民,若需要前往大型销售市场,以理想的价格出售虫草,则需要到几公里外,甚至几十公里外的城镇。从时间上看,虫草流通的时间长;从成本上看,流通费用也会升高。虫草的跨区域流通受到较大的阻碍。

二 虫草的流通以线下为主,线上销售较少

青海省2021年发布的统计年鉴显示,2020年,青海省的(固定)互联网宽带接入普及率为30.7%,其中城镇的普及率约为37%,农村的普及率约为21.2%;家庭互联网宽带接入普及率为83.8%;实现了百分百的互联网宽带通达乡(镇)、行政村;移动电话普及率为111.3部/百人[2]。青海光纤网络和移动通信网络已经得到相当程度的普及,但对于当地冬虫夏草的销售而言,虫草的流通方式依旧是以线下流通为主,线上流通较少。究其原因,首先是当地居民思想上相对较保守,意识观念上没有跟进;其次是由于虫草价格相对高昂,在流通过程中出现不少假冒伪劣产品,极大影响了消费者对线上虫草的印象;最后是当地地处青藏高原东北部,多山地,海拔较高,交通相对不便,阻碍了当地物流业务的发展,进而影响了当地电商行业的发展。虫草以线下流通为

---

[1] 白羽:《青海省内商贸流通业发展概况研究》,《商场现代化》2020年第4期。
[2] 青海省统计局:《青海统计年鉴(2021)》,http://tjj.qinghai.gov.cn/nj/2021/indexch.htm,发布日期:2021年11月11日,访问日期:2022年1月24日。

主，流通方式相对单一，流通效率也相对较低。

第四节　青海冬虫夏草的营销供给

青海虫草以其高品质被国内外消费者认可，在出口方面取得了较好的成绩。据西宁海关统计，2021年1—8月，青海出口冬虫夏草量价齐增，出口总值4781.8万元，与去年同期相比增长约100%，出口总重增长69.5%，出口均价增长18%。在全国开展冬虫夏草出口业务的8个省区中，青海出口值位居第一，占总出口值五成以上[1]。目前制约青海虫草营销供给的最大问题是缺品牌，假冒伪劣产品多。

一　竞争环境愈加激烈，营销方式缺乏革新

青海省内由于人工虫草未能实现量产，精加工工艺有待提高，目前虫草的营销对象还是以未加工或者粗加工后的野生虫草为主，各种营销活动、营销手段、营销方法也都是围绕着这个对象展开的，对于即将面临的新的、竞争更为激烈的营销环境缺乏革新性的营销方式。

首先，随着虫草培育技术的不断提高，相对于野生虫草，人工虫草在质量上与其不相上下，但在重金属等有害物质的含量上更可控。据相关研究表明，人工繁育冬虫夏草与4种不同产地的野生冬虫夏草在性状、有效成分含量、农残等方面均符合药典规定，无显著差异；而相比于野生冬虫夏草的重金属砷（As）普遍超标现象，人工繁殖冬虫夏草的砷含量远低于药典标准[2]。随着人工虫草培育技术的不断成熟，实现量产指日可待，那时青海虫草产业的相关营销方式若仍未进行较大的革新，则会受到严重的冲击。

其次，随着虫草中相关成分的逐渐明确，主要成分之一的虫草素已经可以实现人工合成，还可从蛹虫草中提取，蛹虫草的培育技术现今已

---

[1] 仁青措：《青海冬虫夏草出口量价齐增》，《中国国门时报》2021年9月24日第2版。
[2] 陈培武、苏杨青、李小凤：《人工繁育冬虫夏草与野生冬虫夏草的质量对比研究》，《江西中医药》2020年第11期。

经相当成熟，培养难度相较于野生虫草也相对简单。蛹虫草所含功效成分和药效与野生冬虫夏草相似，有研究表明其某些成分含量还高于冬虫夏草[①]。可见野生冬虫夏草并非完全无法取代，青海虫草开拓市场，革新营销方式势在必行。

二 重产地而不重品牌，品牌建设有待加强

在国内，青海的冬虫夏草不论是从产量还是从质量上说，都是数一数二的。青海省冬虫夏草已经被国家认定为地理标志保护产品，玉树、果洛、海南、黄南等产区被划定为受地理标志产品保护的地域[②]。但是，到目前为止，青海省内的冬虫夏草仍旧没有一个响亮的品牌。根据品牌网发布的关于冬虫夏草的十大品牌排行榜，属于青海省内的品牌共有三个，分别是三江源、金诃藏药和珠峰圣傲，三江源排第二名，金诃藏药排第七名，珠峰圣傲排第十名[③]。可见，青海在冬虫夏草品牌建设上存在着一定的不足，品牌数量和知名度仍有提升空间。虫草消费市场中，消费者相较于品牌更看重虫草的具体产地，好产地必出好虫草的理念在虫草消费者心中已经根深蒂固了，产地成了影响消费者选购虫草的主要因素，而品牌反倒成了次要因素，这不利于虫草全产业链的长远发展。

三 假冒伪劣产品横行，市场秩序混乱

由于虫草价格的持续上扬，市场上有些不良商贩掺杂使假，以伪充真，以劣充优，经归纳梳理主要有以下几种表现。一是以混淆品种冒充正品虫草：主要以凉山虫草、香棒虫草、亚香棒虫草、北虫草等品种冒充正品虫草。二是以唇形科植物地蚕、草石蚕、石蚕等的干燥

[①] 黄婷婷等：《蛹草拟青霉的研究进展》，《云南中医中药杂志》2014年第8期。
[②] 藏红花网：《青海虫草计划未来，有望规范虫草市场》，https://www.fanhonghua.net/chongcao/3704.html，发布日期：2020年6月30日，访问日期：2022年2月11日。
[③] 品牌网：《2022年冬虫夏草十大品牌影响力排行》，https://www.chinapp.com/shidapinpai/68396，发布日期：2022年9月7日，访问日期：2022年9月10日。

根茎以及家蚕的白僵蚕、棕金龟子幼虫（核桃虫、蛴螬）冒充虫草。三是在正品虫草虫体内部或体表掺杂其他物体，主要为将断裂或人为折断的虫草用钢丝、铁丝、竹签、塑料连接，用胶水等将虫体粘接呈现原样，以次充好并增加虫草质量。四是虫草浸糖液、盐液、明矾液及在虫草虫体的表面粘土等以增加虫草的质量。更为甚者还有不法商贩用黄豆粉或淀粉、石膏、色素等模压加工，伪制虫草，公然在大街小巷摆摊销售[1]。这种假虫草的出现，一方面对虫草消费者的身体健康安全造成了威胁，另一方面也扰乱了虫草交易的市场秩序，干扰了虫草的正常销售，损害了虫草品牌声誉，对其可持续发展造成了极大的不良影响。

第五节　主要结论

针对青海冬虫夏草在采挖、加工、流通、营销四个方面所表现出的问题，本书提出以下建议。

一　加强虫草采挖监管，保护高山高原生态环境

虫草资源普遍分布于经济不发达地区且往往跨行政区域分布，由于人员和经费的短缺，草原执法人员人均管理面积过大，基层政府草原监管队伍的力量极其薄弱，面对外来人员非法采挖虫草的行为，当地草原监管部门往往心有余而力不足。据调查，我国的草原执法人员多为兼职人员，其工作的重心大多在与草原相关的科研技术项目而非对草原环境的维护，这严重降低了监管力度[2]。由于监管力度不足，虫草的滥采滥挖现象相当严重，每年到了采挖期，除了当地人，还有一大批外来人员前来采挖虫草，由于缺乏相应的监管，出现很多滥挖、乱挖、不合理采

---

[1] 尹定华、陈仕江、马开森：《冬虫夏草资源保护、再生及持续利用的思考》，《中国中药杂志》2011年第6期。

[2] 方印、黄晓霞：《我国西部地区冬虫夏草资源保护探究——基于虫草资源采集法律规制的视角》，《贵州警官职业学院学报》2019年第4期。

挖、不合理流动等现象，对当地生态造成严重破坏。因而需要适当扩充监管队伍，提高监管执法的力度。同时要加强对民众的宣传教育力度，自觉减少不合理采挖虫草的行为。

二 加大科研投入，缩短人工量产进程

目前，市面上的虫草价格居高不下的根本原因是虫草产量供不应求，利益驱动之下很多人会选择依靠挖虫草谋生，对当地生态造成了不可逆的破坏。要改变这个局面，各级政府除了要加强立法保护冬虫夏草资源、开辟冬虫夏草自然保护区，以及加强监管，还要加大对人工培育虫草的科研投入，在政策、经费等方面对相关科研企业、科研单位给予支持，以缩短人工虫草的量产进程。目前，人工繁育的冬虫夏草与野生冬虫夏草按药典标准检测性状、有效成分含量和农药残留无明显质量差异，同时人工繁育的冬虫夏草可以更有效地控制重金属等危害物质的含量，提高冬虫夏草使用的安全性[①]。因而，人工培育的冬虫夏草若能尽快实现量产，相信可以在一定程度上缓解目前市面上虫草资源紧张、价格高昂的局面，也能在一定程度上减少野生虫草的开挖采掘，更好地保护当地的生态环境。以人工虫草为主、野生虫草为辅的冬虫夏草产业链条，能更好地利用青海当地得天独厚的自然地理条件，推动虫草产业的可持续发展。

三 大力发展虫草精加工，提高加工产品市场比重

针对青海省虫草加工产业发展的问题，可从以下几个方面着力解决。首先政府层面，要加大相关政策对虫草精加工企业以及相关科研机构的扶持力度，加快引进先进的加工设备，大力宣传以及推广精加工的理念，从政府层面让精加工企业以及相关科研机构有一个更好的发展环境以及更为便利的发展条件；再者是企业层面，要改变以往的直接销售

---

① 陈培武、苏杨青、李小凤：《人工繁育冬虫夏草与野生冬虫夏草的质量对比研究》，《江西中医药》2020 年第 11 期。

或者粗加工后销售的意识，加大对虫草市场的深入研究，加大对虫草精加工的研发投入力度，深入挖掘虫草的潜在价值，使企业的眼光从短期利益向长远利益转变；另外是从虫草的采购上，不论是政府、企业还是个人，应有意识地让大部分分散的虫草向精加工研发产业、精加工生产方向流动，推动当地虫草精加工的发展，同时增加市面上出现的虫草精加工产品的比重，更好地促进虫草价值的开发，更好地利用虫草资源，推动虫草加工产业链可持续发展。

四 着力解决农产品流通基础设施城乡发展不均衡问题

针对农产品流通基础设施城乡发展不均衡问题，要大力推动农村相关基础设施建设的具体落实，引导建设农村地区的虫草交易点、虫草交易市场、大型农贸市场等，使得冬虫夏草的贸易流通更为便捷，提高流通效率。再者要加强农村电子商务的推广力度，培养相关的专业人才，落实好宣传教育工作，提高当地虫草交易者的相关素养与相关知识，推动线上虫草销售与线下销售有机结合，更好地推动虫草的流通，促进虫草产业的可持续发展。

五 加强品牌建设，严厉打击假冒伪劣

青海在虫草的品牌建设上需要"破而后立"。首先是"破"，打破好产地必出好虫草的理念，通过广泛宣传，让消费者了解到除少有的几个知名产地，如玉树、果洛等会出产高质量的虫草外，青海的其他产区也能产出高质量虫草，从思想上打破消费者的固有观念；其次是"立"，政府扶持几个多年从事虫草经营、运行基础好的企业，采用兼并、重组等形式扩大生产规模，运用好国家地理认证标识优势，通过一二三产业融合，构建农业经营联合体，延伸虫草产业链，打造几个优质高端的专业经营虫草的品牌，带头做精做强青海省虫草产业，结束青海虫草"只有名气、没有商标"的历史。

对于目前市面上出现的假冒伪劣现象，可从以下几个方面入手：首先是政府层面，须扩充执法力量，加强执法监督力度，完善相关的法律

法规，通过相关法律法规的约束严厉打击，增加违法的成本，维护市场秩序；其次是从企业以及个体商户的角度，要遵纪守法，诚信经营，对自己负责，对消费者负责，从企业或者个体商户自身层面，减少假冒伪劣现象；最后是从个体消费者角度，要加强辨别意识与维权意识，要学会辨别简单的假虫草、学会辨别人工与野生虫草等，若购买到假冒伪劣的虫草，须学会运用法律武器维护自身合法权益。只有在三方共同努力下，才能真正维护虫草交易市场的秩序，减少假冒伪劣产品对品牌建设的威胁以及对消费者身体健康的影响。

第六节　本章小结

青海是以冬虫夏草为代表的道地药材资源的主产区。青海政府部门把握"增绿"、"增收"两条主线，冬虫夏草产业得到持续快速发展。本案例基于青海冬虫夏草采挖、加工、流通、营销四个供给环节的分析，提出为确保青海冬虫夏草产业供给质量提升与可持续发展，政府应加强虫草采挖监管、加大人工虫草培育投入、发展精深加工产业、加强农村基础设施建设、加强品牌建设、打击假冒伪劣产品等建议，希望能为青海省的虫草产业，或是国内其他有类似问题的产业提质增效给予有益借鉴。

本篇主要结论

本篇通过深入分析西北五省区典型的特色农产品供给案例，研究具体省区不同农产品供给体系建设中的不同做法，探究制约其供给质量提升中供给主体、产品供给、要素供给等多方面的影响因素。研究发现，不同区域在创新特色农产品供给体系方面做了大量有益的实践，探索出了诸多行之有效的做法，为提升西北地区特色农产品供给质量提供了丰富的实践经验和路径借鉴，与此同时，也找到了制约西北特色农产品供给质量提升的共性问题和薄弱环节。本篇研究结论主要从以下几方面总结归纳。

一 西北特色农产品供给稳定，已成为当地农民主要收入来源

陕西省以周至、眉县等猕猴桃核心产区为中心，推动猕猴桃沿秦岭"东扩南移"，猕猴桃产量115.83万吨，占全国总产量的40%左右，位居全国第一。同时，陕西省建有猕猴桃工程技术研究中心、猕猴桃国际联合研究中心等多个专门对猕猴桃进行相关技术研发的机构，着力于猕猴桃种植环境分析、优化，优质新品种开发培育，推动了陕西猕猴桃品种多元化发展。甘肃省陇南市武都区建有万亩花椒示范基地8个，千亩花椒示范基地108个，被认定为第三批中国特色农产品优势区，花椒总产量达6500万公斤，综合产值40多亿元，适生区贫困人口花椒收入占比达到60%以上。宁夏枸杞国家地理标志产品保护区由清水河流域、卫宁灌区、银川以北三大产区组成，已建设5万亩有机肥种植，推广种植4万亩富硒肥，全区建成国家级研发中心4个、国家级枸杞种植资源圃2个，是全国枸杞产业基础最好、生产要素最全、品牌优势最突出的核心产区。吐鲁番葡萄种植面积达全国四分之一，是我国最大的葡萄产区，吐鲁番葡萄产业产值已占吐鲁番农业总产值的41.27%，农民收入的46%以上甚至是60%都来自葡萄产业。青海冬虫夏草产区面积达到7000万亩，年产量100吨左右，产值180亿元，产量约占全国总产量的60%以上，占全球冬虫夏草总产量的50%以上，青海全省390多万农牧民从冬虫夏草产业发展中受益。多个案例表明西北特色农产品区域布局已形成，政府政策、技术支持对于推动特色农业发展具有显著影响，种植规模效应显现，特色农产品发展已成为当地农户增收、农业经济发展的主要组成部分。

二 政企联合促进供应链一体化，实现农业转型升级效率高

多个案例表明，特色农产品多以小农户种植经营为主，自身资源实力薄弱，农产品市场波动大，价格不稳定，农户种植收益与信心不足。由政府牵头，组建特色农业发展集团，整合各新型农业经营主体，整合

产业链上的各种资源，集中政策、技术等优势力量推进标准化生产、质量追溯、品牌宣传保护和市场营销四大体系，推动特色农产品高质量供给的经验可借鉴推广。案例1由枸杞龙头企业、合作社等枸杞经营主体统一为农户提供良种、化肥等枸杞种植物资，统一技术指导，机械化种植，统一指导打药、施肥等工作，整合效果良好。目前，宁夏枸杞出口40多个国家和地区，占全国出口总量的60%以上。案例3在分析陕西猕猴桃供给问题时，提出了新西兰政府的做法，通过政府组建奇异果营销局，保证猕猴桃品质的高度稳定性和统一性，使得新西兰锁牢了高端猕猴桃国际市场，生产利润是我国猕猴桃的10倍左右。实践证明，采用政企联合推动特色农产品供应链一体化，完善种植、加工、流通、营销各环节利益连接机制，促进特色农业全产业链融合，可提升整个供给体系质量，确保农户稳定增收。

三 创新营销方式，政府整合宣传资源推动特色品牌建设

吐鲁番葡萄节销售签约额逐年攀升，"吐鲁番的葡萄熟了"主题航班形成强大的舆论声势，吐鲁番市副市长走进拼多多直播间为吐鲁番的特产葡萄干代言，建立健全了"网上有专馆、市场有专区、商超有专柜、定期有专会、采购有基地"的农产品营销渠道体系。甘肃省一直向"寒旱农业—生态循环—绿色产品—甘味品牌"的方向发展，以官方媒体作为保证，同时以伴手礼的形式，将本地特色产品远销世界各地，实现了政府以其自身的公信力带动本地特色农产品向国内外推广。宁夏政府牵头举办枸杞节、博览会、展销会等助力宁夏枸杞走出去，中宁建成了全国首个枸杞电子交易中心，在天猫、京东等14家互联网企业授权开办中宁枸杞官方旗舰店，做好品牌形象现代化建设，削弱人们对枸杞等农产品即"土特产"的刻板印象，借助新媒体电商带货模式，推动线上销量同比增长75%。可见，政府充分发挥职能，利用行政优势，协调各方资源和力量，创新营销方式，进一步激活产品市场流通链，对于不断拓展特色农产品销售市场效果明显。

四　特色农业发展带动乡村生态旅游，推动多种业态并进增收

武都花椒巧妙引入自媒体，一方面，将农产品种植、加工、流通还原给消费者，加强了对生产过程的把控，还有利于消费者清晰认识到产品的源头，放心购买。另一方面，将田间地头的劳作搬上荧屏，将田园风光展现给大众，提高当地的知名度，增加了旅游业收入。吐鲁番市建成五大葡萄主题公园，不仅成为吐鲁番葡萄产业融合的新载体，同时促进了全域旅游发展，助推"观光游"向"体验游"、"深度游"发展，葡萄沟、中国丝绸之路吐鲁番葡萄节已经成为吐鲁番最著名的旅游景点和旅游品牌。吐鲁番还推进葡萄与葡萄酒庄、休闲旅游相结合，主要包括酒庄生活体验馆、酒庄文化产业园、酒庄综合体等。一方面，针对不同客户群体设立小酒庄，提供住宿、餐饮等接待服务，以便旅游者可以随时品尝葡萄酒、参观葡萄酒加工制作过程。另一方面，发展酒庄文化可以有效宣传当地葡萄酒品牌，相得益彰。可见，西北地区可以特色农业为支撑，发展集体验、观光、摄影于一体的"休闲观光果蔬业"，将果蔬旅游和乡村生态旅游培育成新的经济增长点，推动多种业态助力农民增收。

五　进一步推进标准化种植体系，实现特色农产品高质量供给

陕西省猕猴桃因种植、上市标准不统一，让早采、质量不过关、农药催熟等劣质猕猴桃上市，严重影响了消费者对原产地农产品的印象；宁夏枸杞因达不到国际绿色标准，在外向发展的过程中受到了他国绿色贸易壁垒的阻碍；吐鲁番葡萄质量管理标准不统一，中低端葡萄产能过剩，高端产品供给不足，影响了葡萄产业整体经济效益。多个案例表明，尽快与国际接轨，建立高质量特色农产品供给标准体系，实施按照标准体系的一体化供给，是实现特色农产品高质量供给的根本保证。在这方面，宁夏盐池滩羊有些做法可以借鉴，他们从上游延伸至养殖饲料供应商，下游延伸至加工零售商，实现养殖基建标准化、草料供应标准化、技术指导标准化，确保上市产品购销价格、市场开拓、品牌宣传、营销策略、生产标准和饲料使用的六统一，从而实现了滩羊高端市场份额的不断增长。

六 进一步推进特色农产品精深加工，增加市场供给多样性

提供农产品的多样性，可以吸引消费者持续购买，满足其购买的新鲜感和好奇心，增加其购买的重复率。本篇多个案例研究发现，猕猴桃、葡萄、花椒、虫草等特色农产品多以鲜果、原材料销售为主，缺乏精深加工，大多加工企业定位中低端市场，例如新疆楼兰、驼铃葡萄酒品牌，缺少高档创新产品，导致品牌竞争力不足。宁夏枸杞相对来说，深加工产品比较多样化，枸杞及其制品已经有十大类100余种产品，具体包括干果类、酒类、饮料类、果酱类、油类、芽茶类、保健品、功能性食品、化妆品、药品，但仍需不断创新。第三篇需求侧研究结果表明，现代消费者热衷于消费新鲜农产品，对于加工过度的深加工产品不是很感兴趣，那么，为何还要大力发展加工产业？一是缓解特色农产品出产时节带来的消费局限，满足非出产时节对该类农产品的消费需求；二是针对农产品易腐易损的特点，深加工本身发挥易流通易保管的优势；三是增加农产品附加值。本书建议，政府层面，应加大特色农业工业化建设，通过政府引入第三方投资，就地统一标准化开办工厂，农户入厂参与农产品种植、加工环节，既提高了农产品生产、转化效率，降低了流通损耗，又增加了农户就业机会和收入水平。企业层面，要改变以往直接销售或者粗加工后销售的意识，树立特色农产品精深加工的理念，加大与科研机构的合作力度，加强创新，提升农产品附加价值。同时，在加工过程中要注重尽可能保留原农产品的口感、营养、功效。

七 着力解决农产品流通基础设施体系化、智能化、城乡发展不均衡问题

多个案例表明，流通设施不完善，冷链体系建设不足、物流企业发展滞后仍是制约特色农产品"走出去"的关键因素，尤其是城乡发展不均衡的问题。案例1中，宁夏枸杞物流企业大多停留在仓储、运输、

搬运上，各环节仍存在手工作业现象，给枸杞流通带来诸多不便。案例3表明陕西物流基础设施建设量大，但其特色农产品品种多，产量均高，对于多种特色农产品协同、共享基础设施问题研究不足，使得猕猴桃物流配送基础设施不完善、物流速度慢成为目前影响猕猴桃网购量最主要的因素。案例4表明消费者对葡萄等特色农产品新鲜度要求高，而其自身又易腐烂、易损坏，因此对智慧互联网物流平台建设需求迫切，希望打造可追踪、全透明智能管理，实现实时监控。案例5中提到，青海省大型农产品交易市场等多集中在城市中心，而虫草多分布在经济欠发达的乡镇，因当地交易、流通设施不完善，农户交易时间和成本消耗大，影响了虫草的跨区域流通。综上所述，完善农村交通、信息化设施，加快特色农产品产地周边农贸交易市场建设，完善农产品交易市场服务功能，打造一体化、智能化物流供应链，需要加快步伐。

八 加大生态环境保护力度，增强特色农业可持续发展能力

案例5的研究引起了笔者关注。虫草价值高，采挖者数不胜数，采挖后草甸草皮上留下无数坑洞，这些坑洞不仅寸草不生，还会不断沙化，长此以往将造成整片草地严重退化。数据显示，每采挖1根冬虫夏草至少要破坏30平方厘米的草皮。青藏高原高海拔山区的生态环境脆弱，被破坏之后很难人工修复，大量的虫草挖掘加上大规模的人员流动，对当地的生态环境造成很大的负担，不利于虫草的可持续发展。同时，案例3的研究发现，陕西猕猴桃存在部分果农一味追求高产量，大量使用化肥、农药和膨大剂现象，对种植环境造成很大破坏，降低了猕猴桃种植供给水平。案例2的研究发现，由于农药化肥的使用专业复杂，椒农缺乏相关技术培训，再加上学习、保护意识淡薄，武都花椒种植容易出现污染环境的后果。

特色农业发展的基础是特殊的耕种土壤、独特的气候、洁净的水源，如果不加以保护，可持续发展将无从谈起，极易造成西北地区刚实现脱贫的农民再度返贫。现代农业强国的标志为"四强一高"，其中一强就是农业可持续发展能力强。魏后凯等学者提出，发达国家实现农业现代化的共同点，是在重视对农业投入、保障农业生产力的同时，始终没有放松对生态环境的保护，在化学品投入中，必须兼顾土壤、水等资源保护和生态修复，这是建成农业强国的必要保障。第二篇供给侧研究表明，西北地区农产品供给优势集中在种植环节，单位耕地面积化肥、农药使用量均低于全国平均水平（见图14.1），其中青海省单位耕地面积化肥使用量最低为290千克/公顷，但与国际公认安全上限目标225千克/公顷仍有差距[①]。综上所述，西北地区特色农业发展，在追求经济利益的同时，一定要做好生态环境保护，确保特殊地理位置生长的特色农产品可持续发展。

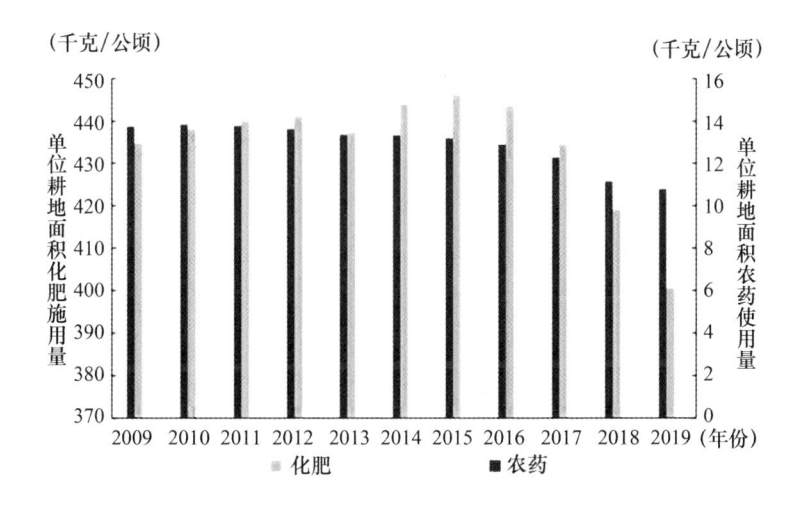

图 14.1 2009—2019 年中国化肥和农药使用强度

数据来源：根据《中国统计年鉴（2020）》和国家统计局官网数据计算而得。

九 提升农业劳动生产效率，加快推进特色农业现代化进程

第二篇供给侧研究表明，西北五省区农产品供给体系投资多，收入少，劳动生产率需要进一步提升。本篇通过多个案例研究发现，具体到

---

① 魏后凯、崔凯：《面向2035年的中国农业现代化战略》，China Economist 2021 年第 1 期。

某类特色农产品供给，同样存在生产效率低下的问题。案例3研究发现，溃疡病是陕西猕猴桃栽培区的重大病害，已给全省果业生产带来巨大经济损失。由于农户对该病害的认识不够，农户自身的科学防控意识不强，出现选用的药剂毒性大于药性的问题。案例2研究发现，由于农户文化水平低，种养技术掌握不熟练、不全面，整体定植密度过大，花椒种植失败的现象时有发生，影响了产量，同时花椒的采摘以人工为主，采摘时令短，采摘时又多暴雨天气，导致成熟的花椒无法及时采收，造成极大损失。案例1研究表明，宁夏枸杞采摘也以人工为主，机械化程度低，耗时长，随着枸杞种植规模、产量的扩大，人工采摘、晾晒不足及其人工成本高的弊端暴露显现。同时，枸杞在种植过程中也易受到病虫灾害、霜冻灾害等的影响，防治难度较大。案例5研究表明，虫草的采挖都是依靠人力，凭着人工丰富的经验在高海拔山区里寻找，大中型机械很难运用，采挖工作相当原始，机械化水平低下。综上所述，农业生产效率低主要表现在种植环节种植技术掌握不足、种植机械化程度低和病虫害防治、自然灾害风险防范弱三个方面。本书建议，一是加强农户风险防控意识，加强对于农户防治病虫害及用药的技术培训。二是由专业技术人员编制病虫灾害、自然灾害发生时诊断、防控的技术指导手册，尽量简便易行，对种植户进行科学的指导。三是进一步加大研发适合特色农产品种植、采摘的机械设备，改变农户传统耕作观念。四是积极研究灾害性气候风险预防，试行农业保险，防止灾害性天气导致农户的过度损失。

第五篇　路径政策篇

当前，我国农业正处在转变发展方式、优化产业结构、转换增长动力的攻关期。实施质量兴农战略，实现农业由总量扩张向质量扩张转变，是党中央、国务院科学把握我国社会主要矛盾转化和农业发展阶段做出的重大战略决策。西北地区要着眼乡村全面振兴和加快农业农村现代化，不断推进质量兴农取得实效。本篇接续前四篇的研究成果，分两章阐释西北地区特色农产品供给质量提升的路径及政策建议。

第十五章　西北地区特色农产品供给质量提升路径研究

对于西北地区来讲，大力推进农业供给侧结构性改革，加快解决城乡发展不平衡、农业发展不充分的问题，既是提升经济发展质量的重点和难点，也是该地区实施乡村振兴战略、全面建成小康社会进而迈向基本现代化的根本要求。进入新时代，西北地区推进农业供给侧结构性改革，必须在坚持农产品"做特"的基础上，找到进一步"做强"的有效途径。本书综合前期供给侧、需求侧及案例分析的研究成果，以下从农产品供给质量构成的种植、加工、流通以及营销四个环节，提出西北地区特色农产品供给质量的提升路径。

第一节　改善条件、优种优收，巩固发展产品质量新优势

西北地区现代产业发展滞后，经济水平无法与发达地区相媲美，但滞后的经济水平反而限制了现代物质生产要素过多地进入西北地区，虽有在农业生产投入中有不利环境的要素，但是西北地区整体地广人稀、幅员辽阔，未对空气、水质、土壤造成严重影响。在有限的绿洲区域内，国家和地方政府积极植树造林，黄河流域的平原地区实施退耕还林还草，在"祁连山—天山"等山地实施生态保护措施，努力营造良好的农业生产环境。再有，西北地区是多民族地区，许多民族集聚区多以低效率的经营方式进行农业生产，不会过多使用化肥、农药来提升产

量，这降低了有害物质的积累，从而为绿色、有机食品发展提供了优势环境条件。那么，如何发挥好种植供给优势，实现西北地区特色农产品供给质量的整体提升？本书从以下方面提出对策。

一　整合农业生产资源，优化优势特色农业布局

在保障国家粮食安全的前提下，合理优化土地种植结构有利于稳定农民增收[1]。学者林静等就种植结构、区位因素对粮食主产区农户收入的影响进行研究，结果表明，土地种植结构会显著影响农户的家庭收入及农业收入，种植品种应更符合市场需求及农业发展趋势[2]。西北五省区2020年农作物总播种面积16118.33千公顷，粮食作物播种面积8838.74千公顷[3]，占比54.8%，其种植以传统粮食作物为主，兼顾其他特色农产品。本书认为在粮食和主要农产品种植得到充分保障的前提下，应充分发挥西北地区种植优势，整体谋划，从以下三方面整合生产资源，优化优势特色农业。

一是加大无公害、绿色和有机特色农产品的种植面积。第五章研究结果表明，西北五省区发展特色农业种植优势明显，尤其是青海、宁夏两省区，单位耕地面积农药使用量、单位耕地面积化肥使用量远低于全国平均水平，可代表该类指标全国最优水平。第八章研究结果表明，无公害、绿色和有机农产品已成为农产品消费的重要方向，加大种植能够倒逼特色农产品生产标准化、规模化、品质化，从源头提升西北地区特色农产品供给质量。可见，充分利用西北地区种植环境优势，加大无公害、绿色、有机特色农产品种植面积，既有利于提升农产品供给质量，满足消费者对健康、绿色、安全、环保的需求，又能大幅提升特色农产品附加值，提高农户特色农产品种植收入，降低

---

[1] 王惠：《初探临汾市农业种植结构土地利用及管理》，《华北国土资源》2014年第4期。

[2] 林静等：《种植结构、区位因素对粮食主产区农户收入的影响研究》，《新疆农垦经济》2021年第9期。

[3] 国家统计局：《中国统计年鉴（2021）》，http://www.stats.gov.cn/，发布日期：2022年1月12日，访问日期：2022年1月30日。

脱贫地区农民返贫风险。

二是加大中药农业的发展力度，增加能发挥西北地区气候、土壤等种植优势的中药材种植面积。新冠病毒蔓延全球，中医药治疗发挥了至关重要的作用。百姓对中医药认知度逐年提高，对中医药治疗药物以及养生保健品的需求量也在日益增加，大力发展中药农业符合西北地区种植优势。首先种植环境无污染，更利于中药材种植及药效的形成及发挥。宁夏中宁枸杞、陕西子洲黄芪、青海久治贝母、新疆裕民无刺红花、甘肃岷县当归等中药材品种，均属国家地理标志产品，竞争优势明显。其次西北地区出产的多种中药材已有相对稳定的市场份额，市场认可度高，市场需求量持续攀升，为西北地区中药产业规模化、品牌化发展奠定了良好的基础。总之，增加中药材种植面积，建设西北地区规范化药材种植基地，构建中药种植全过程追溯体系，不断延伸中药产业链，对于充分发挥西北地区农业种植优势，助力西北地区农民增收致富，具有很强的现实意义。

三是低糖低脂高纤维特性的农产品受欢迎度高。西北特色农产品打造品牌，应就其种植优势设计种植品种，增加种植收益。第八章研究结果表明，随着我国人口老龄化速度加快，老年人消费群体快速增长，高血压糖尿病等慢性疾病在这个群体的发病率越来越高，他们对于低脂低糖高纤维特性农产品的需求量会越来越大。日常饮食中，如果某种农产品低脂低糖且具有疾病预防、保健功能，就会在老年人中更受欢迎，而他们的消费偏好对其他年龄段消费者也会产生很大影响。因此，西北地区农业种植结构调整，应牢牢把握农产品消费趋向，结合区域特色提升农产品供给质量。

二 全面推进特色农业标准化生产

第九章模型研究结果表明：农产品种植环境和种植过程对种植供给水平在1%的置信水平下呈正向显著影响，即种植环境污染越小，种植过程越标准化、职业化，种植供给水平越高，而种植供给水平对消费者购买农产品行为具有显著影响。第四篇案例研究发现，宁夏枸杞、陕西猕猴桃、新疆葡萄等知名特色农产品也常因标准化种植体系不健全，缺乏统一的、得到国际市场认可的标准，无法提升供给质量。由此，本书提出以下对策。

一是加快建立与特色农业高质量发展相配套的农业标准及技术规范。目前，各地正在不断完善各行各业高质量供给的相关标准。特色农产品种植供给标准化，应主动借鉴国际市场质量标准，重点从如下方面着手。首先，适度发展特色农产品种植业，确保种植品种纯正，守好特色"种子"质量关，大力普及优质种子、种苗，严厉打击假种子、劣质种子在市场流通，影响农户辨别，导致种植大规模歉收。其次，种植过程操作的标准化。制定高质量种植供给的标准化操作规范，要求农户整个种植过程严格遵守，减量使用农药，坚持使用低毒生物农药，禁止使用膨大剂等破坏土壤环境、影响农产品安全的药剂，减量使用化肥，确保供给营养、健康。最后，加强对农产品病虫害的防治、诊断、用药等的规范管理，由专业技术人员编制特色农产品常见病虫害的识别、处理指导手册，应通俗易懂，易于操作，减少由于大面积病虫害导致减产，降低种植供给质量。

二是加快建立农产品质量安全评价技术规范，深入强化特色农产品质检体系运行管理业务技术指导。加强微生物和重金属污染、农药兽药残留超标、食品安全风险监测评估预警等基础工作，加强农产品快速检测体系的建设，鼓励企业自检检测室的第三方认证，提升基层的检测能力和效率，扩大检测覆盖面，加大对一家一户式的小而散农产品生产、加工、流通个体的检测工作力度，努力消除质量监管的空白区域。加强农产品质量安全检验检测趋势分析研判，推动完善质检机构管理和检验检测制度建设。依托全国农产品质量安全检验检测技术培训基地，加强常态化、例行化农产品检验检测业务技术指导与培训交流，探索开展基层农产品检验检测机构单项检验检测能力认定和农业质检机构综合能力评价，加快建立健全农产品营养品质评价鉴定与分析技术规范、技术机构和人才队伍。

三是加大对违反农产品标准化生产行为的惩罚力度；强化对有标准不执行的监管。尤其加强对农业投入品生产经营和种植标准等重点环节执法检查，严厉打击制售假劣农资、生产销售使用禁用农兽药、非法添加有毒有害物质、虚假农产品质量安全认证、伪造冒用"三品一标"产品标志等违法违规行为。加强农业行政执法、食品安全监督执法与刑事司法的有效衔接，加强特色农产品等级规格、品质评价、产地初加工、农产品包装标识，田间地头冷库、冷链物流与农产品储藏标准体系的执行力度，确保向市场供给的统一性、标准化，同时，应根据国际市场的需求变化以及出口质量标准不断对现有农业标准和管理制度予以调整和补充，积极与国际并轨。

三 特色农业机械化、自动化、智能化水平亟待提升

西北地区农业种植现代化程度近年来有大幅改善，但与先进水平仍有较大差距。第五章研究结果表明，新疆、宁夏两地单位耕地面积农业机械总动力不达标。第四篇案例研究表明，新疆、宁夏、甘肃、青海多地特色农产品种植、采摘环节人工操作比例大。西北农业机械化、自动化水平低，严重制约了种植供给效率，影响了特色农产品经济效益。由此，本书提出以下提升对策。

一是加大适合特色农产品生产农机的研发力度。特色农产品的种植特点鲜明，生产数量较小，市场大量流通的通用设备往往不适用。要改变目前西北特色农产品种植管理方式粗放、生产效率低下的问题，走向现代化是必然选择，而推动农业机械化及自动化发展则是实现农业与现代科技相结合的必经之路。通过科学技术实施栽培、施肥、灌溉及收割等程序的农业机械化与自动化操作，在很大程度上减少了气候、温度及土壤等外部因素对农作物的影响，使农民能在一定程度上掌控农作物的生长，对农作物生产更加主动、积极，减少不必要的损失。例如，陕西省放宽政策大力支持先进设备的引进，成立农机专业合作社，推进秸秆机械化，对提高劳动生产效率效果显著[1]。可见，提高特色农业农机研

---

[1] 赵天良：《推动农业机械化与自动化对乡村振兴的作用探析》，《湖北农机化》2019年第18期。

发投入，分析不同地域农机的作业特点，将数字化技术嵌入特色农产品的农机设计中，研发出复合型农用机械，实现一机多能、自动高效，是提高西北特色农产品生产效率的有效对策。

二是稳定实施农机购置补贴政策，加强绿色高效新机具、新技术示范推广。在特色农作物主要生产区域，创建全程机械化示范县，改变农民传统耕种观念，使他们直观感受机械化、自动化带来的便利、先进和高效率，提高农民对农业机械化的认可度。扩大农机购置补贴范围，增加特色农业发展所需机具品目，支持将更多绿色机具、智能装备纳入补贴范围，支持西北各省区开展农机新产品补贴试点，支持加快将通过农机专项鉴定的创新产品纳入补贴范围，推动各地急需的特色机具的供给[1]。

三是加强农机技能人才队伍建设，推动智慧特色农业示范应用。案例研究中，宁夏枸杞种植采用智能化育苗、航天遥感技术监管、智能化设备采收，劳动生产效率大幅提高，充分说明特色农业种植实现全程智能化是可行的。西北地区提高特色农业生产效率，要进一步补齐具备农机技能的人才短板，全方位开展人才培养，支持退伍军人、高中毕业生、返乡人员和农业新型经营主体从业人员到各类农机知名企业、大专院校学习农机化技术，支持农机推广部门、装备生产企业技术人员和职工去高等院校进修，不断提高专业技能和服务水平，从而逐步推进特色农业机械化与信息化技术深度融合，实现智能化、绿色化、服务化转型。

第二节 研发迭代、丰富新品，拓展产品市场需求新空间

农产品加工业是乡村的核心产业。农产品加工业实现高质量发展，是提高农产品附加值、增加农民收入、实现乡村振兴、确保粮食安全的

---

[1] 中华人民共和国农业农村部：《农业农村部农业机械化管理司2020年工作要点》，http://www.moa.gov.cn/ztzl/2020gzzd/gsjgzyd/202002/t20200221_6337543.htm，发布日期：2020年2月21日，访问日期：2022年3月8日。

有效路径，是农业现代化的重要组成部分。本书前期研究成果表明，西北地区农产品加工固定资产投入比重高、新产品开发经费投入大是优势，但农产品加工企业数量少规模小、发展层次低、收入低的问题十分突出，创新能力仍然是关键制约因子。调查分析结果显示，农产品加工过程、新产品研发对消费者购买西北地区特色农产品满意度在1%的置信水平下均呈正向显著影响，农产品提供的丰富多样性已成为消费者选择西北地区特色农产品的关键因素。

一 培育壮大特色农产品龙头企业，促进特色农产品加工多样化

培育壮大龙头企业，加快发展农产品加工业，有利于延伸农业产业链条，促进三产融合[①]。截至2019年年底，西北地区有国家级农业龙头企业133个，其中新疆45个，陕西28个，甘肃22个，宁夏19个，青海19个，西北地区总和仅占全国8.6%，呈现出农产品加工龙头企业数量少、自主创新能力不足、竞争力不强等问题。由此，本书提出如下对策。

一是搭建服务平台，改善特色农产品企业发展环境。在西北农产品加工企业整体实力不强、市场机制尚不完善的环境下，各级政府为加快培育农产品加工龙头企业，还应努力发挥政府有形之手的积极作用，采取各种措施，为农产品加工龙头企业的发展壮大搭建良好的服务平台，改善企业发展环境。首先，搭建政企交流平台。建立健全常态化、制度化的政企交流机制，及时掌握农产品加工行业发展和企业运行情况，倾听企业意见，协调解决具体问题。其次，搭建科企交流平台。推动科研机构深度参与农产品加工龙头企业技术研发、工艺改造、管理创新全过程，促进科企合作，加速成果转化。再次，搭建企企交流平台。推动企业之间开展深度交流与合作，促进信息、资源共享，实现协同发展。在尊重企业自主意愿的前提下，引导涉农企业通过兼并重组、股份合作、

---

① 杜鑫：《培育壮大农产品加工龙头企业的思考与建议》，《中国发展观察》2020年第24期。

建立产业联盟等方式快速壮大。最后是搭建园区发展平台。以突出发展特色为导向，强化加工园区发展定位，同时设定入园门槛，争取规模以上农产品加工企业都要入园。

二是着力培育基础好、有潜力的龙头企业，完善利益联结机制。对已有特色农业龙头企业支持其转型升级，开疆拓土。对专注于区域特色农产品的中小规模企业，筛选一批，从资金、人才、土地、政策等方面重点扶持，使其加入带动农产品加工产业发展的示范队伍。鼓励农业产业化龙头企业利用自身全产业链优势，建立农产品加工服务运营平台，通过政策引导、财政扶持、示范引领和龙头带动，对农产品特别是县域特色农产品进行品牌赋能、渠道赋能、管理赋能、融资赋能和技术赋能，把产品做精，延伸产业链，把品牌做响，提升价值链，把市场做大，打造供应链，促进农产品加工业提质增效、就业增收和一二三产业融合发展[1]。

三是绿色发展理念引领，促进特色农产品加工多样化。2022年3月6日，习近平总书记在看望参加全国政协十三届五次会议的农业界、社会福利和社会保障界委员时强调：要树立大食物观，向森林要食物、向江河湖海要食物、向设施农业要食物；要积极推进农业供给侧结构性改革，全方位、多途径开发食物资源，开发丰富多样的食物品种，实现各类食物供求平衡，更好地满足人民群众日益多元化的食物消费需求[2]。本书第九章农产品需求侧数据分析结果表明，农产品供给的多样性对促进销售具有显著影响。建议政府继续加大对特色农产品加工的扶持力度，发展多样化的农产品加工。顺应市场需要，加强对农产品加工多样性的研究，实现一种农产品多种加工方式，或者多种农产品一种加工方式的生产加工模式，研发多种口味、多种形态、多种包

---

[1] 农民日报：《促进农产品加工业高质量发展》，https：//baijiahao.baidu.com/s？id＝1726594135649908279&wfr＝spider&for＝pc，发布日期：2022年3月7日，访问日期：2022年3月8日。

[2] 华声在线：《两会时评｜树立大食物观，善用大自然的馈赠》，http：//opinion.voc.com.cn/article/202203/202203080657397261.html，发布日期：2022年3月8日，访问日期：2022年3月8日。

装、多品混合的特色农产品供给体系，推动西北特色农产品产业链的开放式发展。

二 加大先进设备投入，创新农产品加工企业管理模式

截至2019年年底，西北地区农产品加工企业数量为1137个，山东一省农产品加工企业数量就达到了1817家，超过西北地区总和。西北地区约占全国10%的耕种面积，而农产品加工企业数量却仅占1.4%，明显与其丰富的农产品资源不匹配。大多数加工企业规模小、设备陈旧、技术滞后，以初级产品加工为主，精深加工少。研究建议从以下三个方面逐步改善。

一是加大对先进加工设备的引进，提升加工规模及质量水平。西北地区特色农产品种植规模的扩大、种植技术的成熟，对农产品加工规模、加工设备的供给水平提出了更高的要求。案例研究中，中国首家智能化锁鲜枸杞生产线在宁夏投产，该生产线的上线标志着宁夏600多年的枸杞制干模式迎来了全新科技——锁鲜枸杞技术，该条生产线相比过去，大大提高了生产效率，原来需要20人作业的流水线，现在只需要两个人操控控制端按钮就可完成。投产后可确保枸杞品质和产量稳定，年加工鲜枸杞500吨，年产值约1.1亿元，可以解决宁夏1万亩大果鲜枸杞的深度转化[①]。据此，本书建议政府继续支持企业优化和改进加工设备，及时淘汰效率低、能耗高、污染严重的加工设备，加大对发达国家农产品加工先进设备的引进力度，加快配备先进设备操作的技术人员，支持加工企业改进技术工艺、建设智能化生产。

二是强化特色农产品精深加工，提高产品附加值。研究结果表明，西北特色农产品大多销售仍以鲜果为主，或上市之前只经过晾干、清洗等简单的初级加工，缺乏精深加工，附加值低。本书建议，政府应以产业加工物流园为平台，建成一批区域性加工骨干基地，提升各省区特色

---

① 中国新闻网：《中国首家智能化锁鲜枸杞生产线在宁夏投产》，https://baijiahao.baidu.com/s? id=1670184224139188122&wfr=spider&for=pc，发布日期：2020年6月22日，访问日期：2022年3月8日。

农产品及食品加工水平。统筹推进初加工、精深加工、综合利用加工和主食加工协调发展，开发多元产品，延长产业链，提升价值链；支持新型经营主体引进农产品保鲜、储藏、烘干、分级、包装等初加工设施，建设一批果蔬加工中心和农产品精深加工示范基地。推广新型提取、分离、发酵等现代加工技术，推动产品向生物基础材料、医药辅料、药食同源、功能食品、保健食品、特医食品、美容护肤品等方向延伸，推动特色农产品加工企业由小变大、加工程度由粗变深、加工产品由粗变精。

三是创新管理模式，加强管理人才引进和培训。西北农产品加工企业多为家族式企业，组织结构不合理，用人、选人机制不完善等问题较为突出。农产品加工企业要实现高质量、现代化发展，必须有一支适应现代企业管理的人才队伍，用人方面就应该做到任人唯贤，加大管理人才的引进力度，有利于促进企业管理水平整体提高。同时还应加大对现有员工的培训，对于具有良好管理潜能的优秀员工进行重点培养，通过知识学习和实践应用提高其管理水平，带动身边的员工增强企业认同和自我管理，提升企业整体运作效率。先进设备的操作应用、加工规范的遵守落实是确保农产品加工供给质量的关键，而管理模式的创新，则是供给质量持续提升的根本保障。

三 驱动特色农产品加工技术创新后劲，拓展产品市场需求新空间

研究表明，西北地区农产品加工业转型升级相对滞后，尤其是创新能力不强、精深加工及综合利用不足。科技部部长王志刚表示，企业是市场主体，我们要走上创新驱动道路，无论国企民企，只要有创新能力，国家就会提供机会[①]。本书结合前期研究，提出以下对策。

一是加强企业和科研院所、大专院校的技术合作。引导农产品加工企业立足"三农"，以市场需求为导向，围绕优势农业资源，与大专院

---

① 解放日报：《无论国企民企，只要有创新能力，国家就会提供机会》，https://export.shobserver.com/baijiahao/html/459116.html，发布日期：2022年3月8日，访问日期：2022年3月8日。

校、科研院所开展多种形式的合作，解决在特色农产品加工过程中的产品创新和关键技术研发问题，尤其是在低碳环保理念的指导下，产品包装、加工工艺、生产过程中的保鲜、生产能耗及排污等问题。企业利用自身能力解决不了的问题，就要依托研究机构开展，将外部知识内部化，实现知识共享与知识互补，提高企业的加工技术与产品创新能力。建议重点做好以下方面：首先，紧抓关键技术，实行科技攻关；其次，科研人员定期到企业走访调研，及时提出优化措施，企业立改立整；最后，先进、成熟、适用的加工技术和工艺，应加大在企业中的推广力度，加强协同共享。

二是科研院所主动结合特色农产品加工中存在的关键问题，开展科学研究，主动服务企业和地方经济建设。首先，要加大成熟技术的公益推广力度，通过专家讲座、媒体推介、直播等形式做好宣传，尽可能深入浅出，通俗易懂，最大限度发挥技术的应用价值，促进乡村技术能人和返乡就业大学生将掌握的农业技术知识进行广泛宣传。其次，要结合本区域特色农产品供给特点，充分研究市场需求特征，攻关实用性强的掐脖子技术，同时加大对现有科技成果的转化力度。最后，加强地方科研院所与国内、国际先进科研院所的交流，对于地方还处于研究中、发达地区已有成熟做法的技术，可采取多方合作、购买的方式共享，缩短研发进程，为企业争取时间。对于一些地方特点明显，本土无力解决但亟待解决的技术，可积极与其他地区开展合作，提供研究基地，提高技术攻关效率。

三是提升企业自主创新能力，激活发展内生动力。目前，西北地区企业自主创新能力的主要障碍表现在：掐脖子的核心技术供给不足，创新人才不足，企业创新管理能力不强。本书建议，西北地区应协同组建农产品加工创新联合体，完善创新联合体相关政策，推动龙头企业优势资源向中小企业有序、友好地开放，采用战略联盟等形式合作、集聚，实现高质量技术资源共享。厘清政府和市场的边界，更好发挥有效市场和有为政府的共同作用。对于大部分的科技创新，要以市场需求为导向，按市场机制运行。政府把更多资源和精力聚焦到企业创新环境建设上，更好地落实各项创新政策，为企业做好创新服务①。

第三节　冷链发力、补齐短板，推动流通效率实现新提升

供给侧研究结果表明，西北地区除陕西外，其他四省区均存在流通供给评价不达标的指标，农村投递线路总长度、农产品近似流通产值等流通类指标均有达标率不足30%的情况，宁夏、青海两地均有至少2项流通供给指标达标率低于30%。需求侧分析表明，农产品新鲜度对消费者购买行为、溢价支付意愿和二次购买都具有显著影响，消费者对农产品流通鲜、快、准提出了更高的要求。同时，案例研究结果表明，宁夏枸杞、吐鲁番葡萄、武都花椒等特色农产品"走出去"，流通基础设施与物流配套的不完善均是严重制约因素。由此，本书主要从流通主体、流通载体、流通模式等方面形成一些具有较强借鉴意义的结论。

一　提高特色农产品流通主体的组织化程度

农产品流通主体主要包括农户、农民专业合作社、农产品批发商、农产品零售商、物流服务提供商等。目前，西北地区各农产品流通主体逐渐完善，规模与实力也在慢慢增强，但小型批发商、贩售商仍然占主导地位，专业的农产品物流企业为数不多，整个农产品流通组织化程度较低。近年来，国外关于农产品流通组织的研究更多的是对合作组织的研究，一是强调合作社对农业经济的发展有推动作用。Walter J. Armbruster和Ronald D. Knutson在《影响粮食和农业市场的美国计划》一书中指出，美国由于订单农业越来越普遍，基于合作社能够提高资源的配置效率和动态效率等原因，美国政府当前也加大了对合作社

---

① 魏喜武、郝莹莹、薛霞：《上海提升企业自主创新能力的瓶颈与对策》，《科学发展》2021年第6期。

的科研和技术支持①。二是合作社确实给农民带来了多种收益，尤其表现在对农产品流通的促进作用上。Chrysa Morfi 等指出，学者们普遍认为农业合作社成员忠诚度取决于 4 种因素，其中重要的一个因素就是农民认为合作社是一个确定的市场渠道②。Alho 的研究也验证了这一点，他对芬兰 682 户牛奶和肉制品生产者进行了调查研究，结果首先验证了合作社组织在现代农业中的重要性，被调查的农户一致认为加入合作社后带给他们最重要的好处就是能够获得一个稳定的市场渠道③。西北地区由于村集体经济组织弱化与长期的家庭分散经营，农民专业合作社成长明显滞后于特色农业产业化进程，建议从以下方面促进西北地区农民专业合作社成长，带动农产品流通主体组织化程度提升。

一是加大合作社人才引进力度，规范内部运作管理。合作社的自生能力是保持合作社健康和可持续发展的关键，而提高合作社的自生能力关键是要提高成员的合作意识和自身的综合素质。西北地区人均受教育水平低于全国，农民的知识文化层次更是不高，强化合作社在特色农产品流通过程中的主体作用，西北地区应加大乡村振兴引才力度，让更多热爱农村、热爱农业的有志青年加入合作组织，带领合作社规范发展。

二是创新合作社金融普惠措施，促进合作社产业发展。数据显示，截至 2019 年 2 月底，全国依法登记的农民专业合作社达到 218.6 万家，西部占 29.8%④，成为引领带动广大小农户发展乡村产业、开展乡村建设、加强乡村治理的主力军。通过实地调研发现，西北很多合作社单体规模偏小、实力偏弱，辐射带动能力还不够强，在做大做强方面缺少专门的支持政策，由于缺乏有效的抵押物，很多商业银行往往不愿意向农

---

① Walter J. Armbruster, Ronald D. Knutson, *US Programs Affecting Food and Agricultural Marketing*, New York: Springer, 2012, pp. 103 – 136.
② Chrysa Morfi, Petri Ollila, Jerker Nilsson, et al., "Motivation Behind Members' Loyalty to Agricultural Cooperatives", in Josef Windsperger, Gérard Cliquet, Thomas Ehrmann, Georg Hendrikse, eds., *Interfirm Networks*, Berlin, Springer International Publishing, 2014, pp. 173 – 190.
③ Alho E., "Farmers' Self-reported Value of Cooperative Membership: Evidence from Heterogeneous Business and Organization Structures", *Agricultural and Food Economics*, Vol. 1, 2015, pp. 1.
④ 新三农：《2019 年农民专业合作社发展研究报告》，https://www.163.com/dy/article/FEEEV0LF0519D9DS.html，发布日期：2020 年 6 月 6 日，访问日期：2022 年 3 月 8 日。

民合作社发放贷款，个别农民专业合作社即使获得了贷款，但仍然存在利率较高、贷款期限短等问题。本书认为，解决农民专业合作社先天基础弱的问题，应积极探索破解专业合作社融资难题，在风险可控的前提下全面推行灵活的贷款方式，各农村金融机构要积极探索扩大农民专业合作社、入社社员贷款抵押品范围，针对农民专业合作社的不同类型和不同需要，分类设计农村金融产品，以支持农民专业合作社发展。

三是积极培育国家级示范合作社，提高农产品市场竞争能力。案例研究发现，陕西省宝鸡市眉县每年不断加大培育专业合作社工作，成绩斐然，引起农业农村部极大关注。现有秦旺果友、齐峰富硒、金桥果业、兄弟果业、金色秦川猕猴桃等国家级示范合作社5家，三星猕猴桃、幸福洋猕猴桃等19家省级农民合作社示范社，金地大樱桃等省级百强示范社10家，全县合作社注册商标总数达46个，8个合作社品牌被评为著名商标和陕西省名牌产品；合作社建立生产基地87个，认证无公害、绿色、有机农产品基地21.3万亩[①]，带动猕猴桃等特色农业增收效果十分明显。可见，结合区域特色农业发展，积极培育示范农业合作社，能有效提高资源的配置效率。

二 改善农产品流通环境，加快建设冷链仓储物流设施

农产品流通基础设施主要包括道路交通设施、仓储物流设施、交易场地设施、商务服务设施等，是农产品流通产业生存和发展的重要基础，不仅直接影响农产品流通成本和流通效率，也会对农业生产资料的流通、农业生产性服务的供给以及农业生产活动本身产生直接或间接影响。第三章研究结果表明，西北五省区农村投递线路总长度平均值仅为全国平均水平的二分之一，宁夏、青海两地该指标值甚至仅为全国平均水平的十分之一。可见，西北农产品流通基础设施建设应成为农业供给侧结构性改革的重点内容之一。汪旭晖等认为农产品运输过程的损耗率

[①] 陕西法制网：《宝鸡市眉县大力培育农民专业合作社引起农业农村部关注》，https：//baijiahao.baidu.com/s?id=1684769924762656120&wfr=spider&for=pc，发布日期：2020年11月30日，访问日期：2022年3月8日。

过高可通过建设农产品冷链物流体系解决,确保运输过程中的储藏、运输、分销、零售始终处于低温控制环境才能减少损耗,确保产品品质和质量安全[①],本书建议政府依据特色农产品流通特点和实际需求,加强农产品流通基础设施投入,加大冷链物流设施建设和维护,发展"生鲜电商+冷链宅配"、"中央厨房+食材冷链配送"等冷链物流新模式,改善消费者体验。具体可从以下方面着手。

一是以供应链理念统领特色农产品流通设施建设。农产品流通供应链一体化体系是供应链理念在农产品流通领域的运用,指围绕农产品生产、配送相关企业构建自身的业务流程,将生产、加工、配送、销售等各个要素看作一个有机整体,把农产品原料供应商、农产品生产者、加工者、经销者、消费者有机地结合成一个整体来生产加工农产品,对供应链中的物流、消费流、资金流和信息流进行科学规划、合理组织、统筹协调及精准把控,把正确数量的农产品在正确的时间以最高的效率配送到正确的地点,提高整条农产品流通供应链的运行效率和效益,从而以节约成本的方式为农产品生产者提供最大的利润[②]。本书主张以供应链理念统领西北农产品流通设施建设,推进现代物流设施广泛利用,从而将生产农户、代理经销商和最终消费者连接起来,并在整个流通环节加入加工、包装、运输等物流配送活动过程,大大增加供应链的价值。

二是加快特色农产品冷链物流设施建设。加强村镇仓储保鲜设施建设,建设一批规模化、现代化的产地冷藏保鲜设施,培育形成一批一体化运作、网络化经营、专业化服务的产地冷藏保鲜设施运营主体,探索一批产地冷藏保鲜设施运行模式。在马铃薯、胡萝卜等耐贮型农产品主产区,因地制宜建设地下、半地下贮藏窖或地上节能型通风贮藏库。在果蔬主产区,新建保温隔热性能良好、低温环境适宜的节能型机械冷库。在水果主产区,建设气调贮藏库。积极争取国家骨干冷链物流基

---

① 汪旭晖、张其林:《基于物联网的生鲜农产品冷链物流体系构建:框架、机理与路径》,《南京农业大学学报》(社会科学版)2016年第1期。

② 朱群芳:《我国农产品流通渠道存在的障碍及其破除》,《社会科学家》2017年第11期。

地，以大型冷库为载体，试点推广集线上交易、线下体验、分拨配送、流通加工等为一体化的集约式冷链运营模式。

　　三是完善特色农产品流通信息服务系统。建立能指导生产、可供农民使用的、上市的信息系统，涵盖产地、产量、上市市场、上市流量、需求地、需求量、时间、品种、价格等信息，以此将县、乡、镇与农产品批发市场、加工企业和农户联系起来，对重点特色农产品的供需状况进行监测、预警，并定期发布。以大型企业构建公共服务平台，筛选一些相对固定的农产品流通和生产企业当作信息采集点，并为各采集点配备电子信息系统、自助电子结算服务和电子显示屏等设施，由各个信息采集点按时向公共服务平台报送数据，有利于政府及时监测农产品产销状况。

三　构建农产品现代流通体系，创新农产品流通方式

　　国外比较有代表性的农产品流通模式有两种：一种是批发市场主导型的物流模式，其代表国家为日本；另一种则是超市主导型的物流模式，其代表国家是美国①。国内当前主要物流模式是以农产品合作组织、批发市场、龙头企业、配送中心、物流园区及连锁超市为中心的六种农产品物流模式②。近年来，主要出现两种农产品新型流通模式：一是"农户（农业合作社）+ 零售终端（超市）"，即农超对接；二是"互联网 + 农产品流通"③。需求侧调查分析结果显示，农贸市场、大中小型超市仍然是消费者购买西北地区特色农产品的主要渠道（总占比61.4%），淘宝、拼多多、京东是购买比例高的电商平台（累计占比63.2%）。本书认为优化传统农产品市场批发流通网络、加强与各大电商平台合作是目前西北特色农产品流通方式主要的创新方向。

　　一是完善特色农产品农贸批发市场功能。首先，加强农贸批发市场

---

① 范静：《国外农产品物流模式的经验与启示》，《改革与战略》2016年第8期。
② 周洁红、许莹：《农产品物流管理》，浙江大学出版社2011年版。
③ 郑琛誉、李先国、张新圣：《我国农产品现代流通体系构建存在的问题及对策》，《经济纵横》2018年第4期。

基础设施建设。一方面,农贸市场要提供不间断的水电气供应,拥有充足的建筑空间和稳定的冷藏设施;另一方面,加强农贸市场的信息化管理与服务,重视建设智能化管理系统,聘请专业的农产品物流、经营管理人员,实时公布各方面农产品信息,同时提供各种产品的查询、投诉等服务,增加质量验证、加工包装、分级整理、信息提供、代办保险、结算服务等一些服务功能。其次,整合分散的小批发市场。我国交通运输业发展迅速,信息化通信技术也已普及,以往的零散的小型批发市场已不再适应当前新的形势,把这些效率低下、规模过小的批发市场重组整合,统一纳入一个规范体系中,可大大降低交易、流通成本,同时也方便对批发商进行更加严格的监管并提供更好的公共服务。要有计划地实施小型批发市场的改造重组,根据实际情况合理布局、规范管理,使其与城市规划融为一体[①]。

二是进一步推动"农超对接"。首先,加大政府对"农超对接"模式发展的扶持力度。通过大力发展农业合作社,带动农户通过"农超对接"模式增收。"农超对接"模式运作,农业合作社的主要作用就在于在农业生产逐个环节对农户给予针对性的指导,以达到"农超对接"所要求的质量标准,使得符合"农超对接"模式的农户数量尽可能多。其次,优化利益分配体制。往常的"农超对接",由于一方或双方的违约往往会带来较大的经济损失或者负面影响,缺乏合同或者协议的保障,为减少违约带来的影响,建议双方合作之前签订正规的买卖合同,注明赔偿相关事宜。此外,还可共同建立合作契约,激励双方共同遵守,减少违约发生,确保双方收益最大化。

三是加强与各大电商平台合作,推进特色农产品双向流通。第九章关于农产品消费认知的研究结果表明,网上购买变量显著性为0.048,说明提供网上销售对促进西北地区特色农产品购买行为具有显著影响。传统农产品流通模式受地域、季节的限制,致使鲜活农产品运送效率

---

① 郑琛誉、李先国、张新圣:《我国农产品现代流通体系构建存在的问题及对策》,《经济纵横》2018年第4期。

低。随着移动互联时代的到来，农户利用电子商务，加强运营鲜活农产品，可最大限度满足消费者需求。政府应继续鼓励各类农产品电子商务平台建设，继续深入推进淘宝、天猫、京东等大型综合型电商平台将生鲜板块纳入平台的主体战略，利用平台的集聚优势和配送体系完成对农业产业链的整合，极大地疏通信息流，降低交易成本。不断扩大网上农产品交易的品种和规模，完善农产品质量检测制度，推进农产品质量安全追溯管理，提高网上购买农产品的可信度和满意度。

第四节　品牌引领、整合资源，带动营销水平实现新突破

供给侧研究结果显示，制约西北地区农产品供给质量的关键环节是供应链后端的营销部分，制约度2.74，超过了加工、流通和种植环节制约度的总和2.27。需求侧调查分析结果显示，营销供给水平对消费者购买西北地区特色农产品满意度具有显著影响，其中农产品品牌的因子载荷量接近一半，农产品的产地与农产品品牌因子的关系最为密切。分析结果还显示，消费者拒购西北地区特色农产品最集中的原因是宣传力度小，购买满意度最低的原因也是广告宣传不足。可见，营销供给是提升西北地区特色农产品供给质量的重中之重。本书主要从以下方面提出对策建议。

一　循序渐进做好特色农产品区域、企业品牌建设

截至2019年年底，西北共有863个产品实施国家农产品地理标志登记保护，其中陕西251个，新疆203个，甘肃232个，宁夏80个，青海97个，这为进一步做好西北特色农产品品牌规划、设计、传播奠定了良好的基础。接下来，应进一步加大对西北地区农产品特色的凝练，尤其是消费者购买频率最高的瓜果、蔬菜类农产品，充分总结新疆和宁夏等受消费者喜爱省区的市场经验，循序渐进做好地理标志产品区域品牌建设，率先扶持一批专注于经营区域特色农产品的企业品牌，加

强品牌的塑造、传播和保护力度。具体可从以下方面实施。

一是采用"政府主导＋合作社运营＋龙头企业参与"模式，构建特色农产品区域品牌生态系统。西北各地政府应依托地理标志产品，制定区域品牌群发展总体战略，做好新旧品牌的内涵提炼和更新工作，调动合作社和龙头企业一起打造农产品区域品牌。宁夏同心圆枣、贺兰山东麓葡萄酒等新品牌要充分挖掘地方文化传统，给农产品区域品牌注入文化特征。通过挖掘各类农产品所蕴含的文化历史内涵，以此赋予其个性鲜明的文化价值，也可形成其他区域同类农产品不可复制的特性优势，进而塑造出独特的农产品区域品牌。宁夏枸杞、陕西猕猴桃、青海冬虫夏草等已经成熟的品牌，应不断挖掘本土文化特色，根据市场反馈更新品牌内涵，满足消费者个性化、多样化的需求。努力推进特色农业产业化、规模化生产，完善涉农服务机构建设，积极发动广大农户参与到品牌农产品的生产中来，形成规模效应和集群效应。

二是龙头企业应以品牌化引领现代特色农业发展。龙头企业作为所在区域的成员，应把握好区域公用品牌和企业品牌的关系，不仅要注重企业个体品牌的建设，更要注重区域公用品牌的维护，通过企业产品的品牌化引领所在区域特色农产品的整体品牌化，推动区域农产品公用品牌的快速发展。作为有一定实力的企业，应该把更多的资金和新型技术投向所在区域，通过对广大农民进行技术培训，让更多的农民掌握现代化的新型技术，通过辐射作用带动整个地区农业的良性发展。由此，农民和合作社就会拥有更强的能力来建设和提升区域品牌，以品牌化引领区域农业经营的规模化和现代化，最终推动农产品区域品牌向更高层次发展，实现企业和农民的互利共赢。

三是地方政府应制定政策保护农产品区域品牌。一方面，农产品区域品牌属于公共物品，农户在使用时难免存在负外部性，因此需要地方政府制定政策来规范和约束农户的生产行为，对使用膨大剂等破坏区域品牌形象的行为进行惩罚，敦促农民逐渐形成公共意识和大局意识，共同维护区域内的公用品牌，通过地方政府的监督实现农产品区域品牌的公平使用，依靠地方政府的管制解决"免费搭便车"问题；另一方面，地方政府应大力扶持合作社的发展，鼓励更多的农民加入各类专业合作社，对合作社给予政策上的倾斜和资金上的支持，依托合作社来运营农产品区域品牌，通过合作社来保护和宣传区域品牌，实现农产品区域品牌市场影响力的不断提升，最终实现农产品区域品牌建设在全国范围内的推广实施。

四是提高西北本土消费者收入水平，促进西北特色农产品品牌化。供给侧研究表明，收入是提升西北地区农产品供给质量的首要制约因素。同时，需求侧调研数据显示，西北地区特色农产品消费的主要人群是本土消费者（总占比39.7%），本土以外的消费者多以本土消费者为中介进行消费。可见，西北地区消费者购买水平的提高，会倒逼产品质量提升。不断提高西北地区消费者认知和收入水平，对于西北特色农产品供给品牌化具有很强的拉动作用。

二 政府主导开展特色农产品宣传推广

从统计分析结果来看，消费者表示购买西北地区特色农产品频率最高的原因是有营养，受访者了解农产品知识的程度为一般，获取农产品供给信息的主要渠道是QQ、微信、微博等社交平台。从实证研究来看，购买动机、购买渠道、获取农产品供给信息的途径对西北地区特色农产品购买行为具有显著影响，购买动机中饮食习惯、好吃两个变量对消费购买行为的发生具有显著影响；购买渠道中网上购买变量对促进西北地区特色农产品购买行为具有显著影响；消费者获取农产品供给信息的渠道，尤其是政府宣传、身边人的推介对购买行为的发生具有显著影响。基于此，建议政府进一步整合宣传资源，依托电视台、新媒体、报纸、广播等宣传媒介，形成全域宣传渠道，分类别分层次举办线上线下特色农产品展销活动，普及特色农产品知识，优化消费体验，加速补齐西北地区农产品宣传不足的短板，具体可从以下方面实施。

一是积极举办能展示本地农产品特点的展销会和博览会。西北地区可借鉴寿光蔬菜品牌宣传的方式，定期举办展销会和博览会，借用多样化的农产品展销渠道来宣传本地农产品。农产品展销博览会可以为农产品生产、销售双方提供直接交流合作的平台，可办成集农产品展示、文化交流、农贸合作、农业休闲观光为一体的农业会展活动，进而增加本地农产品区域品牌的知名度和美誉度。

二是借助互联网推行农产品网络直销。网上购物已成为我国消费领域的一个新趋势，网络营销弥补了农产品因产地偏远而出现的供销信息不对称的弊端。各级政府应加强公共信息网络的建设，合作社可作为解决信息入户难的重要中介，成为农产品网络营销的主体。利用互联网的信息传播优势，拓展宣传渠道，积极推动农产品区域品牌的传播与品牌形象的塑造，实现农产品销售范围的扩大。

三是政府应合理使用公共财政，选择合适媒体对整个区域品牌进行有效宣传。政府部门及农业合作社应利用大众媒体，如央视《经济半小时》《焦点访谈》等电视栏目，结合新闻事件开展公共宣传，积极正面宣传本地农产品区域品牌。积极打造健康的农产品区域品牌形象，提升品牌美誉度。

三　丰富营销方式，提升营销水平

从调查数据看，西北地区特色农产品在不同地区、不同年龄段、不同收入阶段、不同职业、不同学历、不同家庭结构的人群中均有消费，覆盖面广。从统计分析结果看，重点消费群体特征明显。本土消费者占到一半以上，年龄主要集中在 30—50 岁之间，学历以大学本科以上为主，职业分布以企业单位人员居多，家庭月收入以 2000—5000 元较多，共同生活家庭人数多为 3 口。从实证研究看，家庭成员结构、职业、收入水平对西北地区特色农产品购买行为具有显著影响，消费者的月收入水平越高，共同生活的小孩数量、老人数量越多，西北地区特色农产品的购买行为就越多。本书建议企业应根据消费群体特征，制定匹配的产品策略及定价策略，打好营养功效牌，同时，充分利用社交平台和口碑营销，丰富产品宣传策略，尤其做好消费者关注的促销优惠设计，具体可从以下方面实施。

一是真切抓好传递给消费者的细节质量。企业应结合西北特色农产品供给优势，在消费者关注的重点环节，抓细抓实。例如采用"互联网+"可视农业模式，从细节上做好西北农产品安全的宣传推广，让农户讲好种植过程故事，让政府讲好监管检测故事，让数据解除消费者的疑虑，真正让消费者明确知晓西北地区农产品是天然安全的、天然可靠的、天然健康的，而不是让消费者模棱两可地想象应该是安全的。

再如在营销细节上下功夫。通常产品可分为功能产品、形式产品和外延产品。第一层次是功能产品，就是要明确农产品本身能发挥的健康、预防、治疗等功效，从这个层次上来说，西北地区特色农产品均具有良好的消费者关注的功能、功效，但需要宣传推广。第二层次是形式产品，包括产品的形态、外观、色泽、包装等，企业应多研究在确保绿色安全的前提下，如何改善产品的外观、形态、色泽，刺激消费者以眼见就可做出该农产品具备优质功能的判断，进而支付购买。同时在产品包装上也要多下功夫，出售包装除了采用环保材料精心设计，还要按照消费者食用习惯、食用规格进行小包装，以增强消费者食用的便捷性，大宗包装在考虑成本的情况下也要尽可能精细化，博得消费者对该农产品表里如一的认同感。第三层次是外延产品，主要体现在农产品购买前、中、后的一些服务上。消费者在购买前对农产品营养成分、功能的了解，企业或政府可通过多种途径、多种形式开展宣传，可成册可成视频，购买过程中确保消费者目光所及大部分为高品质的供给，看到的是保质期以内的商品，切忌将过期、腐烂农产品滞留于货架，破坏消费者对农产品质量的判断；售后适度可对消费者的意见建议进行收集归纳，完善改进。

又如有些消费者看重蔬菜瓜果的天然性，那么销售渠道就不宜对产品做过多的清洗处理，而应该按照本形展示于消费者，有些水果切割烦琐耗时，超市等销售渠道就可将其做成干净易食用的小块包装再出售，便可大大提升产品销量。进一步明确消费者需求所在，本身也是一种农产品供给质量的提升。

二是采用差异化营销策略,精准把握消费者品牌消费诉求。西北地区农产品特色鲜明、品种繁多,营销策略应依据不同产品特点、产地特色、历史文化、产品特质进行选择。随着目前农产品市场供给同质化日趋严重,建议寻找产品特色打造点,实施差异化战略。首先依据性别、年龄、家庭成员结构、职业、受教育程度、收入水平对西北地区特色农产品消费群体进行市场细分、市场选择和市场定位,继而深入探究目标消费群体的购买行为和消费规律,确定产品的加工、包装、定价、促销等营销策略,尽可能多地创造品牌消费价值,扩大市场占有份额,增加农民收入水平。

三是充分应用自媒体营销模式,挖掘营销点打造优质文案。常见的自媒体营销模式主要有农产品+可视农业、农产品+微商、农产品+电商、农产品+餐饮、农产品+网红直播等[1]。这些自媒体营销模式为特色农产品开辟了新的销售渠道,尤其对于偏僻地区农产品的推广,提供了广阔的云空间。同时,还应注意多样化应用营销手段,例如宁夏盐池滩羊采用线上拍卖、滩羊选美等形式吸引消费者,借助热点事件、名人效应进行宣传,打造绿色、健康、营养的营销文案,推广效果明显。在互联网高速发展的时代,信息可以迅速有效地扩散,这为西北地区农产品宣传提供了更多机遇。

四是提升农产品品质,借力消费扶贫。苦荞、黄花菜、杂粮等部分西北特色农产品,国家采用消费扶贫的形式助力增收,收效明显。本书认为,地方政府要想真正推动乡村振兴,持续发挥消费扶贫模式的积极作用,应继续提升扶贫产品品质,让消费者购买后感到物有所值,进而将其偶然的消费习惯变换为必然的消费习惯,将扶贫地的农产品转化成消费者消费过程中的必然选择,而不是消费者在消费扶贫模式领导下的可能选择[2]。

---

[1] 孔祥坤:《"互联网+"背景下生鲜农产品品牌营销策略探析》,《农业经济》2021年第11期。

[2] 杨竟艺:《乡村振兴战略下农产品消费扶贫模式》,《农村经济与科技》2020年第20期。

第五节 本章小结

本章基于前四篇的研究结论，重点从种植、加工、流通、营销四个环节，阐述了提升西北地区特色农产品供给质量的路径。一是改善条件、优种优收，巩固发展产品质量新优势；二是研发迭代、丰富新品，拓展产品市场需求新空间；三是冷链发力、补齐短板，推动流通效率实现新提升；四是品牌引领、整合资源，带动营销水平实现新突破。

第十六章　西北地区特色农产品供给质量提升政策性建议

《"十四五"推进农业农村现代化规划》指出，坚持贯彻新发展理念，坚持在推进农业农村现代化全过程和各领域，推动形成供需互促、产销并进的良性循环，加快农业农村高质量发展，主动服务和积极融入新发展格局。西北地区特色农产品供给质量提升是深化农业供给侧结构性改革的有机组成，是实现西北地区经济发展的重要动力，是乡村全面振兴取得决定性进展、实现西北农业农村现代化的有力保障。本章基于前期研究成果，结合创新、协调、绿色、开放、共享五大发展理念[①]，以实现西北地区乡村全面振兴和农业农村现代化为导向，针对性提出西北地区特色农产品供给质量提升的政策建议，以期为政府部门出台相关规划、政策、战略提供理论支撑和研究支持。

第一节　西北五省区协同推进优势农产品供给一体化

西北地区由于地理位势相似，省（区）情相似，农作物生长特点及周期相近，农产品供给方面具有一定的互通性。建议由西北五省区政府牵头，联手打造一批市场受欢迎度高的西北优势农产品群，既能满足

---

① 张海鹏：《我国农业发展中的供给侧结构性改革》，《政治经济学评论》2016年第2期。

消费者多样化的市场需求，又能形成优势农产品系列化、产业化、规模化的竞争优势。积极发挥西北五省区老大哥陕西的带头作用，发挥陕西省地理位置及开放程度高带来的流通及营销优势，发挥新疆特色农产品品种丰富、消费者认同度高的营销优势，打造几个西北联合推出的特色农产品品牌，对外统一品牌、统一包装、统一宣传。充分发挥宁夏、青海两地生态环境优良，种植环境一流的优势，建设一批西北联合品牌的高标准、统一化优质原材料种植基地，发挥陕西省科技文化资源优势，积极开展农产品群的创新研发及成果转化的攻关任务，就近在甘肃、新疆布局多个加工用水质量一流、加工技术与设备水平一流、加工标准规范一流的精加工示范企业，一体化协同推进一批原产地以西北命名的优势特色农产品群。

第二节 加强引导、帮扶政策的高质量供给

习近平总书记在党的十九大报告中指出："我国经济已由高速增长阶段转向高质量发展阶段。"一切战略和政策的出发点都必须适应高质量发展的要求[1]。农产品供给发展不同阶段对政策的依赖程度不同，本书表明西北地区农产品供给仍处于初级发展阶段，建立特色农产品较高水平供给体系，更依赖于加大政策保障力度，夯实优质供给基础。政府应通过税收、贷款、补贴等方式，主导以较高水准、较大规模建设农民专业合作社、农业产业化龙头企业、家庭农场和农产品超市等新型农业经营主体，在已有特色农产品种植基地中形成一批高质量种植示范区，政策、资金倾向于发展"超市+生产基地"、"龙头企业+合作社+生产基地"与"农户+合作社+产地交易市场"等供给一体化模式，加大构建特色农业产业化联合体的力度。制定相关政策加快扶持或引导投资主体建设一批高标准的特色农产品加工工厂、加工示范群、加工园区，加大宣传推广力度，促进

---

[1] 任保平、李禹墨：《新时代我国高质量发展评判体系的构建及其转型路径》，《陕西师范大学学报》（哲学社会科学版）2018年第3期。

特色农产品多样化精深加工发展。政府主导加大农产品流通设施与冷链物流设施建设投资，完善特色农产品流通信息服务系统，做好传统农贸市场的布局、规划、升级等工作，政府牵头大力促进订单农业，主动与各大电商平台合作，推动特色农产品双向流通。

第三节 加快技术、管理创新支撑高质量供给

研究表明，创新能力是西北地区特色农产品供给质量提升的Ⅲ类制约因素。如今，以新材料制造技术、信息技术、生物技术等引领的科技变革正全方位向农业渗透，现代科学技术对促进农业全产业链融合，构建农业产业化联合体具有重要意义。技术创新驱动下的健康、高端、优质和安全农产品的开发与推广，对提高农产品供给侧质量尤为重要。西北重点要抓实企业、科研院所和政府各职能机构这三大创新主体的协同发展，加强政府与企业之间、企业与企业之间、企业与各大科研院所之间合作力度，尤其要激活企业自身创新动力，加大资金向企业技术创新方向的投入或借贷优惠力度，加快特色农产品农机、高质量特色农业发展标准及技术规范、低毒高效农兽药、农产品检测技术的制定研发，加快完善农产品质量安全监管体系、农产品质量安全可追溯体系。借鉴国内外先进经验，提高西北农业科技研发水平与成果转化能力，精准引进卡脖子技术与管理创新人才，积极推动新型职业农民培育。

第四节 加快区域、企业品牌战略推动高质量供给

农产品供给质量在很大程度上由市场机制决定，主攻农业供给质量，政府的作用关键在于深化改革，建立机制，完善政策，培育新动能[1]。建议政府出台区域特色农产品品牌建设规划，动员各方力量进一

---

[1] 李国祥：《农业供给侧结构性改革 要主攻农业供给质量》，《农经》2017年第1期。

步加大对西北地区农产品特色的凝练，尤其是消费者购买频率最高的瓜果、蔬菜类农产品，充分总结新疆和宁夏等受消费者喜爱省区的市场经验，推进绿色农产品、有机农产品、无公害农产品等具有西北地区优势的"三品一标"名优产品认证，循序渐进做好地理标志产品区域品牌建设，率先扶持一批专注于经营区域特色农产品的企业品牌，加强品牌的塑造、传播和保护力度，加快实施农产品品牌市场准入制度。政府主导开展特色农产品品牌宣传推广，合理使用公共财政，选择具有影响力的国内外知名媒体对整个区域品牌进行有效宣传，积极举办能展示本地农产品特点的展销会和博览会，普及特色农产品知识，优化消费者体验，加速补齐西北地区农产品宣传不足的短板。

第五节　加快绿色、优质基地建设保障高质量供给

随着我国消费者消费层次的不断提升，高质量农产品的需求越来越旺盛。为此，应加快绿色优质特色农产品基地建设，扩大优质特色农产品供给数量，使得品质更优、营养更均衡、口感更好、特色更鲜明的农产品上市，更有效地满足高品质、多样化、个性化的消费需求，在高水平上实现农产品供需的均衡发展。建议政府牵头构建以安全标、绿色标、优质标、营养标为梯次的高质量标准体系。加快制定对接国际的安全标；围绕产地清洁化、投入品减量化、生产循环化、资源节约化，健全优化提质导向的绿色标；支持制定带动产业升级的优质标；推动研发引领健康消费的营养标，强化基地统一高标准建设。构建严格的监督管理体系。采取多样化监管手段，鼓励全民监督，严厉打击违规违标行为，以最严格的监管倒逼安全达标，做优做亮基地特色。促进基地农产品加工、流通、销售一体化高质量供给，示范一二三产业深度融合，创造一批可复制可推广的成功模式，为提升西北地区特色农产品供给质量提供实践经验和路径借鉴。

第六节　本章小结

本章基于前四篇的研究结论与上一章提出的西北地区特色农产品供给质量提升路径，结合创新、协调、绿色、开放、共享五大发展理念，以实现西北地区乡村全面振兴和农业农村现代化为导向，针对性提出西北地区特色农产品供给质量提升政策建议，主要包括西北五省区协同推进优势农产品供给一体化，加强引导、帮扶政策的高质量供给，加快技术、管理创新支撑高质量供给，加快区域、企业品牌战略推动高质量供给，加快绿色、优质基地建设保障高质量供给。

本篇主要结论

本篇是研究报告的总结篇，基于理论基础篇、供给篇、需求篇和案例研究篇的主要分析结论，提出了西北地区提升特色农产品供给质量、做强特色农业的有效路径和政策建议，以期为各级政府建立健全工作体系、选择政府工作的着力点提供有益参考。

参考文献

专著

马克思：《资本论》（第 3 卷），人民出版社 2004 年版。

吴敬琏、厉以宁、林毅夫等：《供给侧改革引领"十三五"》，中信出版社 2016 年版。

周洁红、许莹：《农产品物流管理》，浙江大学出版社 2011 年版。

胡晓云：《中国农产品的品牌化——中国体征与中国方略》，中国农业出版社 2007 年版。

期刊论文

白羽：《青海省内商贸流通业发展概况研究》，《商场现代化》2020 年第 4 期。

常杰：《基于供应链视角的质量安全农产品供给研究》，《农业经济》2016 年第 3 期。

常向阳、华红娟、高婧：《微型食品企业质量安全水平的实证研究——对河南省原阳县黑花生加工企业的调研》，《生态经济》2011 年第 6 期。

陈春霞：《我国农业现代化评价指标体系研究评述》，《改革与战略》2009 年第 6 期。

陈军、马永开、曹群辉：《基于税收再补贴的农产品供应链均衡定价与政策效应》,《系统工程》2018 年第 2 期。

陈培武、苏杨青、李小凤:《人工繁育冬虫夏草与野生冬虫夏草的质量对比研究》,《江西中医药》2020 年第 11 期。

陈曦:《基于消费需求背景下的我国高端农产品营销策略》,《农业经济》2017 年第 2 期。

陈娅:《西北地区特色农业现代化的制约因素与转型路径》,《农业经济》2015 年第 2 期。

程洪桥、董杨:《陕南猕猴桃品质影响因素分析》,《基层农技推广》2020 年第 11 期。

程岚、许家华、李保艳:《基于猕猴桃产销现状的思考与建议》,《西北园艺》(果树) 2021 年第 4 期。

崔彬、潘亚东、钱斌:《家禽加工企业质量安全控制行为影响因素的实证分析——基于江苏省 112 家企业的数据》,《上海经济研究》2011 年第 8 期。

戴迎春、朱彬、应瑞瑶:《消费者对食品安全的选择意愿——以南京市有机蔬菜消费行为为例》,《南京农业大学学报》(社会科学版) 2006 年第 1 期。

单再成:《农产品物流与其影响因素灰色关联度分析》,《系统工程》2012 年第 10 期。

旦久罗布:《冬虫夏草采挖的负面效应及发展对策》,《现代农业科技》2019 年第 13 期。

董玉德、丁保勇、张国伟等:《基于农产品供应链的质量安全可追溯系统》,《农业工程学报》2016 年第 1 期。

窦宇、兰秀建、黄天齐:《供给侧改革视域下的农产品物流创新路径》,《农业经济》2017 年第 2 期。

杜鑫:《培育壮大农产品加工龙头企业的思考与建议》,《中国发展观察》2020 年第 24 期。

杜芸:《中外农产品流通比较及我国农产品流通发展对策》,《商业经济研究》2016 年第 19 期。

樊利：《基于消费者消费行为的绿色农产品流通模式创新研究》，《质量探索》2016 年第 5 期。

范静：《国外农产品物流模式的经验与启示》，《改革与战略》2016 年第 8 期。

范力勇：《农产品区域品牌构建的问题与方略》，《开放导报》2018 年第 5 期。

方平、周保吉、刘茜、陆受义、苏翔：《超市业态下有机农产品消费需求实证分析》，《南方农业学报》2011 年第 10 期。

方印、黄晓霞：《我国西部地区冬虫夏草资源保护探究——基于虫草资源采集法律规制的视角》，《贵州警官职业学院学报》2019 年第 4 期。

费文美：《基于地理标志技术的农产品营销品牌价值增进策略》，《经济研究参考》2018 年第 17 期。

傅晨：《广东省农业现代化发展水平评价：1999—2007》，《农业经济问题》2010 年第 5 期。

葛继红、周曙东、王文昊：《互联网时代农产品运销再造——来自"褚橙"的例证》，《农业经济问题》2016 年第 1 期。

郭斌、甄静、谭敏：《城市居民绿色农产品消费行为及其影响因素分析》，《华中农业大学学报》（社会科学版）2014 年第 3 期。

郭鸿鹏、于延良、赵杨：《电商平台农产品经营主体空间分布格局及影响因素研究——基于阿里巴巴电商平台数据》，《南京农业大学学报》（社会科学版）2016 年第 1 期。

郭璐、张怡文：《成分品牌联合中农产品来源地效应实证检验》，《商业经济研究》2019 年第 3 期。

韩喜艳、高志峰、刘伟：《全产业链模式促进农产品流通的作用机理：理论模型与案例实证》，《农业技术经济》2019 年第 4 期。

韩占兵：《我国城镇消费者有机农产品消费行为分析》，《商业研究》2013 年第 8 期。

侯燕：《基于消费者评价的农产品电商品牌要素重构》，《商业经济研究》2016 年第 13 期。

胡冰川：《我国农产品消费变迁的主要成因》，《经济研究参考》2015年第48期。

胡云峰、董昱、孙九林：《基于网格化管理的农产品质量安全追溯系统的设计与实现》，《中国工程科学》2018年第2期。

黄福华、蒋雪林：《生鲜农产品物流效率影响因素与提升模式研究》，《北京工商大学学报》（社会科学版）2017年第2期。

黄红星、郑业鲁、刘晓珂等：《农产品质量安全追溯应用展望与对策》，《科技管理研究》2017年第1期。

黄婷婷等：《蛹草拟青霉的研究进展》，《云南中医中药杂志》2014年第8期。

姜百臣、米运生、朱桥艳：《优质农产品质量特征的消费者选择偏好与价格支付意愿》，《南京农业大学学报》（社会科学版）2017年第4期。

孔祥坤：《"互联网+"背景下生鲜农产品品牌营销策略探析》，《农业经济》2021年第11期。

李爱萍：《山西省"互联网+农产品"营销模式研究》，《经济问题》2018年第4期。

李宾、王曼曼、孔祥智：《我国城镇化与农业现代化协调发展的总体趋势与政策解释》，《华中农业大学学报》（社会科学版）2017年第5期。

李昌兵、汪尔晶、袁嘉彬：《物联网环境下生鲜农产品物流配送路径优化研究》，《商业研究》2017年第4期。

李大垒、仲伟周：《农业供给侧改革、区域品牌建设与农产品质量提升》，《理论月刊》2017年第4期。

李德立、宋丽影：《农产品区域品牌竞争力影响因素分析》，《世界农业》2013年第5期。

李光考、林克显：《新时期福建省农产品供给能力评价与分析》，《台湾农业探索》2014年第4期。

李国祥：《农业供给侧结构性改革要主攻农业供给质量》，《农经》2017

年第 1 期。

李秀璋等：《青海冬虫夏草蕴藏量研究》，《青海畜牧兽医杂志》2020年第 5 期。

梁小丽：《基于乡村振兴视角的陕西农村电商上行物流渠道优化》，《物流技术》2021 年第 7 期。

林静等：《种植结构、区位因素对粮食主产区农户收入的影响研究》，《新疆农垦经济》2021 年第 9 期。

林自新：《马克思的供求理论与新古典供求理论之比较》，《生产力研究》2004 年第 11 期。

刘丽：《基于地理标志的农产品区域品牌建设与推广研究——以辽宁西北地区为例》，《农业经济》2016 年第 7 期。

刘沛博：《加快陕西猕猴桃产业发展的路径分析——基于市场调查的数据》，《新西部》2019 年第 8 期。

刘平友：《产品质量等级的划分和术语应相对统一》，《上海标准化》1996 年第 4 期。

刘婷：《河南省农产品区域品牌与合作社协同发展策略研究》，《农业经济》2017 年第 2 期。

刘英、金龙新、彭清辉等：《基于供给过程视角的湖南省农业供给体系供给质量评价》，《天津农业科学》2017 年第 9 期。

吕培、何红彦、曹红涛、高江彦、马静：《冬虫夏草制剂对抗结核药物致肝肾损伤的"减毒"作用及其机制》，《西部中医药》2020 年第 3 期。

罗丞、邰秀军、郑庆昌：《消费者对安全食品购买倾向的实证研究——来自厦门市的调查发现》，《西安交通大学学报》（社会科学版）2009 年第 6 期。

罗锋、姚慧敏：《城镇居民无公害农产品消费行为分析——基于广东佛山的调查》，《佛山科学技术学院学报》（社会科学版）2014 年第 6 期。

马骥、秦富：《消费者对安全农产品的认知能力及其影响因素——基于北京市城镇消费者有机农产品消费行为的实证分析》,《中国农村经济》2009 年第 5 期。

马丽荣、马丁丑:《甘肃特色农产品物流发展多维度分析》,《价格月刊》2017 年第 5 期。

聂文静、李太平、华树春:《消费者对生鲜农产品质量属性的偏好及影响因素分析:苹果的案例》,《农业技术经济》2016 年第 9 期。

牛蓉、郝荷、杨海娟:《宁夏生鲜冷链物流产业发展问题及对策研究》,《商业观察》2021 年第 4 期。

潘卫红:《中日农产品营销渠道的比较分析》,《世界农业》2016 年第 3 期。

祁伟等:《枸杞新品种"宁杞 10 号"的选育》,《果树资源学报》2021 年第 1 期。

秦虎强等:《陕西猕猴桃溃疡病绿色综合防控技术》,《陕西林业科技》2021 年第 2 期。

青平、严奉宪、王慕丹:《消费者绿色蔬菜消费行为的实证研究》,《农业经济问题》2006 年第 6 期。

任保平、刘鸣杰:《我国高质量发展中有效供给形成的战略选择与实现路径》,《学术界》2018 年第 4 期。

石洪景:《安全意识下的农产品消费行为研究——来自福州市的调查数据》,《重庆工商大学学报》(社会科学版)2012 年第 6 期。

孙华美:《结合美日经验论中国特色农产品品牌建设策略》,《世界农业》2016 年第 6 期。

孙君社、王民敬、裴海生等:《现代农产品加工产业升级模式构建及评价》,《农业工程学报》2016 年第 21 期。

邰秀军、杨慧珍、陈荣:《地理标志农产品产业化的减贫增收效应——基于山西省 110 个县的实证分析》,《中国农业资源与区划》2017 年第 6 期。

唐学玉等:《安全农产品消费动机、消费意愿与消费行为研究——基于南京市消费者的调查数据》,《软科学》2010 年第 11 期。

汪佳群：《农产品供给侧结构性改革的支持路径创新研究》，《西部经济管理论坛》2018年第6期。

汪旭晖、张其林：《基于物联网的生鲜农产品冷链物流体系构建：框架、机理与路径》，《南京农业大学学报》（社会科学版）2016年第1期。

王恒庭：《青海特色农业经济发展研究》，《合作经济与科技》2008年第11期。

王宏生：《青海省冬虫夏草利用和研究现状》，《青海草业》2001年第4期。

王华书、徐翔：《南京市绿色农产品开发方略及对策》，《南京社会科学》2004年第5期。

王惠：《初探临汾市农业种植结构土地利用及管理》，《华北国土资源》2014年第4期。

王纪华、许奕华、陆安祥等：《农产品质量安全监控信息化的思考与实践》，《上海农业学报》2010年第1期。

王可山、李秉龙：《农产品质量安全研究的理论、方法与进展》，《调研世界》2005年第7期。

王丽丽、严春晓、赵帮宏：《国外农产品品牌培育经验借鉴》，《世界农业》2017年第9期。

王娜、张磊：《农产品流通效率的评价与提升对策研究——基于流通产业链视角的一个分析框架》，《农村经济》2016年第4期。

王玉华、谢超玲：《冬虫夏草在青藏高原生态中的地位》，《绿色科技》2019年第2期。

王志刚：《食品安全的认知和消费决定：关于天津市个体消费者的实证分析》，《中国农村经济》2003年第4期。

文晓巍、张蓓：《粤澳农产品供应链质量安全风险控制研究》，《农业现代化研究》2012年第3期。

翁胜斌、李勇：《农产品区域品牌生态系统的成长性研究》，《农业技术经济》2016年第2期。

吴卫群：《生鲜农产品网购满意度影响因素的实证研究——基于改进的

ACSI 模型》，《江苏农业科学》2017 年第 23 期。

吴先福、余刚：《探析农产品品牌事件营销的基本策略——以美食纪录片"舌尖上的中国"为案例》，《农业网络信息》2013 年第 2 期。

伍国红、李玉玲等：《吐鲁番葡萄主要制干方法及其比较》，《西北园艺》（果树）2019 年第 2 期。

谢敏：《地理标志农产品对品牌营销竞争力的影响——以四川省为例》，《中国农业资源与区划》2017 年第 4 期。

谢永良、任志祥：《农业现代化及其评价方法》，《农业现代化研究》1999 年第 3 期。

熊爱华、韩召、张涵：《消费者的农产品品牌认知与情感对品牌忠诚度的影响研究》，《山东财经大学学报》2019 年第 1 期。

徐桂香、廉苇佳等：《吐鲁番葡萄产业调研与分析》，《中外葡萄与葡萄酒》2020 年第 3 期。

薛莲等：《乡村振兴背景下对汉中猕猴桃产业发展的思考》，《农业科技通讯》2021 年第 3 期。

杨佳利：《农产品区域品牌对消费者感知质量的影响——以消费者产品知识、介入度和来源地为调节变量》，《湖南农业大学学报》（社会科学版）2017 年第 1 期。

杨竞艺：《乡村振兴战略下农产品消费扶贫模式》，《农村经济与科技》2020 年第 20 期。

杨磊、肖克辉、吴理华等：《基于 NFC 的农产品移动溯源系统开发与应用》，《南方农业学报》2018 年第 3 期。

杨利军：《基于供应链优化的流通企业供给侧改革》，《中国流通经济》2016 年第 4 期。

杨欧阳、唐熠坤、陈晨：《北京市安全农产品消费者购买行为研究》，《经济研究导刊》2009 年第 20 期。

杨扬、袁媛、李杰梅：《基于 HACCP 的生鲜农产品国际冷链物流质量控制体系研究——以云南省蔬菜出口泰国为例》，《北京交通大学学报》（社会科学版）2016 年第 2 期。

杨子刚、郭庆海：《供应链中玉米加工企业选择合作模式的影响因素分析——基于吉林省 45 家玉米加工龙头企业的调查》，《中国农村观察》2011 年第 4 期。

尹定华、陈仕江、马开森：《冬虫夏草资源保护、再生及持续利用的思考》，《中国中药杂志》2011 年第 6 期。

尹丽娟、袁丽娜、刘紫玉：《消费者个体特征及物流服务感知对网购平台选择的影响研究》，《工业工程》2018 年第 3 期。

于仁竹、苏昕：《城镇消费者安全农产品消费动机、认知与购买行为分析》，《山东行政学院学报》2013 年第 1 期。

袁玉坤、孙严育、李崇光：《农产品渠道终端选择的影响因素及选择群体的特征分析》，《商业经济与管理》2006 年第 1 期。

曾福生、匡远配、周亮：《农村公共产品供给质量的指标体系构建及实证研究》，《农业经济问题》2007 年第 9 期。

曾梦玲、周芳：《湖北农垦农业现代化水平及其制约因素研究》，《农业现代化研究》2019 年第 1 期。

曾亿武、郭红东：《农产品淘宝村形成机理：一个多案例研究》，《农业经济问题》2016 年第 4 期。

张弛、张晓东、王登位等：《农产品质量安全可追溯研究进展》，《中国农业科技导报》2017 年第 1 期。

张海鹏：《我国农业发展中的供给侧结构性改革》，《政治经济学评论》2016 年第 2 期。

张红丽、温宁：《西北地区生态农业产业化发展问题与模式选择》，《甘肃社会科学》2020 年第 3 期。

张萌、闫玉科、张苇锟：《珠海市农业现代化发展水平测算及政策建议》，《资源开发与市场》2017 年第 3 期。

张鹏飞：《地理标志产业在"双循环"新发展格局下的突破之路——以陕西猕猴桃产业发展为例》，《中华商标》2020 年第 10 期。

张涛：《基于可追溯体系的农产品供应链协调机制》，《黑龙江畜牧兽医》2016 年第 10 期。

张晓勇、李刚、张莉：《中国消费者对食品安全的关切——对天津消费者的调查与分析》，《中国农村观察》2004年第1期。

张新洁：《少数民族地区特色农产品电子商务发展探究——以云南为例》，《贵州民族研究》2018年第7期。

张熠、王先甲：《湖北省农业现代化评价指标体系构建及评价研究》，《数学的实践与认识》2016年第3期。

赵萍：《国际农产品地理标志保护模式分析》，《世界农业》2016年第8期。

赵天良：《推动农业机械化与自动化对乡村振兴的作用探析》，《湖北农机化》2019年第18期。

郑琛誉、李先国、张新圣：《我国农产品现代流通体系构建存在的问题及对策》，《经济纵横》2018年第4期。

郑端：《陕西省特色农产品区域品牌竞争力提升对策研究》，《中国农业资源与区划》2016年第7期。

郑纪芳：《国外农产品流通问题研究述评》，《世界农业》2016年第7期。

郑琼娥等：《福建农产品区域品牌发展的对策研究》，《福建论坛·人文社会科学版》2018年第10期。

钟真、陈淑芬：《生产成本、规模经济与农产品质量安全——基于生鲜乳质量安全的规模经济分析》，《中国农村经济》2014年第1期。

周乐乐、赵超越、祁南南等：《基于图像隐藏和二维码技术的农产品追溯体系研究》，《吉首大学学报》（社会科学版）2017年第S1期。

周小梅、范鸿飞：《区域声誉可激励农产品质量安全水平提升吗？》，《农业经济问题》2017年第4期。

周艺彤、陈洁：《超市农产品消费行为研究——基于认知和态度的分析》，《市场周刊》（理论研究）2014年第6期。

朱程昊、张群祥、严响：《基于生态位理论的浙江省区域农产品质量竞争力评价研究》，《中国农业资源与区划》2018年第8期。

朱群芳：《我国农产品流通渠道存在的障碍及其破除》，《社会科学家》

2017年第11期。

报纸

程伟:《陕西供销系统冷链物流建设稳步推进》,《陕西日报》2021年11月4日第2版。

仁青措:《青海冬虫夏草出口量价齐增》,《中国国门时报》2021年9月24日第2版。

报告

农业部市场与经济信息司:《中国农产品品牌发展研究报告》,2014年。

附件

西北地区特色农产品消费行为的调查问卷

尊敬的女士/先生：

  您好！我们是北方民族大学"西北地区特色农产品供给质量提升路径及政策研究"课题组的调研员，为了进一步为广大消费者供给符合需求的西北特色农产品，从大米面粉肉蛋奶、瓜果蔬菜、核桃坚果到杂粮枸杞、茶叶、中药材，全方位呵护您的健康，现在正进行一项了解消费者西北特色农产品购买行为的不记名问卷调查。您的任何看法对于我们的研究均十分宝贵，绝无对错优劣。所有的回答仅供问题分析和研究使用，我们会对您的资料予以保密并且妥善保管，请您放心据实填写。非常感谢您的信任和参与！

北方民族大学特色农产品研究课题组

2021 年 3 月

一、调研员基本信息

A-1 问卷编号	_____
A-2 调研员姓名/联系电话	_____/_____
A-3 受访地点	_____市_____区_____乡/镇/街道/商圈
A-4 受访时间	2021 年_____月_____日

二、受访者基本信息（请在最合适答案上画"√"）

B-1 性别	1. 男 2. 女
B-2 年龄	1. 18 岁以下 2. 18—30 岁 3. 30—50 岁 4. 50—60 岁 5. 60 岁以上
B-3 受教育程度	1. 初中及以下 2. 高中（包括中专、职高、技校） 3. 大学（包括大专、本科） 4. 硕士及以上
B-4 职业	1. 公务员/事业单位人员 2. 企业单位人员（含国企、私企） 3. 离退休人员 4. 在校学生 5. 自由职业者 6. 其他
B-5 月收入	1. 2000 元以下 2. 2000—5000 元 3. 5000—8000 元 4. 8000—15000 元 5. 15000 元以上
B-6 共同生活家庭人口数量	1. 一口 2. 两口 3. 三口 4. 四口 5. 五口及以上
B-7 共同生活小孩数量（≤12 岁）	1. 零个 2. 一个 3. 两个 4. 三个 5. 四个及以上
B-8 共同生活老人数量（≥60 岁）	1. 零个 2. 一个 3. 两个 4. 三个 5. 四个及以上

三、消费者农产品购买行为的调查（请在合适答案上画"√"）

①西北地区主要包括陕西、新疆、甘肃、宁夏、青海五省区。
②特色农产品主要有枸杞、葡萄、红枣、马铃薯、苹果、小米、猕猴桃、哈密瓜、香梨、花椒、滩羊、黄花菜、核桃、巴旦木、棉花、冬虫夏草、青稞等。

C-1 您主要是从哪些渠道购买农产品？（最多选两项）
1. 大型超市 2. 中小型超市或商店 3. 农贸（批发）市场 4. 路边摊（早晚市）5. 专卖（特供）店 6. 网上

C-2 您通常会从哪个电商平台选购农产品？（最多选三项）
1. 淘宝 2. 天猫 3. 拼多多 4. 唯品会 5. 京东 6. 美团

C-3 您是否购买过西北地区特色农产品？（如果否，跳过 C-4、C-5、C-6 和第五部分）
1. 是   2. 否

C-4 您购买西北地区特色农产品的主要原因是？（最多选三项）
1. 政府鼓励 2. 专家建议 3. 他人推荐 4. 饮食习惯 5. 有营养 6. 新鲜 7. 便宜
8. 安全 9. 健康 10. 有特色 11. 好吃 12. 扶贫 13. 其他_____

续表

C-5 您较多购买的是西北地区农产品哪个品类？（最多选三项）
1. 大米面粉 2. 瓜果 3. 蔬菜 4. 坚果 5. 茶叶 6. 乳制品 7. 肉禽蛋 8. 中药材

C-6 您购买过西北地区哪个省（区）的农产品最多？（最多选两项）
1. 陕西 2. 新疆 3. 甘肃 4. 宁夏 5. 青海

C-7 您是否会固定购买某个品牌的农产品？ 1. 会 2. 不会

C-8 您对农产品相关知识了解程度为？
1. 非常了解 2. 比较了解 3. 一般 4. 不太了解 5. 完全不了解

C-9 您主要通过哪些途径获取农产品的供给信息？（最多选两项）
1. 电视/广播 2. 书籍/杂志/报纸 3. 社交媒体（微信、QQ、微博等）
4. 网络搜索 5. 亲戚/朋友/邻居/同学介绍 6. 政府宣传 7. 其他_____

C-10 您认为目前市场上西北地区特色农产品的价格（ ）1. 偏高 2. 合适 3. 偏低

C-11 您是否愿意为优质西北地区特色农产品支付更高的价格？（如果否，跳过C-12）
1. 是 2. 否

C-12 如果是，您最高能接受其价格比其他地区同种产品贵出多少？
1. 10% 2. 10%—20% 3. 20%—30% 4. 30%—40% 5. 50%

C-13 您不经常购买西北地区农产品最主要的原因是？（最多选三项）
1. 种植户职业化程度低 2. 产地印象偏远落后 3. 包装不规范，缺乏监管 4. 物流保鲜做得不好 5. 价格偏高 6. 产品质量信息无法追溯 7. 物流配送费用高 8. 假冒伪劣产品多 9. 宣传力度小 10. 其他____

四、消费者购买农产品影响因素的调查（请在合适答案上画"√"）

项目	非常不重要	不重要	一般	重要	非常重要
（一）种植供给					
ZY-1 种植环境天然少污染	□	□	□	□	□
ZY-2 种植过程农药使用量	□	□	□	□	□
ZY-3 种植过程化肥使用量	□	□	□	□	□
ZY-4 种植过程机械化水平	□	□	□	□	□
ZY-5 种植过程标准化	□	□	□	□	□
ZY-6 种植户职业化程度	□	□	□	□	□
ZY-7 种植过程质量安全监测力度	□	□	□	□	□
ZY-8 种植过程先进技术的应用	□	□	□	□	□

续表

项目	非常不重要	不重要	一般	重要	非常重要
ZY-9 政府对农户种植的技能培训	□	□	□	□	□
ZY-10 政府对农户种植的监管指导	□	□	□	□	□
ZY-11 种植基地获得相关认证	□	□	□	□	□
（二）加工供给					
JY-1 农产品加工企业卫生环境	□	□	□	□	□
JY-2 农产品加工企业工艺流程	□	□	□	□	□
JY-3 农产品加工企业添加剂防腐剂使用	□	□	□	□	□
JY-4 农产品加工企业质量检测标准及操作规范	□	□	□	□	□
JY-5 农产品加工过程包装安全环保	□	□	□	□	□
JY-6 农产品加工企业仓储环境	□	□	□	□	□
JY-7 农产品加工企业新产品研发能力	□	□	□	□	□
JY-8 农产品加工企业出口能力	□	□	□	□	□
JY-9 农产品加工企业原材料来源可靠	□	□	□	□	□
JY-10 农产品加工企业资质及获得相关认证	□	□	□	□	□
（三）流通供给					
LY-1 产地较大规模农产品批发市场的数量及流量	□	□	□	□	□
LY-2 产地网络基础设施建设水平	□	□	□	□	□
LY-3 产地物流配送体系的完备和先进程度	□	□	□	□	□
LY-4 产地智能农业物流的应用	□	□	□	□	□
LY-5 产地线上购买线下配送的便利性	□	□	□	□	□
LY-6 产地物流配送的及时性	□	□	□	□	□
LY-7 产地物流配送覆盖面	□	□	□	□	□
LY-8 产地物流配送完整无损性	□	□	□	□	□
LY-9 产地物流配送到的新鲜度	□	□	□	□	□

续表

项目	非常不重要	不重要	一般	重要	非常重要
LY-10 产地物流配送成本	□	□	□	□	□
LY-11 农产品质量信息的可追溯	□	□	□	□	□
（四）营销供给					
YY-1 农产品营养成分、口感、外观、新鲜度	□	□	□	□	□
YY-2 农产品的食用便捷性	□	□	□	□	□
YY-3 农产品的作用	□	□	□	□	□
YY-4 农产品的产地	□	□	□	□	□
YY-5 农产品的品牌	□	□	□	□	□
YY-6 农产品的保质期	□	□	□	□	□
YY-7 农产品的外包装	□	□	□	□	□
YY-8 农产品的价格	□	□	□	□	□
YY-9 农产品的销售渠道	□	□	□	□	□
YY-10 农产品的促销活动	□	□	□	□	□
YY-11 农产品的广告	□	□	□	□	□
YY-12 农产品的口碑	□	□	□	□	□
YY-13 购买前、中、后相关疑问解答的及时准确性	□	□	□	□	□

五、消费者购买西北地区特色农产品满意度的调查（请在合适答案上画"√"）

项目	非常不满意	不满意	一般	满意	非常满意
XM-1 西北特色农产品的新鲜度	□	□	□	□	□
XM-2 西北特色农产品的外观	□	□	□	□	□
XM-3 西北特色农产品的保质期	□	□	□	□	□
XM-4 西北特色农产品的口感滋味	□	□	□	□	□
XM-5 西北特色农产品食用的便捷性	□	□	□	□	□
XM-6 西北特色农产品提供品类的多样性	□	□	□	□	□

续表

项目	非常不满意	不满意	一般	满意	非常满意
XM-7 西北特色农产品的价格	□	□	□	□	□
XM-8 西北特色农产品的促销优惠	□	□	□	□	□
XM-9 西北特色农产品的厂家信誉	□	□	□	□	□
XM-10 西北特色农产品的广告宣传	□	□	□	□	□
XM-11 西北特色农产品购买的便捷性	□	□	□	□	□
XM-12 西北特色农产品的卖家服务	□	□	□	□	□
XM-13 西北特色农产品购买的配送费用	□	□	□	□	□
XM-14 西北特色农产品配送的及时性	□	□	□	□	□
XM-15 西北特色农产品售卖包装上标注信息真实完整	□	□	□	□	□
XM-16 西北特色农产品售卖包装的环保洁净	□	□	□	□	□
XM-17 西北特色农产品售卖包装容量及包装方式便于食用储藏	□	□	□	□	□
XM-18 西北特色农产品种植过程的可追溯	□	□	□	□	□
XM-19 西北地区有机特色农产品的价格	□	□	□	□	□
XM-20 西北地区提供绿色有机特色农产品选择的多样性	□	□	□	□	□
XM-21 西北地区特色农产品供给总体满意度	□	□	□	□	□

后 记

　　从近些年西部大开发的实践来看，培育符合当地自然资源条件的特色农产品，大力发展特色农业，有效提高了西北地区农业发展质量效益、增加了农民增收后劲、提升了农村的自我发展能力。进入新时代，西北地区推进农业供给侧结构性改革，必须在坚持农产品"做特"的基础上，找到进一步"做强"的有效途径。本书基于大量国内外相关文献，分析提炼影响农产品供给质量的关键因素，以农业供给侧结构性改革为主线，构建农产品供给质量评价指标体系，通过文献查询获取二手数据，问卷调查获取一手数据，运用多指标综合测定法、主成分分析法、回归分析法等，从供给侧对西北地区特色农产品供给质量进行评价，从需求侧对西北地区特色农产品消费者进行分析，并结合典型案例找到西北地区特色农产品供给质量提升的制约因素，提出西北地区提升特色农产品供给质量，做强特色农业的有效路径和政策建议，为政府部门出台相关规划、政策、战略提供理论支撑和研究支持。

　　研究团队历时三年多，齐心协力，潜心钻研。杨保军教授严谨治学，成果丰硕，为项目开展提供了大量宝贵的研究经验和精心指导；刘元元副教授在研究内容设计上提供了宝贵建议；张锐博士在研究方法选择上提供了帮助；陈亚健、吴文龙、翟怡等同学在案例资料收集、整理上花费了精力；问卷调查受疫情影响，委托调研当地高校教师、学生开展，上海、苏州、吉林、天津、西安等地在高校任教的大学同学提供了大量帮助；研究过程中参考了众多学者的研究文献，在文中均详细注明，衷心感谢他们的辛勤付出。

研究过程中，感谢父母公婆无私的奉献和关爱；感谢我的丈夫，默默帮助和陪伴；感谢我的两个儿子，学习上自律认真，生活中懂事独立。家人们的支持使我能够安心学习和写作，也是我最坚定的依靠以及不竭前进的动力。

今后本人会持续追踪西北地区农业农村经济问题，形成更多推动特色农业发展的优质研究成果，为城乡发展不平衡、农业发展不充分等政府亟须解决的问题献计献策，为家乡经济建设尽一份绵薄之力！

景　娥

2022 年 9 月于宁夏银川